经世济民

诚信服务

德法兼修

"十四五"职业教育国家规划教材

高等职业教育财经商贸类专业基础课

务本求实 力学笃行 系列新形态一体化教材

管理学基础与实务

（第二版）

主　编　尤玉钿

副主编　魏国平 曹科岩

中国教育出版传媒集团

高等教育出版社·北京

内容简介

本书是"十四五"职业教育国家规划教材，也是高等职业教育财经商贸类专业基础课"务本求实、力学笃行"新形态一体化教材。

本书围绕"新时代下中小企业如何有效管理"，立足于满足时代进步和行业发展需求，为职业院校培养以职业能力为中心，以创新意识为核心，以管理素养为导向，具有良好综合素质、德能兼备，适应中小企业所需的具有管理方面应用能力和创新能力的复合型人才。

本书分为管理、管理者与管理学、管理理论的演进、计划、组织与变革、领导、沟通、激励和控制八章。每一章除正文外，还精心编制与本章内容紧密相关的案例，分别以"管理素养""职场与管理""数字化＋管理""管理故事"等栏目，从不同视角、多方位提高学生对管理知识的感知和内化，增加教材的丰富性和趣味性，提高学生理论联系实际，发现问题、分析问题、解决问题的综合管理能力。

本书既可作为高等职业院校本科、专科，以及成人高校经济管理类专业及其他专业的管理通识课教材，也可作为五年制高职相关专业教材，还可作为企业管理人士的岗位培训用书和参考书。

本书配套建设了在线开放课程，在"智慧职教 MOOC 学院"等线上教学平台开课多期，真正做到"能学、教辅"。在线课程含原创性微课、管理小视频、技能操作视频、与企业高管访谈对话视频等丰富的数字化教学资源。本书中配置了微课、习题互动测试等丰富的数字化学习资源，通过二维码关联展现。本书还配有 PPT、电子教案、习题答案等丰富的数字化教学资源，教师可登录"高等教育出版社产品信息检索系统"（xuanshu.hep.com.cn）免费下载。

图书在版编目（CIP）数据

管理学基础与实务 / 尤玉钿主编. -- 2 版.

北京：高等教育出版社，2024. 9. -- ISBN 978-7-04-062781-7

Ⅰ．C93

中国国家版本馆 CIP 数据核字第 2024YQ1252 号

管理学基础与实务（第二版）
GUANLIXUE JICHU YU SHIWU

| 策划编辑 | 王　沛 | 责任编辑 | 曾飞华 | 封面设计 | 贺雅馨 | 版式设计 | 杜微言 |
| 责任绘图 | 邓　超 | 责任校对 | 胡美萍 | 责任印制 | 刁　毅 | | |

出版发行	高等教育出版社		网　　址	http://www.hep.edu.cn
社　　址	北京市西城区德外大街 4 号			http://www.hep.com.cn
邮政编码	100120		网上订购	http://www.hepmall.com.cn
印　　刷	中农印务有限公司			http://www.hepmall.com
开　　本	787mm×1092mm　1/16			http://www.hepmall.cn
印　　张	15.75		版　　次	2020 年 9 月第 1 版
字　　数	300 千字			2024 年 9 月第 2 版
购书热线	010-58581118		印　　次	2024 年 12 月第 2 次印刷
咨询电话	400-810-0598		定　　价	46.80 元

第二版前言

数字经济时代下的组织变革已是一种必然趋势。管理学作为一门学科被赋予新时代的特点和内涵。管理的理论基础应以动态的时代背景为核心，体现时代精神，创新管理方法，更好地为组织和企业管理提供有效的理论基础。当下，新时代的中国正进入高质量发展的新阶段，正孕育一批批敢于开拓创新的优秀企业，它们正在创造一个个令世界瞩目的"中国奇迹"，脚踏实地地书写新时代的光辉篇章。而这些鲜活的管理实践和管理模式正在改写管理学的历史，成为本书讲好"中国故事"的使命和初衷。

党的二十大报告指出："教育是国之大计、党之大计。培养什么人、怎样培养人、为谁培养人是教育的根本问题。育人的根本在于立德。全面贯彻党的教育方针，落实立德树人根本任务，培养德智体美劳全面发展的社会主义建设者和接班人。"本书在管理学知识体系中全面融入习近平新时代中国特色社会主义思想，贯彻党的二十大精神，"坚持学思用贯通、知信行统一"，以"管理素养"和"数字化＋管理"两条主线，培育具有问题导向和系统观念，能够诚信经营、守正创新，具备胸怀天下的社会责任意识、德能兼备的新时代管理者。

此外，本书以数字经济时代下动荡多变的组织变革与创新为背景，以培养满足行业与企业发展需求，对接职业标准和岗位要求，具有良好综合素质、德能兼备，适应中小企业所需的具有管理方面应用能力和创新能力的人才为目标导向，全方位、多形式构建体现价值性与职业性的新时代的管理学。本书特色如下：

一是以"管理素养"为导向，培育并践行符合社会主义核心价值观的管理者。为培养具有良好思想道德素质、正确职业观和社会责任感、自律诚信、爱国敬业的德能兼备的技能型人才，本书在学习目标中设置了"素养目标"，并根据章节内容设置了"管理素养"栏目，通过"职业道德""企业家精神""爱国情感""团结奋斗""爱岗敬业""文化自信"等素养案例，从管理学的视角将专业知识与思想政治教育适度融合，让学生潜移默化地学习优秀管理者的素质，明确学习管理学的意义。

二是以"时代性"为背景，凸显数字化管理。2024 年政府工作报告指出，"大力推进现代化产业体系建设，加快发展新质生产力"。本书立足当前数字经济时代下快速多变的组织环境，全力捕捉代表新质生产力的优秀案例，如海尔新质生产力、李宁的数智化转型、美的数字化十年蝶变等，并将这些案例分别穿插于"数字化＋管理""职场与管理"等栏目，为传统企业进行组织变革与数字化转型升级提供借鉴和思考，让学生了解当代"中国故事"，感知"中国奇迹"，提升学生学习热情与文化自信。

三是以"职业性"为主线，将创新思维与创新意识渗入各实训项目。在每章的主体内容后增加了"管理工具"与"管理实训"。"管理工具"立足每一章节知识背景，引入当下较为常见有效的管理工具，着眼于通过对管理工具的学习联系实际案例设计实训项目，提升学生具体的管理技能，使其真正做到"能学，会用"，目的在于打破传统管理学知识的理论困境。"管理实训"以"自我评估训练""项目实训""实战实训"三个部分由浅入深、从点到面构建内容，充分发挥学生在实训过程中的主动性、能动性和创新性，真正提升创新能力和实践能力。

四是以"市场需求"为目标，多方位构建符合高职培养目标的课程内容体系。在对管理学内容进行有针对性的梳理与基础性打造的前提下，从不同的视角切入相关的优质素材，多方位满足学生对管理学综合知识的需求。教材体系按照"学习目标—案例导引—主体知识—知识测试—管理工具—管理实训"的结构框架构建。在阐述相关知识的同时，以"职场与管理""管理故事""数字化＋管理"等栏目拓展基础内容体系，多方位地提高学生对管理知识的感知和内化，增加教材的丰富性和趣味性，有利于学生把握管理学的精髓，做到理论联系实际，提高发现问题、分析问题、解决问题的综合能力。

此外，本书以新形态配套数字化资源为依托，满足线上线下混合教学的目的。数字化资源已在智慧职教 MOOC 学院等线上教学平台开课多期，真正做到"能学、辅教"。教材含原创性专业微课、原创性思政微课、管理小视频、技能操作视频、与企业高管访谈对话视频等丰富的数字化教学资源。微课、动画互动教学、习题互动测试均通过二维码展现，通过"数纸融合"搭建"新时代的管理学"。

本书在编写过程中参考了大量的著作、企业案例和网络素材，在此向被参考和引用文献的作者表示感谢。另外，北京欧博管理咨询有限公司、金蝶精一信息科技服务有限公司和广州运通链达金服科技有限公司也为本书的编写提供了一线管理案例素材和管理经验，在此一并表示感谢。由于作者的水平及时间有限，书中难免存在不足之处，敬请广大读者不吝赐教，给予批评指导！

编　者

2024 年 6 月

第一版前言

数字化时代下的组织变革已是一种必然趋势。管理学作为一门学科被赋予新时代的特点和内涵。在如此动荡多变的组织环境下，管理学教材同样面临着创新和变革的挑战。管理的理论基础应以动态的时代背景为设计核心，体现时代精神，创新管理方法，更好地为组织和企业管理提供有效的理论基础。

党的二十大报告指出："教育是国之大计、党之大计。培养什么人、怎样培养人、为谁培养人是教育的根本问题。育人的根本在于立德。全面贯彻党的教育方针，落实立德树人根本任务，培养德智体美劳全面发展的社会主义建设者和接班人。"本教材贯彻党的教育方针，落实立德树人根本任务。在管理学知识体系中全面融入习近平新时代中国特色社会主义思想和党的二十大精神。以"课程思政"和"互联网＋管理"两条主线，培育具有问题导向和系统观念，能够诚信经营、守正创新，具备胸怀天下的社会责任意识、德能兼备的新时代管理者。

此外，本教材以数字化时代下动荡多变的组织变革与创新为背景，以培养满足行业与企业发展需求，对接职业标准和岗位要求，具有良好综合素质、德能兼备，适应中小企业所需的具有管理方面应用能力和创新能力的人才为目标导向，全方位、多形式构建体现价值性与职业性的"新时代的管理学"。本教材特色如下：

一是以"课程思政"为导向，培育并践行符合社会主义核心价值观的管理者素养。为了培养具有良好思想道德素质、正确职业观和社会责任感、自律诚信、爱国敬业的高素质技术技能人才，本教材设计了"素养目标"。根据每章的内容融入有关"管理素养"内容，通过"职业道德""企业家精神""爱国情感""自律守时""诚信友善""爱国敬业""文明和谐"等有关素材和案例，从管理学的视角将专业知识与思想政治教育适度融合，让学生潜移默化地学习优秀管理者的素质，明确管理的学习意义，体现新的教材亮点。

二是以"时代性"为背景，凸显"互联网＋"管理。内容上，立足当前数字化时代下快速多变的组织环境，根据时代特点和行业需求构建能体现高职高专职业性的内容架构体系。本教材以管理的六大基本职能——计划、组织、领导、沟通、激励与控制为主要框架，在对知识进行系统与简化介绍的基础上，将体现时代性的最新的前沿素材，通过二维码链接资源——微课、视频、动画、案例等融入相关的知识板块。新素材结合数字化下的组织环境，以"互联网 +"思维的视角自编案例达数十篇，分别穿插于"互联网 + 管理""职场与管理"等栏目，启发学生对管理理论知识的感知意识，增强可读性与应用性。

三是以"职业性"为主线，将创新思维与创新意识渗入各实训项目。本教材的最大特色，是将创新思维和创新意识融于每单元项目知识。以对每一教学单元"若干个能力训练项目—若干个能力训练任务—可展示的训练效果"的目标设计，明确了拟实现的能力目标，通过能够实训的训练方式手段及步骤，实现可展示的训练效果，最终完成对理论知识的破解。因此，在每章的主体内容后增加了理论拓展与技能拓展。理论拓展，旨在从创新创业的角度对某一核心知识进行延伸；技能拓展以"自我评估训练""理论项目训练""实战实训""案例实训"四个项目由浅入深，从点到面，充分发挥学生在实训过程中的主动性、能动性和创新性，最后以可操作或可展示的实训，真正提升创新能力和实践能力。

四是以"市场需求"为目标，多方位构建符合高职培养目标的课程体系。本教材致力于培养满足中小企业行业服务标准和职业能力要求、具有较高综合素质的技能型管理人才。在对管理学内容进行针对性梳理与基础性打造的前提下，从不同的视角切入相关的优质素材，多方位满足学生对管理学综合知识的需求。教材体系按照"学习目标—案例引导—主体知识—知识测试—理论拓展—技能拓展"的结构框架构建。在阐述相关知识的同时，以"职场与管理""管理故事""互联网 + 管理""管理素养"等栏目拓展基础内容体系，多方位地提高学生对管理知识的感知和内化，增加教材的丰富性和趣味性，同时扩展学生的知识面，有利于把握管理学的精髓，做到理论联系实际，提高发现问题、分析问题、解决问题的综合能力。

本书在编写过程中参考了大量的著作、企业案例和网络素材，在此向被参考和引用文献的作者表示感谢。另外，金蝶精一信息科技服务有限公司和广州运通链达金服科技有限公司也为本书的编写提供了一线管理案例素材和管理经验，在此一并表示感谢。限于作者本人的水平，书中不足之处在所难免，敬请广大读者不吝赐教，给予批评指导！

编　者
2023 年 6 月

目　录

第一章
管理、管理者与管理学

★ **素养目标**

⊙ 能够正确认识学习管理学的意义及其对个人成长的帮助

⊙ 理解新时代背景下对优秀管理者的素质与能力要求

⊙ 理解德才兼备、有社会责任意识、家国情怀的优秀管理者的内涵

★ **知识目标**

⊙ 理解管理的内涵、特征和属性

⊙ 理解管理的意义及其在组织中的作用

⊙ 掌握管理职能以及各职能活动

⊙ 掌握基层管理者的角色定位与技能要求

⊙ 了解管理的科学性与艺术性的特点

★ **技能目标**

⊙ 学会运用管理者的思维观察、思考和分析问题

⊙ 能够运用管理的基本方法和管理理念解决日常的学习和生活问题

思维导图

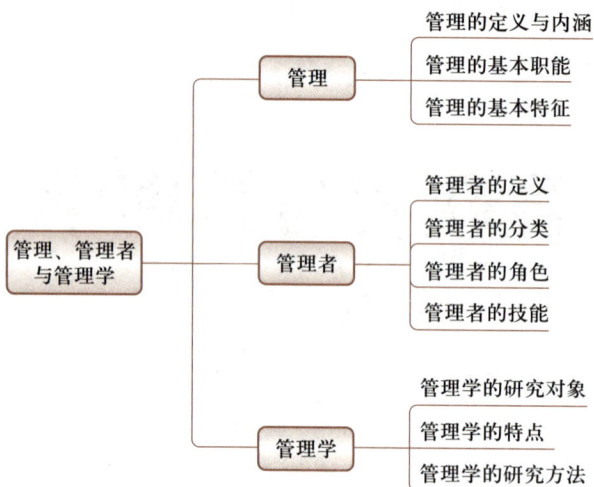

案例导引

汽车强国梦：中国一汽的奋斗征程

　　中国从汽车大国到汽车强国的跨越，是一个令人瞩目的进程。自改革开放以来，中国汽车产业经历了从无到有、从弱到强的跨越式发展。在新中国成立之初，我国一辆汽车都不能制造。如今，全世界约 30% 的汽车在中国制造。2023 年，中国跃居全球第一大汽车出口，中国的汽车梦强国梦正在笃定前行。

一、新中国的"造车"梦成为现实

　　回首中国汽车工业六十余年波澜壮阔的发展史，无不致敬被称为"新中国汽车工业的摇篮"——中国一汽（中国第一汽车制造厂，简称"一汽"）。中国一汽，研发制造出中国第一辆汽车、第一辆东风牌小轿车、第一辆红旗牌高级轿车……

　　新中国成立初期，百废待兴。"什么时候能坐上我们自己造的小汽车？"朴素的话语承载了一个国家的工业梦想。党把建设一汽列为"一五"时期 156 个重点项目之一。1953 年 7 月 15 日，来自全国的万名建设者汇聚长春西南郊，于茫茫荒野上夯下了第一根基桩。一汽创业之路由此铺就，新中国汽车工业从此展开。

　　1956 年 7 月 13 日，一汽制造的第一辆解放牌国产汽车驶下装配线，自此填补了中国汽车工业的空白。解放牌汽车问世后，迅速成为中国城乡交通和公路运输的主力军。随后，一汽又于 1958 年研制出新中国第一辆东风牌小轿车和第一辆红旗牌高级轿车。

二、时代转型中的变革与创新

然而，从第一辆解放牌汽车下线到20世纪80年代初，解放牌汽车一直没有改进，销量因此持续下滑，一汽面临生死存亡的考验。面对"三十年一贯制"的停滞不前，面对世界汽车工业新技术的挑战，中国一汽审视自我，于1980年5月做出转型与变革的决定：增产增收，自筹资金，换型改造。1987年1月1日，解放牌第二代汽车正式投产，中国汽车工业总公司为一汽颁发了一枚一吨重的奖章。

此后，一汽主动跟上时代，牵手大众、丰田、奥迪等世界汽车巨头，国产奥迪、捷达、宝来等车型成为中国人家喻户晓的车型，并在与跨国公司合作的同时，学习积累了大量技术和先进的管理经验。

三、新时代再攀高峰

2023年，中国一汽成立70周年。中国一汽表示，将牢记习近平总书记2020年视察中国一汽集团时的殷切嘱托："一定要把关键核心技术掌握在自己手里，我们要立这个志向，把民族汽车品牌搞上去。"一汽不断推动我国汽车制造业高质量发展，加强关键核心技术和关键零部件自主研发，实现科技自立自强，做强做大民族品牌，全力以赴树立民族汽车品牌旗帜，立志为民族汽车品牌振兴崛起而奋斗。

中国一汽的壮丽画卷仍在徐徐展开。站在"十四五"的新起点上，《中国一汽2025战略愿景规划报告》描绘了发展愿景，到2025年，中国一汽将实现"再创一个中国一汽"的目标。

目前，汽车工业正在经历百年未有之大变局，要成为真正的汽车强国，我国仍面临着诸多挑战和改进空间。如何解决技术短板和"卡脖子"问题，唯有敢于迎接挑战，加强战略合作，提高创新和研发能力，踔厉奋发、勇毅前行。

请思考：在身处百年未有之大变局的时代潮头中，中国企业该如何在变局中把握航向？

第一节　管　理

一、管理的定义与内涵

（一）管理的定义

管理与人类活动密切相关，伴随着人类和人类社会的产生和发展而逐步产生和完善。

专业微课：
什么是管理

3

管理活动作为人类社会普遍存在的活动，广泛地存在于现实社会生活中。大到国家治理、国家大政方针的制定，一个城市的规划建设，小到一个企业的运营发展、一个学校的安全稳定、一个项目的施工，甚至一个家庭的生活安排，乃至一个人的学习计划、工作处理、生活安排，都离不开管理这个活动。在任何领域，管理都无处不在。从某种意义上讲，每个人都是一个管理者，都需要学习管理。

那么，究竟什么是管理？管理的定义众说纷纭，有人认为管理就是管事理人，通过他人的努力来达到目标。从组织的角度来说，管理的本质就是管理者通过他人并使他人同自己一起实现组织目标。本书给管理的定义是：管理是指在特定的环境下，对组织所拥有的资源进行有效的计划、组织、领导、控制等，以便完成组织的既定目标的过程。这个定义有以下几层含义：

（1）管理的主体是管理者。

（2）管理的目的是为实现组织目标服务，而该目标仅凭单个人的力量是无法实现的。

（3）管理的本质是分配、协调活动或过程。

（4）管理的对象是包括人力资源在内的一切可以调用的资源。

（5）管理的职能是计划、组织、领导、控制。

（6）管理的作用在于它的有效性：既要讲究效率，又要讲究效益。

职场与管理

法约尔谈管理的重要性

法国矿冶工程师、古典管理理论的主要代表人之一、管理过程学派的创始人法约尔1900年在国际采矿和冶金大会闭幕会上的演说中曾这样阐述管理：

"我强调技术一词是因为事实上在这次大会上宣读的论文在性质上几乎尽是有关技术问题。我们没有听到有关供销、财务和管理责任等方面的响应，但是这次大会的成员中有不少人在这三方面贡献是特别突出的。这无疑是一件遗憾的事情……"

"现在我必须谈谈管理问题。这是我想引起你们注意的问题，因为在我看来，我们工作中在技术方面行之有效的互相学习同样可以应用在管理方面。"

"一个企业的技术和供销的职能是有明确规定的，而管理职能却不是这样。很少有人熟悉管理的结构和力量，我们意识不到它怎样工作，看不到它在建造还是在铸造，在买还是在卖。然而我们都知道，如果管理不当，事业就处于失败的危险中。"

"管理职能有很多责任。它必须预见并做好准备去应付创办和经营公司的财务、供销和技术的状况；它要处理有关员工的组织、选拔和管理方面的工作；它是事业的各个部分同外界沟通联络的手段等。尽管列举的这些是不完全的，却向我们指出了管理职能重要性的思想。仅以管理管理者这一项，在大多数情况下就成为企业最主要的职能，因为大家都知道，一家公司即使有完善的机器设备和制造过程，如果由一批效率低下的管理者去经营，还是注定要失败的。"

请思考：你同意法约尔对管理职能重要性的论述吗？

（二）管理工作与组织任务

进行管理是为了有效利用资源，实现组织目标，而做这些工作的人都叫管理者。如董事长、总经理、副总经理、主管等都是管理者。管理工作通常要借助组织来操作，管理者通常是组织的成员，他们的工作是使组织的投入转化为产出。组织所拥有的资源是投入，达成组织目标是产出，管理工作是使投入变成产出。理想的组织目标是用最少的投入产生所要的价值目标。投入、产出与组织价值目标的关系可以用图 1-1 表示。

图 1-1　投入、产出与组织价值目标的关系

然而，不是任何投入与产出之间的转换都包含有效管理。管理使投入变成产出，必须合乎一项条件：有效。有效有两层含义：效向和效率。

效向：产生所要的价值目标。

效率：用最少的投入。

效向与效率两者并不相同。彼得·德鲁克认为，效向是做对的事，效率是将事情做对。其中，做对的事又比将事情做对重要。可见，组织的绩效是根据效向和效率衡量的。

（三）组织资源与管理

组织是指为实现一定的目标，互相协作结合而成的集体或团体，如党团组织、工会组织、企业、军事组织等。任何一个组织若要维持自己的生存发展，首先需要拥有一定的资源；其次，要能够对有限的资源进行合理配置，以达到最佳的使用效果，支持组织目标的实现。

如果组织资源无限，组织可以轻易实现任何产出目标，那就无须雇请管理者来操心如何运用有限的资源。由于组织资源极其有限，管理者想要以最少的资源实现目标，就必须掌握组织资源的特性，了解可以运用哪些资源来实现哪些目标。

一般而言，组织所拥有的资源可概括为以下几类：

（1）人（人力资源）。在组织的各项资源中，人力资源发挥着统领各项资源的主导作用，处于核心地位，是组织最重要的资源。这是因为组织的一切活动，首先是人的活动，由人的活动才引发、控制、带动了其他资源的活动。人力资源是指那些属于组织成员、为组织工作的各种人员的总和，特别是指人员的技能、专长和人际关系等的总和。如工业企业的工程技术人员、管理人员、基层工人、服务人员等，学校的教学人员、行政人员、教辅人员、医护人员等，都是组织的人力资源。

（2）财（财务资源）。也指金融资源，是指组织拥有的资本和资金。金融资源直接地显示了组织的实力。它最大的特点在于它能够方便地转化为其他资源，也就是说，货币资本和现金可以用来购买物质资源和雇用人力资源等。

（3）物（物质资源）。物质资源包括组织拥有的土地、建筑物及其设备、原材料、产成品、办公用品、存货等，因此物质资源是不可创造、不可再生资源。物质资源是组织发展的基础和保障。

（4）无形资源。无形资源是指那些不具有实物、实体形态的资源，包括信息资源、关系资源、权利资源等。如数据、情报、市场信息、竞争对手资料等信息资源，组织与政府、企业、团体、各类公众结成的良好而广泛的联系等关系资源，以及专利、商标、技术等权利资源。

管理，换言之，就是管理者为有效地达到组织目标，对组织各种资源进行有意识、有组织的合理配置和充分利用。管理者要生产价值，必须有效使用上述几种资源，使用资源就是管理者的工作。因此，只有管理资源运用得当，才能取得更大的经济效益，从而使管理转化为社会财富。组织资源与管理的关系如图1-2所示。

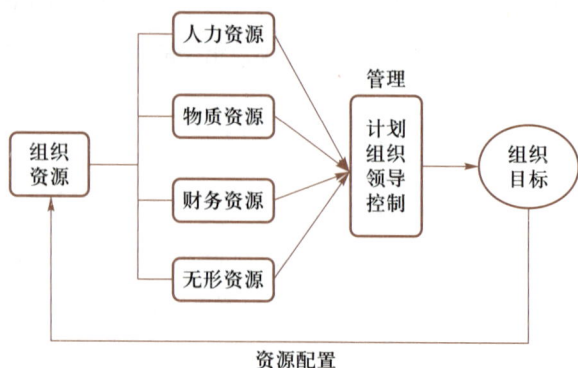

图1-2　组织资源与管理的关系

职场与管理

一块"身怀绝技"的玻璃背后的自主创新

在全世界，每 4 块汽车玻璃，就有一块是福耀集团生产的。

轻量化的超薄玻璃、可以加热隔热的镀膜玻璃、能够更大面积显示多种行车信息的玻璃、带网联天线的玻璃、超大视野智能全景天幕玻璃……福耀玻璃展厅里，一块"玻璃"因注入智能科技，不断突破人们的想象，成为福耀新质生产力的最直观体现。

这些"玻璃+"功能的实现，源于福耀的持续创新。集团拥有超 4 000 人的研发团队，每年营收的 4% 以上用于创新研发投入。据统计，福耀先后主持或参与编制国内外标准 53 项，成功解决了行业 13 项"卡脖子"技术难题。截至 2023 年年底，福耀玻璃全球共申请专利 3 377 件。

技术领先的背后，是福耀对自主创新的使命追求。以福耀的旗舰产品镀膜玻璃为例，玻璃镀膜工艺复杂，此前相关专利被欧美玻璃企业垄断，如何突破？

研发初期，福耀研发团队每天都进行头脑风暴，在缝隙中寻找突破口，检索镀膜领域的外文技术文档，从源头处着手，提出新配方，开发新材料。经过两年多的攻关、吸收、借鉴和不断自主创新，福耀终于推出了具有自主知识产权的镀膜汽车玻璃，并一举攻克制造材料、生产工艺等方面的难题，实现产品批量上市。

"创新作为企业发展和市场制胜的关键，核心技术不是别人赐予的，不能只是跟着别人走，而必须自强奋斗、敢于突破。"福耀在自主创新上显然已经走在前方。"核心技术没有捷径可走，必须依靠自主创新。"福耀集团总裁说，如今公司已实现核心技术 100% 自主可控。

请思考：作为企业，走自主创新之路，应该如何组织资源与管理？

（资料来源：新华网"一块'身怀绝技'的玻璃"，引文有删减）

二、管理的基本职能

管理的职能是指管理者为了有效地管理必须具备的功能，或者说管理者在执行其职务时应该做些什么。

20 世纪早期，法国工业家亨利·法约尔（Henri Fayol）首先提出了管理者都在从事的五项职能，即计划、组织、指挥、协调和控制。后来，多位管理学家陆续提出不同的职能说法，有五职能说、六职能说、七职能说等。即使都是五职能说，也出现不同职能内容的观点，如国内管理学家周三多将管理职能分为决策与计划、组织、领导、控制和创新五种职能。无论几种职能划分，一般有四个职能是涵盖其中的，即计划、组织、领导和控制。为更好地理解管理的职能及其表现形式，本章详细介绍计划、组织、领导和控制这四个核心职能。

（一）计划

计划职能是管理的首要职能，它是指对未来发展目标及实现目标的活动所进行的设计、谋划及具体的部署安排。管理工作都是从计划开始的，它包括对组织所拥有的和可能拥有的人力、物力、财力所进行的设计和谋划，从而找到一条合适的实现组织目标的途径。

凡事预则立，不预则废，对于任何一个组织及其活动来说都是一样。若没有计划，组织中的各项工作就会陷入混乱状态。一般来说，高层的管理人员职能主要是负责制订计划，而基层的管理人员职能主要是负责执行计划。

一个管理者如果没有时间来制订计划或者认为这项工作只会给他带来负担的话，他就不会热衷于制订计划。也就是说，他就不是一个专业的管理者。

（二）组织

确定所要完成的任务后，就需要确定由谁来完成任务以及如何管理和协调这些任务，这个过程就是配置资源和利用资源的过程，也就是组织工作的过程。它是在组织结构的基础上，组织运作所发挥出来的功能。

组织工作是组织为实现其目标而对组织自身进行工作设计、部门划分、人员配备和工作协调的过程，也就是确定为实现目标需要完成哪些任务、由谁来完成、这些任务的归类、向谁汇报、执行者有什么职权和职责、需要什么资源支持等的过程。

（三）领导

当组织建立以后，就要让领导发挥作用。领导职能是管理者依据组织所赋予的影响力去指挥、命令、引导和激励下属，进行有效的沟通和协调，从而有效实现组织目标的行为。领导是管理的基本职能，它贯穿于管理活动的整个过程。领导活动是领导者运用职权或权威对组织成员进行引导或施加影响，指导和激励下属，以使组织成员自觉地与领导者一同去实现组织目标的过程。

领导者不仅要进行有效的沟通和激励，还要富有想象力，能够预见未来。只有通过卓有成效的领导，组织的目标才有可能实现。

管理故事

小米的用人哲学

小米周年纪录片里曾提到这样一个故事：小米创始人、CEO雷军拒绝了一位高管极力推荐的应聘者。这位应聘者原本在一家非常重要的小米供应商那里工作，履历也接近完美。他接手业务的时候，一年销售额只有900万美元，4年后，他实现了2亿美元的销售额。他和雷军谈了一个多小时，得意扬扬地对雷军说："我有能力把稻草卖出黄金的价格，这就是我的能力。"

但雷军答道："你不适合小米，你跟我们的价值观不相符，小米不喜欢骗用户的人。"两个星期后，雷军在小米的内部会议上提起这件事。

他对员工说：我们创办小米，不喜欢用坑用户的人，我也不喜欢能把稻草卖成金条的人，我们不需要这样的人。哪怕这种人在市场上是非常受欢迎的，但这也不符合我们的用人哲学。我们要像农民种地一样，一分耕耘一分收获。什么叫真材实料？什么叫和用户做朋友？如果有一天，你知道你的朋友是把稻草用黄金价格卖给你的时候，他还是你的朋友吗？

请思考：你认为，领导者雷军更加看重员工哪方面的素质和能力？

（四）控制

在实现目标的过程中是否存在偏差或失误，能否实现预期的目标，就需要运用管理的控制职能了。控制是指由管理人员对当前的实际工作是否符合计划进行检查，并促使组织目标实现的过程。

为了保证目标及为此而制定的行动方案顺利地实现，就需要对组织活动进行控制。控制的目的是保证实际工作与计划一致。在确定控制标准的前提下，控制过程也就是管理人员对下属部门或个人的工作进展、实际结果进行监督和检查，找出偏差并采取纠正措施的过程。

管理过程是一个各职能活动相互联系、循环往复的过程。管理正是通过计划、组织、领导和控制四个基本过程来展开和实施的。计划实际上是目标形成的过程；组织是调动人员，将目标和人员结合起来的方式；领导是着眼于提高效率的有效组织方式；控制是整个组织过程正常运转的保证。

然而，不同层次的管理者在四项职能上所花费的时间是不一样的。随着管理者职位的提升，他们从事更多的计划工作和更少的直接领导工作，如高层管理者要花更多的时间来考虑组织的发展战略和整个组织的设计，而基层管理者则要更多地考虑如何激励下属和小组或个人的工作。因此，计划、组织、领导和控制是基本的管理职能，它们解决的是一个组织要做什么和怎么做、靠什么做、如何做得更好，以及做得怎么样的基本问题。

本书承袭大多数专业人士的做法，依据管理职能来编排本书的结构。不同的是，本书在管理的四大核心职能（计划、组织、领导、控制）的基础上，增加了沟通与激励两个职能。沟通是一切工作的桥梁，管理者所做的每一件事，都包含着沟通。在数字化组织环境下，沟通被赋予新的内容和形式，推动着组织与员工的沟通、管理及协作方式发生深刻变革，出现即时、多元、协同等新的沟通模式。而如何通过有效沟通和管理使员工积极投入工作，是管理者工作的追求。当前，新生代员工逐渐成为职场的主流群体，但由于新生代员工独特的个性和特征，给管理增加了新的难度和挑战。以上管理的各个职能不是孤立存在的，各个职能之间的关系如图1-3所示。

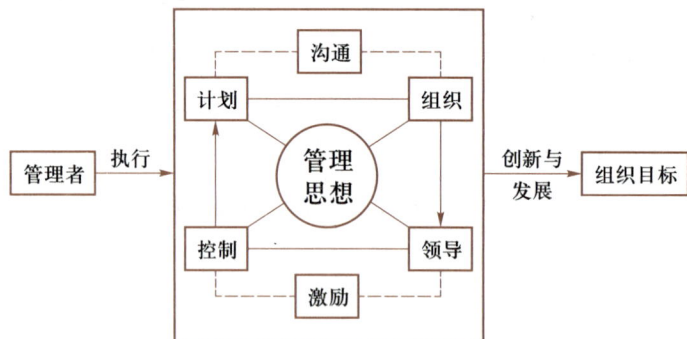

图 1-3 管理职能之间的关系

从图1-3可知，管理思想是管理者工作的灵魂和基础。管理者需要在熟悉掌握管理理论与管理技能的基础上，通过计划、组织、领导、沟通、激励和控制的职能实践，完成组织目标。计划是组织一切工作开展的前提和依据，组织、领导、沟通和激励是促进计划实践的手段，控制是实现组织目标的保证。六大职能贯穿于一切组织目标实现的过程中。

管理素养

一个企业家的家国情怀

曾宪梓，"金利来"品牌创始人，人称"领带大王"。他不仅是一个成功的中国企业家，更是一个深受尊重的慈善家和教育贡献者。

1968 年，曾宪梓前往香港地区，两手空空，处境艰难，却萌发了创业的决心。他用 6 000 港元开始生产领带。从低档领带做起，又向高档领带进军，逐渐建立了自己的品牌——金利来。由于曾宪梓在管理上始终坚持"勤俭诚信"经营理念，注重产品品质和品牌建设，脚踏实地务实经营，最终"金利来"品牌享誉世界，成为质量和信誉的代名词。

作为一名企业家，曾宪梓始终不忘初心，心系祖国。改革开放初期，曾宪梓率先参与祖国内地的现代化建设事业，是最早一批为内地改革建言献策的香港企业家，也是最早投资内地者之一，更联络、动员、组织大批志同道合者一起到内地投资办厂，支持祖国改革开放事业。从 20 世纪 70 年代末开始，曾宪梓就开始了捐资助国的义举，历年捐资逾 1 400 项次，累计金额超过 12 亿港元，涉及教育、科技、医疗、体育等领域。人们所熟知的南京大学、清华大学、上海交通大学、暨南大学、西安交通大学、浙江大学、厦门大学等国内高校，都有曾宪梓捐献的大楼。曾宪梓教育基金会用于资助内地教育事业的善款逾数亿元人民币，在尊师重教、扶困助学等方面发挥了独特作用。他生前曾表示："我若把产业只留给我的后代，只富了我一家；我要用我的产业来培养祖国后一代，将来就能使整个国家富裕起来。"

因其贡献卓著，曾宪梓被国家授予"改革先锋"称号。曾宪梓用自己一生光辉灿烂的奋斗史，生动地诠释了爱国爱民的情怀。"金如旭日腾云起，利似春潮带雨来。"曾宪梓这份对祖国和人民的大爱，必将在香港地区和内地产生持久的影响，感召我们不断前行。

★素养提升：作为赫赫有名的企业家，曾宪梓终身以报效祖国为己任，纵横商海的同时，对祖国公益事业慷慨解囊。除了浓厚的爱国情怀，更包含了曾宪梓的富国强民的理想和强烈的社会责任意识。他实实在在的爱国行动，是每一位企业家学习的楷模。

（资料来源：人民网："领带大王"曾宪梓的家国情怀，引文有删改。）

思政微课：一个管理者的家国情怀

三、管理的特征

管理具有自然属性和社会属性二重性：与生产力相联系的自然属性；与生产关系相联系的社会属性。它反映出管理的必要性和目的性。

管理的特征可以概括为以下五个方面。

（一）管理的动态性

管理活动需要在变动的环境与组织本身中进行，需要消除资源配置使用过程中的各种不确定性。当前数字化时代下的组织环境瞬息万变，管理需要根据动态多变的组织环境做出调整和变革。因此，管理无定式，不存在一个标准、处处成功的管理模式。

（二）管理的科学性

管理的科学性一方面表现为有效成功的管理必须有科学的理论、方法来指导，要遵循管理的基本原理、原则，管理必须科学化。另一方面是指管理学作为一门科学，有它内在的规律，包括人们通过大量的管理实践从经验、技能、教训中提炼发展的管理技术。

（三）管理的艺术性

管理的艺术性强调管理人员必须在管理实践中发挥积极性、主动性和创造性，因地制宜地将管理知识和具体管理活动相结合，以进行有效的管理。当管理者从众多可供选择的管理方式和手段中选择一种适合于自己的管理实践时，也体现了他管理的艺术性技能。

（四）管理的创造性

管理既然是一种动态活动，又没有统一的模式可以参照，那么要实现既定的组织目标，就需要有一定的创造性。所以，管理的创造性植根于动态性之中，与科学性和艺术性相关，正是由于这一特性的存在，管理创新才成为必需和必然。

（五）管理的经济性

管理的经济性反映在资源配置的机会成本上，管理者选择一种资源配置方式是以放弃另一种资源配置方式为代价的。另外，管理的经济性反映在管理方式方法的选择上，因为在众多进行资源配置的方式方法中，不同方法所花费的成本是不一样的，所以如何选择也就有一个经济性的问题。

职场与管理

希尔顿集团酒店的管理之道：信心与微笑

1919 年，年轻的希尔顿用 5 000 美元在得克萨斯州买下了他的第一家旅馆。凭借精准的眼光与良好的管理，很快希尔顿的资产就由 5 000 美元奇迹般地扩增到 5 100 万美元。他欣喜而又自豪地把这个好消息告诉了自己的母亲。可是，他的母亲却意味深长地对希尔顿说："照我看，你跟从前根本就没有什么两样。事实上你必须把握比 5 100 万美元更值钱的东西，除了对顾客诚实之外，还要想办法使每一个住进希尔顿旅馆的人住过了还想再来住，你要用这样一种简单、容易、不花本钱而行之可久的办法去吸引顾客。这样你的旅馆才有前途！"母亲的话让希尔顿猛然醒悟，到底什么东西才比 5 100 万美元更值钱呢？希尔顿想了又想，始终没有想出一个好的答案。

于是，他每天都到商店和旅店里参观，以顾客的身份来感受一切。他终于得到了一个答案：微笑服务。只有微笑具有简单、容易、不花本钱而行之有效的特点，可也只有微笑才能发挥如此大的影响力。于是希尔顿定出他经营旅馆的四大信条：微笑、信心、辛勤、眼光。他要求员工照此信条实践，即使非常辛劳也必须对旅客保持微笑，就连他自己都随时保持微笑的姿态。

从 1919 年到 1976 年，希尔顿旅馆从 1 家扩展到 70 家，遍布世界五大洲的各大城市，成为全球最大规模的旅馆之一。即使在美国经济危机爆发的几年中，虽然有很多大旅馆倒闭，最后仅剩下 20% 的旅馆，但是在这样残酷的环境中，希尔顿旅馆的服务人员依然保持着微笑。这 50 多年里，希尔顿不断到他分设在各国的希尔顿旅馆视察业务，问得最多的一句话必定是："你今天对客人微笑了没有？"

请思考：希尔顿管理的科学性和艺术性体现在哪里？

第二节　管 理 者

一、管理者的定义

在组织环境中，每个人都面临着管理和被管理的环境。因此，具体到一个组织或一项活动中，管理者特指某一个人或某一些人。

管理者一般是指通过协调他人的活动达到与别人一起或者通过别人实现组织目标的人。管理者的工作可能意味着协调一个部门的工作，也可能意味着监督几个单独的个人，还可能意味着协调一个团队的活动。值得注意的是，管理者在组织中工作，但并非组织中的每一个人都是管理者。为免混淆，本书将一个组织的成员分为两类：管理者和操作者。

操作者是指在组织中直接从事具体的某项工作或任务，不承担对他人工作监督责任的组织成员。例如，工厂流水线上的工人、大街小巷送快递的快递员、饭店里的服务人员、办公大楼的清洁工人，他们的任务就是做好组织分派的具体可操作性事务。

而管理者是指那些在组织中指挥他人完成具体任务的人。管理者虽然也承担一定的具体事务性工作，但他的主要职责是指挥下属工作。例如，公司里的经理，餐厅的老板，学校的院长、校长，事业单位的处长、局长等。有没有下属向其汇报工作，是管理者区别于操作者的显著特点。

那么，管理者的定义是什么？本书将管理者定义为：管理者就是在组织中从事并负责对组织的资源进行计划、组织、领导和控制等管理活动的人员。

管理故事

留 个 缺 口

一位著名企业家在作报告，一位听众问："你在事业上取得了巨大的成功。请问，对你来说，最重要的是什么？"

企业家没有直接回答，他拿起粉笔在黑板上画了一个圈，只是并没有画圆满，留下一个缺口。他反问道："这是什么？"台下的听众七嘴八舌地答道："零？""圈？""未完成的事业？""成功？"

他说："其实，这只是一个未画完整的句号。你们问我为什么会取得辉煌的业绩，道理很简单：我不会把事情做得很圆满，就像画个句号，一定要留个缺口，让我的下属去填满它。"

请思考： 从该案例中，你对管理者这个职位有什么认识？

二、管理者的分类

同样地，工厂和办公室的一线主管，例如流水生产线上的班组长和保险公司保单受理办公室的主管，他们的工作本职是管人，是什么类型的管理者呢？组织中的管理者，由于他们的责任和权限不同，他们所处的地位和所起的作用也不同，因此可以按不同的标准把一个组织中的管理者划分成不同的类型。如一线主管，无论是在工厂还是在办公室，通常都用不着计划和组织，因此，从管理者的分类看，属于基层管理者。

常用的分类方法是根据管理者在组织中的级别、职位和职能头衔，将其区分为基层管理者、中层管理者和高层管理者三个层次（如表1-1所示，以企业为例）。

表 1-1　管理者分类

组织级别	职位	职能头衔
高层管理者	执行官	总裁、生产副总裁、销售副总裁、人力资源副总裁、首席财务官
中层管理者	经理或总监	生产总监、销售总监、人力资源经理、财务部经理
基层管理者	主管	生产监督员、地区销售经理、人力资源助理经理、主管会计师

职场与管理

关注基层管理者

麦肯锡的一项调查研究表明，高层管理者和中层管理者常常对自己企业的基层管理人员的业绩不满。这种不满的原因一方面是基层管理人员自身技能的欠缺所造成的，另一方面是源于对基层管理人员工作的定位，以及未能得到足够的培训。调查显示，大多数企业并未对基层管理人员提供足够的培训，或者对其职责进行恰当的定位，以创造最大价值。

基层管理者一手组织基层员工，一手承担来自上级的指令，其工作重心应该是指导员工和不断提升质量，专注于更为复杂的长期改进：比如消除缺陷，找出运营问题的根本原因，以及辅导和指导操作员和普通员工。在一项调查中，只有11%的受访者表示其企业的一线管理职责定位良好，使一线管理人员能够专注于对自己的直接下属进行辅导和培养。作为企业的一线管理人员，基层管理者并没有领导他人的经验，企业应该给他们提供充分的培训，确立正确的工作定位，以使其成功履行管理职责。

三、管理者的角色

管理工作中管理者必须对自己的角色有一个明确的目标定位：管理者到底应该做什么？扮演什么角色？

20 世纪 60 年代末期，加拿大学者亨利·明茨伯格（Henry Mintzberg）总结自己和他人的研究成果，提出管理者扮演着十种不同的但高度相关的角色。这十种角色可归纳为三大类：人际关系角色、信息传递角色和决策制定角色，如表 1-2 所示。

表 1–2　管理者角色的分类

角色	描述	特征活动
人际关系角色		
1. 挂名首脑	象征性首脑，必须履行许多法律性或社会性的例行义务	迎接来访者；签署法律文件
2. 领导者	负责激励下属，负责人员配备、培训以及相关的职责	实际上从事所有的有下级参与的活动
3. 联络者	维护自行发展起来的外部关系和消息来源，从中得到帮助和信息	发感谢信；从事外部委员会工作；从事其他有外部人员参加的活动
信息传递角色		
4. 监听者	寻求和获取各种内部和外部的信息，以便透彻地理解组织和环境	阅读各类信息报告；与有关人员保持私人接触
5. 传播者	将从外部人员和下级那里获取的信息传递给组织的其他成员	举行信息交流会；以各类方式传达信息
6. 发言人	向外界发布组织的计划、政策、行动、结果等	召开董事会；向媒体发布信息
决策制定角色		
7. 企业家	寻求组织和环境中的机会，制定"改进方案"以发起变革	组织战略制定和开发新项目
8. 混乱驾驭者	当组织面临重大的、意外的混乱时，负责采取纠正行动	组织应对混乱和危机的战略制定和检查会议执行情况
9. 资源分配者	负责分配组织的各种资源——制定和批准所有有关的组织决策	调度、授权、开展预算活动，安排下级的工作
10. 谈判者	在主要的谈判中作为组织的代表	参加各类重要的正式或非正式的谈判

　　人际关系角色直接产生于管理者的正式权力，该管理者负责确保和其一起工作的人具有足够的信息，从而能够顺利完成工作。整个组织的人依赖于管理结构和管理者获取或传递必要的信息，以完成工作，这是管理者的信息传递角色。管理者通过决策让工作小组按照既定的路线行事，并分配资源以保证计划的实施，这是管理者的决策制定角色。

　　研究证据一般都支持管理者角色的概念——无论是在何种类型的组织中还是组织的任一层次上——管理者都在履行着类似的角色。不过研究表明，管理者角色的强调重点随组织的层次不同而变化。

四、管理者的技能

每位管理者都在自己的组织中从事某一方面的管理工作，都要力争使自己主管的工作达到一定的标准和要求。管理是否有效，很大程度上取决于管理者是否真正具备了作为一个管理者应该具备的管理技能。罗伯特·卡茨（Robert L.Katz）经研究发现，管理者需要三种基本的技能或者素质，即技术技能、人际技能和概念技能。

（一）技术技能

技术技能是指熟悉和精通某种特定专业领域的知识，例如编制计算机程序、撰写财务报告、分析市场统计数据、设计图纸等。管理者就是要掌握和运用各种管理技术，并普遍熟悉和了解本部门及其他组织有关部门所从事的技术项目。相对而言，对基层管理者来说这些技能是重要的，因为他要直接指导雇员所从事的工作，而高层管理者则只需要有些粗浅了解即可。

（二）人际技能

人际技能指的是管理者与他人一起工作和作为一名小组成员而有效工作的能力。简单地说，人际技能是指处理人际关系的能力，包括激励、帮助、协调、领导、沟通和解决冲突的能力。一个管理者大部分的时间都在与人打交道，对外要与有关的组织和人员进行联系、接触；对内要联系和了解上级、同级、下级，协调各级之间的关系，指导下属的工作，调动员工的积极性。所有这些活动都要求管理者必须具备处理人际关系的能力。众多研究表明，人际技能是管理者必备的最重要的一种技能。管理者的工作对象是人，因此，人际技能对高、中、基层管理者有效地开展管理工作都是非常重要的。

数字化 + 管理

海尔：以新质生产力赋能企业数字化发展

在新一轮科技革命浪潮中，人工智能、物联网、新能源、新材料等前沿技术迅猛发展，正以前所未有的方式重塑生产方式、产品形态和服务模式，催生出全新的生产力质态。

新质生产力，既是时代给予企业的新命题，也激发企业数字化转型的新活力。新质生产力以创新起主导作用，摆脱传统经济增长方式、生产力发展路径，是实体经济高质量发展的新方向，也是新一轮科技革命和产业变革的战略选择。海尔以科技创新引领产业创新，驱动数字化转型升级，重点在科技创新、组织变革和产业发展等方面进行了布局，展示了如何通过新质生产力推动产业的高质量发展。

在科技创新方面，海尔集团一直坚持科技自立自强，聚力突破行业原创性、关键性技术，以科技创新推动产业升级，引领全球产业发展趋势。海尔依托国创中心、全国重点实验室等国家级创新平台，加强原创性、引领性科技攻关。目前海尔引领行业的原创科技已经有200余项，是获得中国专利金奖、国家科技进步奖最多的家电企业，也是中国家电行业中参与国际标准制定以及拥有国际标准专家数量最多的企业。

在组织变革方面，海尔的目标是建立高效、有活力的组织。海尔的人单合一把科层制的企业变成无边界的组织形态，同时坚持人的价值最大化，让每个人发挥出自己的活力，创造出更多的引领成果，从而推动企业实现更有活力的增长。未来海尔组织变革将进入深水区，各领域、各行业要以链群合约为抓手，建立学习型组织，进一步激发组织的活力与潜能。

在产业发展方面，以制造业起家的海尔依托多年的制造经验及数字技术沉淀，将企业数字化的能力开放出来，以产业数字化构建生态力，打造了卡奥斯工业互联网平台，赋能更多企业共享数字化红利。海尔卡奥斯工业互联网平台作为中国模式的代表，已为不同行业和企业提供了数字化转型解决方案。通过卡奥斯赋能千行百业数字化转型，加速新质生产力的形成，体现了模式创新、技术创新、产品创新和应用创新，赋能产业高质量发展。

数字化思维：海尔将数字化转型经验，形成模块化、可复制的工具和轻量化应用，赋能更多的企业实现数字化转型升级，以产业数字化构建新质生产力，走出了一条颇具特色的数字化发展路径，为行业发展带来福利和借鉴。

（三）概念技能

概念技能又称思维技能，指的是管理者对抽象、复杂情况进行思考和概念化的技能。即综观全局，认清为什么要做某事的能力，也就是洞察企业与环境之间相互影响复杂性的能力，包括理解事物的相互关系从而找出关键影响因素的能力、确定和协调各方面关系的能力，以及权衡不同方案优劣和内在风险大小的能力等。管理者所处的层次越高，其面临的问题就越复杂、越无先例可循、越具有多变性，就越需要概念技能。图1-4表示了这些技能与管理层次之间的关系。

图 1-4 不同管理层次所需的技能

职场与管理

京东转型与管理者的"概念技能"

京东，这个中国人耳熟能详的名字，已经成为中国电商行业的代名词。回顾京东的成长历程，可谓是一部中国电商进化史。京东能发展到今天，得益于其间的三个重大战略布局与成功转型，而每一次的战略选择都与管理者的审时度势、有效决策息息相关，每一个成功转型的背后，折射了管理者的商业才能。

一、第一次转型：从实体店到全面电商

1998 年，京东在北京初创。当时的京东叫"京东多媒体"，是一家位于中关村的实体店，核心业务是卖光盘。不到两年时间，京东的年销售额就高达千万元，直到 2001 年，京东成为当时中国最大的产品代理商，在全国各地开设了十几家分公司。2003 年，中国遭遇了非典疫情。当全城的零售业都遭受重创之时，京东自然也没了生意，不到一个月就亏了 800 万元，当时的京东账面资金只有两三千万元，难以维系。生死存亡之际，京东的领导层亲自率领员工开始在网上发帖子，推销光盘。一个网络论坛坛主对京东是其"这么多年来知道的唯一一家不卖假光盘的企业"的肯定，为京东带来第一批顾客。之后，接踵而至的网络订单使京东多媒体名声大振。京东的领导层看到了电商的巨大潜力，于是决定转型：关掉赚钱的实体店，全面转型做电商。

二、第二次转型：从数码类产品到全品类产品

京东从实体店向电商的转型无疑是成功的。因为敢于拥抱时代大势，京东的领导层带着京东终于进入了火箭般发展的轨道，京东也迎来了高光时刻。但京东的领导层并不满足于此，提出从 IT 数码类的产品扩充到销售全品类产品。"品类扩充与否，决定了京东是一个 IT、数码垂直类的小电商公司，还是一个超级大的平台，这是一个公司两个完全不同的走向。"虽然领导层的这一想法遇到阻挠，也受到京东投资人的反对。但事实最后证明品类扩充显示效果非常好，市场再次证明京东管理层的选择是正确的。

三、第三次转型：自建物流体系

当时的京东管理层发现，京东全年 72% 的投诉都来自物流，而且，由于京东卖的

产品本身就比较贵，被调包的风险也大。因此，京东领导层下定决心自建物流体系。

最终，这个决定也被证明是正确的。物流成为京东最为核心的竞争力之一。90% 的包裹在客户下单 24 小时内可以完成送货。而且，京东物流的效率也很高。京东在中国大陆有超过 515 个大型物流中心，库存周转天数只有 34 天。

启示：京东的三次转型与变革，都离不开京东领导层的决断和胆识，凸显了高层管理者超强的"概念技能"。数字化时代下的组织环境，瞬息万变，管理者需要具备对环境的洞察力和决断力，敢于尝试与创新，与时代共舞，不断开拓企业的生存发展之道。

第三节 管理学

一、管理学的研究对象

专业微课：数字化时代下的组织变革

管理学是一门从管理实践中形成和发展起来的、系统地研究管理活动及其基本规律和一般方法的科学。它是由一系列的管理职能、管理原理、管理原则、管理方法和管理制度等要素所组成，并用以指导人们从事管理活动的科学。

管理学的研究对象是管理活动的基本规律和一般方法。管理活动是普遍存在的。虽然不同性质的组织活动有差异，方法不尽相同，比如管理一个企业和管理一所学校，但是，其都要遵循管理中的一般规律和一般规则。

管理学横跨自然科学、社会科学和工程技术各个领域，管理学体系如图 1-5 所示。

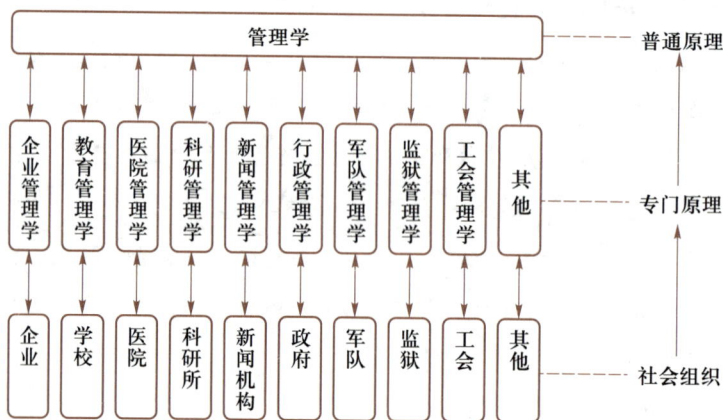

图 1-5 管理学体系

二、管理学的特点

在管理实践的推动下，管理学不断深入研究和创新理论方法的，已经成为一门独立的学科，并形成了自己的学科特征。它作为一门学科具有如下特性。

（一）一般性和综合性

管理学具有一般性的特点，它是研究所有管理活动中的共性原理的基础理论学科。同时，管理学也表现出综合性的特点，它需要从社会生活的各个领域、各个方面，以及各种不同类型组织的管理活动中概括和抽象出对各门具体管理学科都具有普遍指导意义的管理思想、原理和方法。

（二）科学性

任何一门理论学科只要是来源于社会实践，同时又被实践证明是正确的，那么就成为一门科学。管理学的基本思想来源于人们的生产实践，经过科学的抽象和概括，同时吸收了其他门类的科学思想，这种抽象和概括反映了管理工作的内在规律，又在实践中得到了验证。

（三）实践性

管理学是为管理者提供从事管理所需的理论、原则和方法的实用性科学。管理的实践性表现为它具有的可行性，而它的可行性标准是通过经济效益和社会效益来加以衡量的，因此，管理学又是一门实用学科，只有把管理理论同管理实践相结合，才能真正发挥这门学科的作用。

（四）历史性

任何一种理论都是实践和历史的产物，管理学也不例外。管理学是对前人管理实践、经验和管理思想、理论的总结、扬弃和发展。割断历史，不了解前人对管理经验的理论总结，不进行历史考察，就很难理解建立管理学的依据。

三、管理学的研究方法

管理学的研究，必须以马列主义、毛泽东思想为指导，必须以辩证唯物主义和历史唯物主义作为方法论基础，并科学地运用一些具体方法。

（一）历史研究法

这是运用文献史料进行管理研究的方法。它通过分析研究人类过去丰富的管理实践和理论，认识管理思想、理论、制度和方法的演变发展规律，继承前人的经验和成就，古为今用。

（二）案例研究法

案例研究法就是先对特定的问题从实证的角度进行分析、评价并得出结论，然后根据这一结论来确定处理类似问题的可行方案。通过案例研究，可以生动、形象、深刻地揭示出管理先要确保做正确的事，而且要尽可能做好。好的管理就是要做好正确的事。

（三）比较研究法

比较研究法是通过采用横向对比或者纵向对比的方法对不同国家或不同时期的管理思想、管理理论、管理模式、管理方法和技术的全面比较分析，以研究、探索管理活动中的普遍理论和最优方案。

（四）调查研究法

调查研究法即在现实的管理过程中，通过观察、调查、试验、实践，掌握第一手材料，进行归纳、分析、综合，从中找出规律性的因素。这种方法既适用于从事实际管理的人，也适用于进行理论研究的人，他们可以以调查者的身份进行实地观察、访问，也可以用问卷等方式进行调查，其研究结论可靠性大。

（五）系统研究法

系统研究法是运用系统工程的理论和方法来分析管理现象和过程，把管理机构、管理对象的各个环节、各个层次，都当作一个相互关联的系统整体进行全面的考察和分析，以确定最优化的目标和实施方案。

知识测试

【判断正误】

1. 管理是一门艺术，指主管人员在管理实践中，既要运用管理知识，又需发挥创造性，采取适宜措施，高效地实现目标。（　　）

2. 人际技能是指成功地与人打交道并与人沟通的能力。掌握这项能力对各层次的管理者具有同等重要性。（　　）

3. 对基层管理人员最重要的管理技能是人际技能。（   ）

4. 对于同一管理职能，不同层次的管理者所从事的具体工作的内涵是不完全相同的。（   ）

5. 根据亨利·明茨伯格的一项被广为引用的研究，管理者扮演着十种角色，可归为人际关系角色、信息传递角色和决策制定角色三大类。（   ）

【单项选择】

1. 下列几项活动中，不属于管理活动的是（   ）。

    A. 部队中的班长与战士谈心   B. 企业的主审计师对财务部门进行检查

    C. 钢琴家制订自己的练习计划   D. 医院的外科主任主持会诊

2. 领班属于（   ）。

    A. 基层第一线管理人员   B. 中层管理人员

    C. 高层管理人员   D. 以上都不是

3. 一位工作表现很出色的基层主管被提升为中层主管，尤其是高层主管后，尽管工作比以往更卖力，绩效却一直很差。其原因很可能就在于这位管理人员并没有培养起从事高层管理工作所必需的（   ）。

    A. 概念技能   B. 技术技能   C. 人际技能   D. 领导技能

4. 银河旅行公司刘总经理在总体市场不景气的情况下，以独特的眼光发现了探险性旅游项目与40~45岁男性消费者之间的相关性，在此基础上设计了具有针对性的旅游路线与项目，并进行了前期宣传。因为涉及与交通管理、保险、环保等部门的协调，新项目得到正式批准的时间比预期的晚了整整一年，由此丧失了大量的市场机会。你认为下列说法中最能概括刘总的管理技能状况的是（   ）。

    A. 技术技能、人际技能、概念能力都弱

    B. 技术技能、人际技能、思维能力都强

    C. 技术技能和人际技能强，但思维能力弱

    D. 技术技能和思维技能强，但人际技能弱

5. 管理的控制职能主要由（   ）执行。

    A. 高层管理人员   B. 中层管理人员

    C. 基层管理人员   D. 以上均是

6. 根据罗伯特·卡茨的观点，对于所有层次管理者的重要性大体相同的技能是（   ）。

    A. 概念技能   B. 技术技能

    C. 人际技能   D. 领导技能

7. 管理者应该具备产生新想法并加以处理，以及将关系抽象化的思维能力。这种能力是（ ）。

    A. 领导技能   B. 技术技能   C. 人际技能   D. 概念技能

8. 管理人员与一般工作人员的根本区别在于（ ）。

    A. 需要与他人配合完成组织目标

    B. 需要从事具体的文件签发审阅工作

    C. 需要对自己的工作成果负责

    D. 需要协调他人的努力以实现组织目标

9. 企业管理者可以分成基层、中层、高层三种，高层管理者主要负责制定（ ）。

    A. 日常程序性决策   B. 长远全局性决策

    C. 局部程序性决策   D. 短期操作性决策

10. 一艘轮船要顺利驾驶到目的地，船长的角色职能包括：设计方向的领航员，实际控制方向的舵手，轮船的设计师或选用者，以及全体船员形成支持、参与和沟通关系的促进者。以上这些职能分别对应于管理的（ ）。

    A. 计划、控制、组织和领导   B. 计划、组织、领导和控制

    C. 领导、计划、组织和控制   D. 领导、组织、计划和控制

【讨论与分析】

1. 为什么说管理既是一门科学又是一门艺术？

2. 概念技能对于企业高层管理人员履行其职责的意义是什么？

3. 在不断变化的环境中，管理者如何才能持续做出有效、及时的决策？

4. 当一名优秀员工被提升到管理岗位时：

（1）通常会提拔到哪一层？

（2）随着岗位的变化，对管理技能和职能的要求有怎样的变化？

管理工具

80/20 法则：如何使工作更有效率

80/20 法则（the 80/20 principle），也被称为帕累托法则，是一种描述不平衡性的法则。它指出在许多情况下，大约 20% 的原因、投入或努力往往会产生 80% 的结果或收益。在任何特定群体中，重要的因子通常只占少数，而不重要的因子则占多数。因此，只要能控制具有重要性的少数因子即能控制全局。比如，一个公司 80% 的利润来自 20%

的顾客、一个组织 80% 的业绩来自 20% 员工的努力、20% 的管理者领导 80% 的员工……80/20 法则给企业管理的重要启示是：在工作或管理领域，识别和优先处理那些能产生较大影响的 20% 的任务，避免将时间花在琐碎的多数问题上，其余 80% 的任务虽然重要，但对整体产出的影响相对较小。集中精力在关键领域，以提高效率和效果。例如，企业可以只需关注带来 80% 的收益的 20% 客户。想要高效达成目标，就要抓住问题关键，看清问题实质，这就是 80/20 法则（图 1-6）。

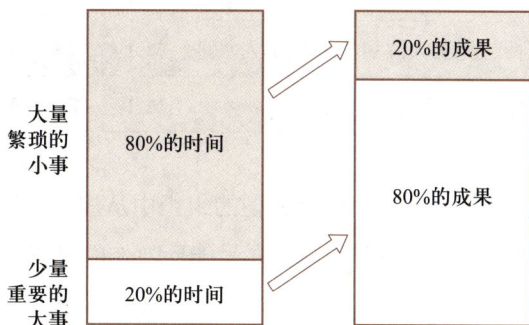

图 1-6　80/20 法则

80/20 法则颠覆了传统的时间观念，它可以帮助人们更加高效地分配资源和时间，从而更好地实现目标。80/20 法则用在时间管理方面的关键是：找出能给你带来 80% 成果的最有效的 20% 工作事项。具体做法如下：

（1）列出工作或学习任务。首先，必须确认你的工作任务是什么。如果可能的话，最好把它们列在纸上或手机等备忘录上。

（2）找出起决定作用的 20%。也就是你的"有效领域"和"无效领域"，"成就领域"和"无成就领域"，"快乐领域"和"不快乐领域"。在应用 80/20 法则时最困难的是决定 20% 是什么。换句话说，在所有投入中，哪些 20% 可以决定 80% 的产出。重要的方法之一是可以根据工作任务的重要性和紧急程度，进行 ABCD 排序。

（3）付诸行动，去完成能决定 80% 成果的 20% 任务，取消或减少低价值活动。

【工具运用】请准备一张纸或使用手机备忘录，根据自己的学习和生活规划，采用列表或矩阵的形式列举能决定你 80% 成果的 20% 任务。

管理实训

● 自我评估训练

你在一个大型的组织中从事管理的动机性有多强？

问题	弱			强			
1. 我希望与我的上级建立积极的关系。	1	2	3	4	5	6	7
2. 我希望与我同等地位的人在游戏中和体育比赛中竞争。	1	2	3	4	5	6	7
3. 我希望与我同等地位的人在与工作有关的活动中竞争。	1	2	3	4	5	6	7
4. 我希望以主动和果断的方式行事。	1	2	3	4	5	6	7
5. 我希望吩咐别人做什么和用命令对别人施加影响。	1	2	3	4	5	6	7
6. 我希望在群体中以独特的和引人注目的方式出人头地。	1	2	3	4	5	6	7
7. 我希望完成与管理工作有关的例行职责。	1	2	3	4	5	6	7

提示：上面的问题用来评价你在一个大型的组织中从事管理的动机性。它们基于7种管理者工作的角色维度。对每一个问题，在最能反映你的动机强烈程度的数字上画个圆圈。

● 项目训练

项目内容：分析一个公司的管理职能是如何运作的。

实训目的：

1. 强化学生对四项管理职能的理解；

2. 提高学生将理论运用于实践的能力；

3. 提高学生对管理职能活动的掌握和思考。

实训内容：总结一个公司管理职能的运作。

要求：

1. 仔细观察一个公司各个部门的日常运营，记录管理活动；

2. 将管理活动按照管理职能进行分类整理；

3. 对照课本知识的学习，检验管理职能的运作；

4. 指出管理职能运作过程中出现的问题和成果并进行评价。

成果及评价：

教师根据管理职能的分类正误和指出问题的情况评定成绩。

● 实战实训

刘丹是一家公司的程序员，正在负责一个项目开发。这个项目是一个以软件开发为主、系统集成为辅的综合性项目，需要公司其他业务部门的配合。但找到相关部门的经理时，他们总是以手头工作很紧张，派不出人手为由不给予积极配合。所以项目目前无法推动下去，眼看就要延期。

显然，该项目当下的问题，不是刘丹这个层面可以解决的了，也有同事建议他找高层领导寻求帮助。但刘丹很犹豫，因为首先他担心领导不太懂具体的项目情况。其次，他之前有跟领导提过项目遇到困难的事，但是领导说："我请你来就是解决问题的。"这两点让他不知道如何去找高层领导寻求帮助。

问题：刘丹应该如何获取相关部门的支持，以使项目顺利开展？

☞结合管理的几项基本职能，为刘丹提供争取相关支持的思路和策略。

第二章
管理思想的演进

★ **素养目标**

⊙ 正确看待管理在社会发展进程中的贡献和作用，明确学习意义

⊙ 培育爱岗敬业、守正创新的企业管理者的态度和作风

⊙ 关注中国企业的管理创新，坚定文化自信和理论自信

★ **知识目标**

⊙ 了解管理理论的发展演变历程

⊙ 掌握古典管理理论、行为科学理论的代表人物及主要观点

⊙ 熟悉现代管理理论主要学派的基本观点

⊙ 了解和关注管理理论在我国企业中的创新实践

★ **技能目标**

⊙ 能够联系实际，运用专业的管理理论分析常见的管理现象和管理问题

⊙ 能够初步运用相关管理理论的方法分析和解决实际问题

⊙ 能够运用权变、系统的管理理论综合看待现实中的管理问题

思维导图

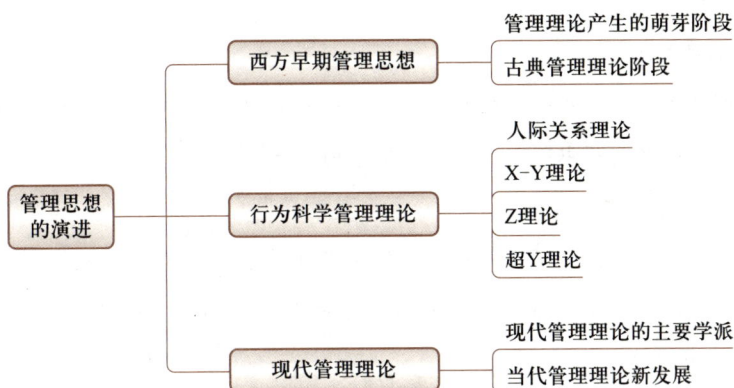

案例导引

麦当劳的科学管理

麦当劳作为全球最大的快餐公司,其经营者制定了具有战略意义的经营方针,并以此作为全体员工的工作准则,保证麦当劳的服务质量,且非常重视食品制作的规范化和标准化。正是麦当劳卓越的经营理念,使得麦当劳由一家默默无闻的快餐店成长为今天的快餐业之王,成为一个奇迹。

麦当劳标准化的定义:对产品(或零件)的类型、性能、规格、质量、所用原材料、工艺装备和检验方法等规定统一标准,并使之贯彻于实施的过程。通俗地讲,无论在什么时间、什么地点提供给消费者的产品都是一样的。

1. 原材料的标准

奶浆供应商提供的奶浆在送货时,温度如果超过4℃必须退货;面包不圆、切口不平不能要;每块牛肉饼从加工一开始就要经过40多道质量检查关,只要有一项不符合规定标准,就不能出售给顾客;凡是餐厅的原材料,都有严格的保质期和保存期,如生菜从冷藏库送到配料台,只有两个小时保鲜期限,一超过这个时间就必须处理掉;为了方便管理,所有的原材料、配料都按照生产日期和保质日期先后摆放使用。

2. 精确到0.1毫米的制作标准

比如,严格要求牛肉原料必须挑选精瘦肉,牛肉由83%的肩肉和17%的上等五花肉精制而成,脂肪含量不得超过19%,绞碎后一律按规定做成直径为98.5毫米、厚为5.65毫米、重为47.32克的肉饼。食品要求标准化,无论国内国外,所有分店的食品质量和配料相同，并制定了各种操作规程和细节，如"煎汉堡包时必须翻动，切勿抛转"等。

3. 时间的标准

制作好的食品放在中央运输槽内保存。这些产品依照包装时间的先后，每列都放有一个小小的塑料标志牌，上面写着阿拉伯数字：1、2、3……

4. 保存期的标准

按照麦当劳公司的规定，各种食品的保存期是不相同的。三明治类的保存期为10分钟，炸薯条7分钟，炸苹果派10分钟，咖啡30分钟，香酥派90分钟。

5. 关爱中的标准

例如，麦当劳所有连锁店的柜台高度都是92厘米，因为据科学测定，不论高矮，人们在92厘米高的柜台前掏钱感觉最方便。而且柜台必须设在后门入口处，顾客可不经柜台到达餐桌，以免除不购物者的尴尬。

麦当劳的可口可乐均为4℃，因为这个温度的可乐味道最为甜美，所以全世界麦当劳的可口可乐，统一规定保持在4℃。面包均厚17毫米，面包中的气泡均为0.5毫米，那样的面包在口中咀嚼时味道最好、口感最佳。

请思考：你如何看待麦当劳的标准化管理？

第一节　西方早期管理思想

管理活动源远流长，人类进行有效的管理活动已有数千年的历史。但从管理实践到形成一套比较完整的理论，则是一个漫长的历史发展过程。从人类社会产生到18世纪，人类为了谋求生存自觉不自觉地进行着管理活动和管理实践，其范围是极其广泛的，但是人们仅凭经验去管理，尚未对经验进行科学的抽象和概括，没有形成科学的管理理论。

一、管理理论产生的萌芽阶段

18—19世纪的工业革命使以机器生产为主的现代意义上的工厂成为现实，工厂以及公司的管理工作越来越重要，管理方面的问题越来越多地被关注，管理学开始形成。这个时期的代表人物有亚当·斯密（Adam Smith）、大卫·李嘉图（David Ricardo）等。亚当·斯密是英国古典政治经济学派创始人之一，他的代表作是《国富论》。在管理问题上亚当·斯密的主要观点是劳动分工观点和"经济人"观点。亚当·斯密发现，分工可以使劳动者从事某种专项操作，便于提高技术熟练程度，有利于推动生产工具的改革和技术进步，可以减少工种的变换，有利于劳动时间的节约，从而提出了分工理论。

亚当·斯密认为劳动分工之所以能促进劳动生产率的提升主要有以下三方面的原因：

（1）劳动分工可以提高劳动者完成某项特定工作的熟练程度，促进专业技能的提升。

（2）劳动分工可以减少劳动者的工作转换，提高劳动效率。

（3）发明了许多既便于工作又节省劳动时间的机器。

亚当·斯密提出的劳动分工理论，直接推进了管理学的诞生。从数学家巴贝奇到工程师泰勒，都秉承了亚当·斯密的劳动分工理论。

管理故事

劳动分工的典故

亚当·斯密的主要贡献，在于他1776年出版的《国富论》一书，还有他对组织和社会将从劳动分工中获得巨大经济利益的光辉论断。劳动分工（division of labor），即将工作分解成一些单一的和重复性的作业。他列举了制针行业的例子。

斯密注意到，10个工人每人从事一项专门的工作，每天能生产48 000根针。但是，如果每个工人独立完成所有制针工作，这10个工人最快也不过每天制作200根针。他们每个人都得拔丝、矫直、切段、敲针头、磨针头，并将针头和铁杆焊在一起，一个人每天能完成10根针就算好手艺了。

亚当·斯密得出结论：劳动分工之所以能够提高生产率，是因为它提高了每个工人的技巧和熟练程度，节约了由于变换工作浪费的时间，以及有利于机器的发明和应用。今天广泛普及的工作专业化（如服务业中的教学和医疗，以及汽车厂的装配线等），无疑是斯密在200多年前就提出的劳动分工的产物。

请思考： 你所了解的劳动分工的具体事例有哪些？

动画：
亚当·斯密
制针的故事

二、古典管理理论阶段

古典管理理论阶段是管理理论最初形成阶段。古典管理理论是指19世纪末20世纪初西方管理理论的总称，由美国泰勒的科学管理理论、法国法约尔的一般管理理论、德国韦伯的古典行政组织理论构成。在这一阶段，这些管理理论侧重于从管理职能、组织方式等方面研究企业的效率问题，对人的心理因素考虑很少或根本不去考虑。

（一）泰勒的科学管理理论

1. 科学管理理论产生的背景

弗雷德里克·温斯洛·泰勒（Frederick Winslow Taylor），美国古典管理学家、科学管理的主要倡导人。泰勒所处的时代，美国工业出现了前所未有的资本积累和工业技术进步。但是，低劣的管理方式严重阻碍了生产效率的提高。同时，工人和资本家之间的关系严重激化：资本家对工人态度蛮横，工人生活艰苦，而资本家个人却过着奢侈的生活；工人则不断用捣毁机器和加入工会组织领导的大罢工来争取自己的权利。劳资关系的对立也严重影响了企业的劳动生产率。泰勒的科学管理理论就在此背景下产生了。

泰勒一生致力于科学管理，他为管理的革新奠定了基础，成为科学管理学派的创始人。他的主要著作包括《计件工资制》（1895年）、《车间管理》（1903年）、《科学管理原理》（1911年）。

职场与管理

泰勒的搬运生铁块试验与铁锹试验

动画：搬生铁块实验

泰勒出生于美国费城一个富有的律师家庭，中学毕业后考上哈佛大学法律系，但因眼疾不得不辍学。1875年，他进入一家小机械厂当徒工，1878年转入费城米德瓦尔钢铁厂当机械工人，在该厂一直干到1897年。在此期间，由于工作努力，表现突出，先后被提升为车间管理员、小组长、工长、技师、制图主任和总工程师，并在业余学习的基础上获得了机械工程学士学位。泰勒的这些经历，使他有充分的机会去直接了解工人的种种问题和态度，并看到提高管理水平的极大可能性。1898—1901年，泰勒受雇于伯利恒钢铁公司，其间进行了著名的搬运生铁块试验和铁锹试验。

（1）搬运生铁块试验。75名工人负责把92磅（1磅＝0.45千克）重的生铁块搬运30米的距离到铁路货车上，他们的平均日生产率是12.5吨。泰勒相信通过科学分析装运作业可以确定最佳方法，日生产率应该能够提高到47～48吨。泰勒找了一名工人进行试验，试验各种搬运姿势、行走的速度、持握的位置对搬运量的影响，多少的休息时间为好。经过反复分析确定搬运铁块的最佳方法，工人每天平均搬运量从12.5吨提高至47吨，日工资从1.15美元提高到1.85美元。

（2）铁锹试验。铁锹试验是系统地研究铲上负载后，各种材料能够达到标准负载的锹的形状、规格，以及各种原料装锹的最好方法的问题。此外，泰勒还对每一套动作的精确时间作了研究，从而得出了一个"一流工人"每天应该完成的工作量。这一研究的成果是非常杰出的，堆料场的劳动力从 400～600 人减少为 140 人，平均每人每天的操作量从 16 吨提高到 59 吨，每个工人的日工资从 1.15 美元提高到 1.88 美元。

请思考：泰勒的科学管理思想对今天的企业管理产生了怎样的影响？

2. 科学管理理论的主要内容

泰勒在 1911 年出版的《科学管理原理》一书中提出了科学管理理论。20 世纪以来，科学管理在美国和欧洲大受欢迎。100 多年来，科学管理思想仍然发挥着巨大的作用。泰勒的科学管理理论以工厂管理为研究对象，以提高劳动生产率为目标。科学管理理论的主要内容有：

（1）工作定额原理。科学管理的中心问题是提高效率。泰勒认为，科学管理的重点就是明确工人合理的日工作量，于是他进行了工时和动作研究。方法是选择操作熟练的工人，算出他们完成每一项工作所需的时间，加上必要的休息时间和延误时间，就算出完成该项工作所需的总时间，由此来确定工人的"合理的日工作量"。这就是工作定额原理。

（2）科学挑选"第一流的工人"。泰勒认为，为了提高劳动生产率，必须为工作选择"第一流的工人"。每一种类型的工人都能找到某些工作使他成为第一流的工人，即每一个工人要想提高工作效率就必须找到与他能力相适应的工作岗位。泰勒认为，健全的人事管理的基本原则是使工人的能力同工作相匹配，管理者的责任在于为雇员找到最合适的工作，培训他成为第一流的工人，以此来提高工作效率。

（3）标准化原理。泰勒认为，必须用科学的方法对可能影响员工工作效率的所有因素进行管理，消除不合理的因素，把最好的因素结合起来，形成最好的方法。同时，建立各种明确的规定、条例、标准，并使工人掌握标准化的操作方法，使用标准化的工具、机器和材料。要使工人进行标准化的工作就必须使工作工具标准化、工作环境标准化，实行标准化管理。

（4）差别计件工资制。泰勒是实行差别计件工资制的鼻祖。差别计件工资制就是对同一种工作设有两个不同的工资率。对那些用较短的时间完成工作、质量高的工人，按一个较高的工资率计算；对那些用时较长、质量较差的工人，则按一个较低的工资率计算。例如，工作超过劳动定额，按高工资率付酬，是正常工资率的 120%。如果工人只完成定额的 80%，就按 80% 工资率付酬。差别计件工资制是为了鼓励工人努力工作，这样既能克服现象，又有利于提高工人的劳动积极性。

（5）计划职能和执行职能分开。泰勒主张明确划分计划职能和执行职能，计划部门专门负责制定科学的工作方法、制订计划并发布指示，有效控制工作。现场的工人则负责高质量地执行计划、完成规定任务。这样各司其职，能更高效省时地完成目标。计划部门的具体工作包括：① 进行工人操作的时间和动作研究；② 根据研究结果制定科学的工作定额和标准化的操作方法，选用标准化工具；③ 负责制订计划并发布指示和命令；④ 对"标准"和"实际问题"进行比较，对实际执行情况进行控制等。

（6）实行职能工长制。泰勒把管理工作做了细分，使每个管理者只承担一种职能，在职能范围内发布命令。它的优点是：① 对管理者培训花费的时间较少；有利于发挥每个人的专长；② 管理者职责明确，工作效率更高；③ 由于工作已进行了标准化，车间现场职能工长就只负责监督，所以不熟练的工人也可以从事复杂工作，降低企业生产费用。

（7）在管理上实行例外原则。例外原则是指企业的高级管理人员只集中精力处理组织中那些重大经营决策问题，而把那些经常出现、重复出现的一般日常事务授权给下级管理人员去处理，自己只保留对例外事项的决策权。例如，公司的报账制度中，2 万元以下都由部门经理审批，而 2 万元以上的才需要总经理审批。贯彻这一原则，有利于减轻组织中高层管理者的日常工作事务，使他们能集中精力进行组织重要问题的决策与控制。

泰勒的理论和研究活动，确立了他在管理学发展过程中的地位，其最大贡献在于完成了使管理从经验到科学的转变，为管理理论奠定了基础。泰勒的科学管理核心思想如图 2-1 所示。

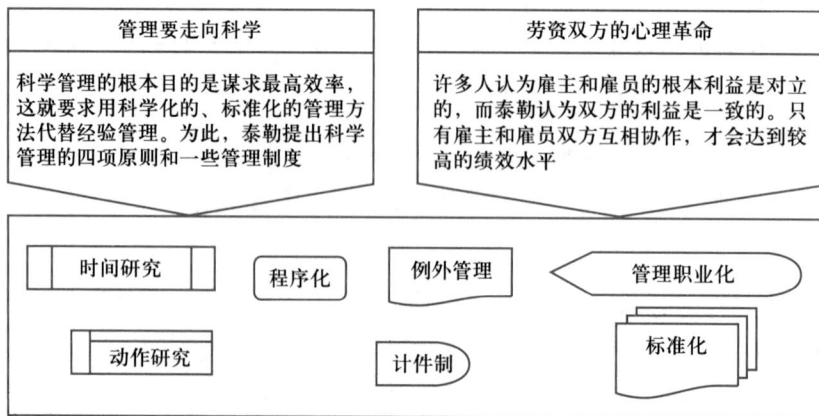

图 2-1　泰勒科学管理核心思想图

小细节，大管理

某公司的销售团队长期存在业绩不佳的问题，公司的管理者认为主要原因是销售团队的整体工作效率太低，缺乏执行力。为了解决这一问题，管理层决定进行一次销售团队的管理调查和分析。

经过调查分析发现，销售团队中的每个成员都有自己的工作习惯，有的人喜欢将工作笔记记录在纸质笔记本上，有的人则偏好使用电子笔记软件。另外，团队成员之间在沟通协作方面存在一定的问题，信息传递不及时、不清晰，导致工作重复或者遗漏。

在分析调查结果后，管理层意识到这些看似微小的问题其实可能是整个销售团队效率低下的根本原因。因为销售工作本身就是一个需要高效沟通和协作的过程，而这些小问题会在工作中不断堆积，最终导致团队整体效率低下。

为了解决这些问题，管理层采取了以下措施：

（1）统一工作习惯：对于工作记录的习惯，公司为每位团队成员提供了电子笔记软件，统一了工作记录的方式，方便信息整理和搜索。

（2）加强沟通协作：定期组织团队会议，明确工作分工和目标，及时沟通问题并解决，确保信息及时传递。

（3）强化执行力：建立业绩考核机制，对团队成员的工作执行情况进行评估和奖惩，激励团队成员提高执行力和工作效率。

整改措施实施一段时间之后，销售团队的工作效率得到了显著提升。团队成员之间的工作协作更加顺畅，信息传递更加及时清晰，工作效率和执行力都得到了提升。整个团队的业绩也开始逐渐好转，为公司创造了更好的业绩。

作为管理者，不能只注重大局和战略，忽视了小事的重要性。管理者应该善于发现工作中的每一个细节，不断优化和改进团队的工作规范，从而提高整个团队的工作效率和执行力，实现更好的绩效。管理也需要"管小事"，才能取得成功和持续发展。

请思考：针对上述案例中出现的问题及采取的措施，你是否有更好的解决方案？

（二）法约尔的一般管理理论

1. 一般管理理论产生的背景

亨利·法约尔（Henri Fayol），古典管理理论的主要代表人之一，管理过程学派的创始人。他长期担任某大公司的总经理，由于所处地位不同，他研究的对象和泰勒不同。泰勒着重于车间、工厂的生产管理研究，而法约尔着重于企业全面经营管理的研究。法约尔根据自己 50 多年的管理实践，于 1916 年出版了代表作《工业管理和一般管理》，标志着一般管理理论的形成。

法约尔的管理理论对管理理论发展起着重大作用，他从企业最高管理者的角度总结的管理理论更具有普遍意义，也适用于其他管理领域，故称为一般管理理论。与泰勒的科学管理理论相比，法约尔的一般管理理论着重于研究管理职能和整个组织结构，具有更强的理论性和系统性，对现代管理科学仍具有直接的重大影响。

2. 一般管理理论的主要内容

（1）企业经营的 6 种基本活动。法约尔区别了经营和管理，认为这是两个不同的概念，管理包括在经营之中。通过对企业全部活动的分析，法约尔认为，任何企业的经营都存在着六种基本活动，管理活动是其中的一种，是六种基本活动中最重要的，处于核心地位。这六种基本活动是：

① 技术活动：生产、制造、加工等活动；

② 商业活动：采购、销售、交换等活动；

③ 财务活动：确定资金来源及使用计划等活动；

④ 安全活动：确保员工劳动安全和设备使用安全等活动；

⑤ 会计活动：财产清点、资产负债表、成本、统计等活动；

⑥ 管理活动：计划、组织、指挥、协调和控制活动。

不论企业大还是小、复杂还是简单，这六种基本活动总是存在的。这些活动并不是相互割裂的，它们之间实际上相互联系、相互配合，共同组成一个有机系统来完成企业生存与发展的目的。法约尔指出，企业员工作为各个活动的具体执行者，必须具备相应的能力以胜任上述活动。

（2）管理活动的五项职能。什么是管理？法约尔指出：管理，就是实行计划、组织、指挥、协调和控制。具体内容为：

① 计划，是管理的首要职能，可以简述为目标和经营规划的制定。

② 组织，可看成物力和人力的组织问题，也就是为完成已确定的目标而进行的各种资源的有效配置和组合。

③ 指挥，是指为了组织行动起来，使组织能充分发挥作用的有效领导。

④ 协调，即工作和谐配合，以便使工作顺利进行。

⑤ 控制，核定工作进展是不是与既定的计划、发出的指示以及确定的原则相符合。法约尔认为，控制的目的在于找出工作中的缺点和错误，以便纠正和避免重犯。

企业管理活动构成及其关系如图 2-2 所示。

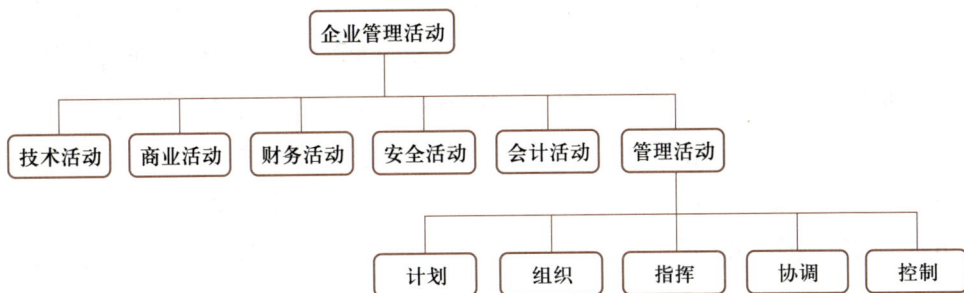

图 2-2 企业管理活动构成及其关系

（3）法约尔法则。法约尔认为管理职能并非只属于管理人员，它是由组织最高领导及至一般职员分担的。对于不同层次和不同组织的人员来说，这些能力的重要性不同。也就是说，不同管理层次的管理者所具备的能力的相对重要性是不同的，这就是法约尔法则。具体来说，随着员工的地位在组织等级中的提高，管理能力的重要性也相对增加，同时技术能力的重要性相对减少。因此，工人的主要能力是技术能力，经理的主要能力是管理能力，等级越高，管理能力越起主导作用。

法约尔法则提出了管理人员能力优化的问题。他认为，管理职能的重要性应得到重视，管理能力能够也应该像技术能力一样得到教育与培养。

法约尔通过表 2-1 比较了不同层次的管理者的各方面能力的相对重要性。

表 2-1 不同层次的管理者能力重要性比较

人员类别	能力的相对重要性 /%						
	管理	技术	商业	财务	安全	会计	总值
工人	5	85	—	—	5	5	100
工长	15	60	5	—	10	10	100
车间主任	25	45	5	—	10	15	100
分厂长	30	30	5	5	10	20	100
部门领导	35	30	10	5	10	10	100
经理	40	15	15	10	10	10	100

（4）管理的 14 条基本原则。为了使管理者能更好地履行各种管理职能，法约尔根据自己长期从事管理实践的经验所作的理论概括，提出了管理的 14 条一般原则：

① 分工。法约尔认为，分工不只适用于技术工作，而且适用于管理工作。通过分工，

可以提高管理工作的效率。

② 职权和职责。管理者必须拥有权力以发布命令，但要贯彻权力与责任相符的原则。

③ 纪律。法约尔认为纪律是一个企业兴旺发达的关键。他认为制定和维持纪律最有效的方法是尽可能有明确而公平的协定，合理执行奖惩，领导要以身作则。

④ 统一指挥。组织中的每一个下级人员只能接受一个上级的命令。

⑤ 统一领导。对于达到统一目标的全部活动，只能有一个领导人和一项计划。

⑥ 个人利益服从集体利益。集体利益包含个人利益，但个人和小集体利益不能超越集体利益。当个人利益和集体利益发生冲突时，主管人员必须想办法协调，使它们达成一致。

⑦ 人员报酬。人员报酬首先要考虑的是维持职工的最低生活消费和企业的基本经营状况。合理的报酬方式必须满足三个条件：保证报酬公平；起到激励和鼓舞的作用；不能超过合理限度。

⑧ 集权与分权。这条原则讨论了管理权力的集中与分散问题，领导权力的集中与分散可根据组织具体情况而定。无论集中还是分散，其目的只有一个，即尽可能地使所有组织成员的才能得到充分发挥和运用。

⑨ 等级系列。从最高领导层到最基层管理人员建立起来的关系明确的职权等级系列，既是权力执行的线路，也是信息传递的渠道。

⑩ 秩序原则。包括人的秩序和物的秩序，要求把物品摆放在合适的位置，把人安排在合适的岗位。也就是每个人都有其长处和短处，贯彻秩序原则就是要确定最适合每个人能力发挥的工作岗位，以使其充分发挥自己的能力，也就是"合适的人在合适的位置上"。

⑪ 公平。为了使下属能够感受到被尊重及合理对待，管理人员就需要一视同仁，在管理中不掺杂个人情感，做到公平公正。

⑫ 人员稳定原则。法约尔认为，一个人要适应他的新职位，并做到能很好地完成他的工作，这需要时间，这就是人员稳定原则。但人员稳定是相对的，对组织来说，就要适度控制人员的流动，保证组织稳定发展。

⑬ 首创精神。指的是企业员工的创造性和主动性。管理人员应该想办法让员工保持工作热情，充分调动员工的首创精神。

⑭ 团结精神。这是组织人员齐心协力完成组织目标的关键。为了激发组织人员的团结精神，管理人员要注重增加员工之间的情感交流和沟通，创造良好的工作氛围。

值得注意的是，法约尔的原则不是固定不变、僵化的概念。他认为在管理方面，没有什么死板和绝对的东西，一切都是尺度问题。也就是说，原则是灵活的，可以适应于企业需要，关键在于懂得使用它，这就是管理的艺术性所在。它要求智慧、经验、判断和注意尺度。

职场与管理

授权借时法

在提高管理效率上有一种方法叫授权借时法。

授权借时法是指管理者根据职能原理，授予下属一定的权力，委托其在一定权限内，自主地处理工作，主动完成任务，从而把自己从事务堆中解脱出来，集中精力考虑更重大的事情，解决更紧要的问题。

在授权时，要贯彻以下几项原则：一是视能授权原则，切不可授权给无能者和只知盲从的人；二是管理者要做到用人不疑原则，即应做到用人不疑，疑人不用；三是例行规范原则，管理工作可分为例行性、规范性的工作和例外、非规范性工作，授权处理的主要是面广和量大的前者；四是逐级授权原则，越级授权，必然会打乱正常工作秩序，不但不能节约时间，还要为此产生内耗，空耗时间。

在管理实践中，针对有上进心却缺乏丰富经验的职场新人，或是具备一定工作能力却工作积极性不高的职场经验人士，管理者可采用授权借时法，一方面可以提高员工的工作能力，同时能激发员工的工作责任意识，从而获得职业的成长。

请思考：授权借时法体现了法约尔十四项法则的哪些原理？

（三）韦伯的组织理论

1. 组织理论产生的背景

马克斯·韦伯（Max Weber），是德国著名社会学家、政治学家、经济学家和德国古典管理理论的代表人物。韦伯对管理理论的贡献主要是提出了理想的行政组织体系理论，这一理论集中反映在他的代表作《社会组织与经济组织理论》一书中。韦伯是最早提出一套较完整的行政组织体系理论的管理学家。

韦伯理论产生的历史背景，是德国企业从小规模世袭管理到大规模专业管理转变的关键时期。韦伯的组织理论的核心思想是：组织活动要通过职务或职位，而不是通过个人或世袭地位来管理。

2. 组织理论的主要内容

韦伯组织理论的主要贡献是提出了"理想的行政组织体系"理论，也称为科层制。韦伯认为，官僚管理体制由于具有精确、稳定、有纪律、严肃紧张和可靠的特点，在形式上可以应用于一切任务，纯粹从技术上看它可以达到完善程度。因此，官僚管理体制是实施统治和管理的形式中最合理的形式，广泛适用于各种管理形式和大型的组织，包括国家机构、企业、教会、学校、军队和各种团体等。

韦伯认为，作为一种理想的行政组织形式，官僚管理体制具有以下 6 个基本特征，如表 2-2 所示。

表 2-2　韦伯的理想官僚行政组织

基本特征	具体表现
明确分工	工作应当被分解成简单的、例行的、明确定义的任务
职权等级	管理者按职务的级别和权力等级进行安排，形成一个自上而下的等级严密的指挥系统，每个职务均有明确的职权范围
正式选拔	所有的组织成员都是依据经过培训、教育或正式考试取得的技术资格而选拔的
遵守规则和纪律	组织中包括管理人员在内的所有成员必须严格遵守组织的规则和纪律，以确保统一性
公私有别	管理人员在组织中的职务活动应当将公事与私人事务区别开，公私事务之间应有明确的界限。管理人员没有组织财产的所有权，并且不能滥用职权
管理职业化	管理人员有固定的薪金和明文规定的晋升制度，他们是一种职业管理人员，而不是组织的所有者

韦伯的组织理论明确系统地指出有效维系组织连续和目标达成的基础是合法权力。韦伯的这一理论，是对泰勒、法约尔理论的补充，对后来的管理学、社会学、政治学特别是组织理论均有相当深远的影响。

古典管理理论的演进如图 2-3 所示。

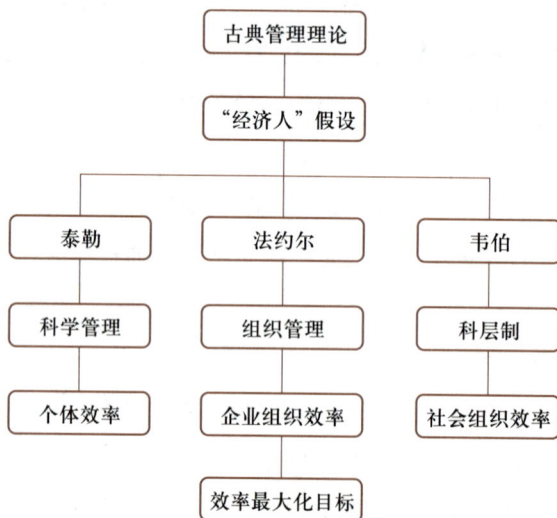

古典管理理论
└─ "经济人"假设
　　├─ 泰勒 ─ 科学管理 ─ 个体效率
　　├─ 法约尔 ─ 组织管理 ─ 企业组织效率 ─ 效率最大化目标
　　└─ 韦伯 ─ 科层制 ─ 社会组织效率

图 2-3　古典管理理论演进图

管理素养

"最美铁路人"

2023 年 5 月 18 日，中央宣传部、中国国家铁路集团有限公司共同主办了第五届"最美铁路人"先进事迹首场报告会，通过 11 位基层职工深情讲述感人至深的奋斗故事，生动展现了铁路人坚守岗位，攻坚克难，精益求精，拼搏奉献的高尚品质和精神风范。

这 11 位"最美铁路人"都是来自铁路线上的普通工作者，都是我们身边的平凡人，他们有着平凡的名字，却在平凡的岗位上不忘初心，脚踏实地，始终秉承精益求精的工匠精神，用"最美行动"把新时代铁路人的先行风采、服务本色、担当品格、奋斗精神发挥得淋漓尽致，向全社会传递了榜样的正能量，让熠熠生辉的铁路精神闪耀新时代。

他们有的在沙漠腹地一干就是 10 年，主动承担急难险重任务，把奋斗青春书写在接触网上；有的 17 年来把"修车想着坐车人"牢牢记在心里，安全检修动车 12 万组；有的 20 多年来专注内燃机车检修，成为内燃机车技术革新改造的"带头人"；有的敢于啃最硬的骨头、挑最重的担子，实现关键核心技术突破，自主创新打造中国高铁"最强大脑"；也有的用优质高铁服务为北京冬奥会添光彩……

★**素养提升**：不忘初心、牢记使命，"干一行、爱一行、精一行"，立足本职，在平凡的岗位上脚踏实地、全心全意地做，尽可能做到尽善尽美。这种爱岗敬业、精益求精、追求卓越的工匠精神，就是每一个平凡岗位上的"最美风景"。

第二节　行为科学管理理论

行为科学管理理论，开始于 20 世纪 20 年代末 30 年代初的霍桑实验。对于行为科学的研究，基本上可以分为两个时期。前期有以 20 世纪 30 年代梅奥的霍桑实验为代表的人际关系理论，后期有 1949 年美国芝加哥会议上提出的行为科学，1953 年这门综合性学科被命名为"行为科学"。

行为科学学派阶段主要研究个体行为、团体行为与组织行为，重视研究人的心理、行为等对高效率实现组织目标的影响。行为科学的主要成果有梅奥的人际关系理论、马斯洛的需要层次理论、赫茨伯格的双因素理论、麦格雷戈的 X-Y 理论、Z 理论、超 Y 理论等。

因部分理论的内容在本书后面的章节会详述，故本章只介绍行为科学管理理论中的四种基本理论，即人际关系理论、X-Y理论、Z理论、超Y理论。

一、人际关系理论

（一）霍桑实验

乔治·埃尔顿·梅奥（George Elton Mayo），美国管理学家，早期的行为科学——人际关系学说的创始人。以任职于美国哈佛大学的梅奥教授为首成立研究小组，在美国芝加哥郊外的西方电气公司霍桑工厂进行了一系列著名的"霍桑实验"。实验从1924年持续至1932年，历时8年之久，主要研究有关工作条件、社会因素与生产效率之间的关系。整个实验前后经过了四个阶段。

第一阶段：车间照明实验（1924—1927年）。实验目的是验证工人生产效率与疲劳和单调感之间的关系，当时的实验假设是"提高照明度有助于减少疲劳，使生产效率提高"。研究人员选出一批工人参加实验，分成实验组和对照组。对照组的工人始终在照明强度保持不变的条件下工作，实验组则不断变换照明强度，以此观察照明强度对工人生产率的影响。可是经过两年多的实验，发现照明度的改变对生产效率并无影响。

第二阶段：福利实验（1927—1929年）。实验目的总的来说是查明福利待遇的变化与生产效率的关系。在实验中逐步改善工人的工作条件，如延长工间休息时间、缩短每日工作时间、供应午餐和茶点、实行五天工作制、工资实付办法的改变等，这些条件的变化使工人们的产量上升。但过一年半的时间，取消这些待遇，恢复原来的工作条件，发现工人们的产量仍维持在较高的水平，工人的缺勤率也下降了。究其原因，可能因为没有领班的监督，工人们自由自在地工作，之间的感情也增加了。看来改变工作条件对产量并未产生明显影响，而监督和指导方式的改变促使工人的工作态度发生了积极的改变。于是，梅奥等决定进一步研究可能影响工人工作态度的其他因素，这也成为霍桑实验的一个转折点。

第三阶段：访谈实验（1928—1930年）。研究者在工厂中开始了大规模的访谈计划，参与此次访谈和调查的员工多达2万多人。此计划的最初想法是要工人就管理者的规划和政策、工头的态度和工作条件等问题做出回答，但工人想就工作提纲以外的事情进行交谈，工人认为重要的事情并不是公司或调查者认为意义重大的那些事。访谈者了解到这一点，临时改变访谈内容，每次访谈的平均时间大大延长，多听少说，详细记录工人的不满和意见。访谈计划持续了两年多，工人的产量大幅提高。

实验说明，与工人谈话有助于他们解除不必要的心理负担和调整自己对于个人问题

的态度及情绪，从而使他们积极投入工作，提高劳动生产的效率。

第四阶段：群体实验（1931—1932年）。梅奥等人在这个实验中选择14名男工人在单独的房间里从事绕线、焊接和检验工作，对工人实行小组计件工资制度。实验者原来设想，实行这套奖励办法会使工人更加努力工作，以便得到更多的报酬。但观察的结果发现，工人们总是把产量保持在"过得去"的水平上。大部分成员都自行限制产量。经深入调查发现，这个班组为了维护自己群体的利益，自发地形成了一些规范。他们约定，谁也不能干得太多，突出自己；谁也不能干得太少，影响全组的产量。并且约法三章，不准向管理者告密等。进一步调查发现，工人们之所以维持"过得去"水平的产量，是担心产量提高，管理者会改变现行奖励制度，或裁减人员使部分工人失业，或者会使干得慢的伙伴受到惩罚。

这一实验表明，为了维护班组内部的团结，工人可以放弃物质利益的引诱。梅奥由此提出"非正式群体"的概念，认为在正式群体中存在自发形成的非正式群体，这种群体有自己的特殊规范，成员间要遵守这些规范，否则就会受到惩罚。

通过一系列实验，梅奥等人认识到，工人们的生产效率不仅受到物理的、生理的因素的影响，而且受到社会环境、社会心理因素的影响。这一结论相对于古典管理理论只重视物质条件，忽视社会环境、心理因素对职工的影响来说无疑是一个很大的进步。霍桑实验直接促发人际关系学说的出现，为行为科学理论的发展建立了科学依据。

（二）人际关系理论的主要观点

根据霍桑实验的研究成果，梅奥于1933年出版了《工业文明中人的问题》一书，其中提出了许多与古典管理理论不同的新的管理观点，详细地阐释了人际关系学说的主要内容。

1. 工人是"社会人"

梅奥指出，工人是"社会人"，这一观点颠覆了古典管理理论对工人是"经济人"的假设，即认为金钱是刺激劳动者积极性的唯一动力。梅奥认为，人们的行为并不单纯出自追求金钱的动机，还有社会方面的、心理方面的需要，即追求人与人之间的友情、安全感、归属感和受人尊敬等，而后者更为重要。因此，应该把职工当作不同的个体来看待，当作社会人来对待，而不应将其视作无差别的机器或机器的一部分。在管理上，不能单纯从技术和物质条件着眼，而必须首先从社会心理方面考虑合理地组织与管理。

2. 组织中存在非正式组织

任何组织中都存在非正式组织，非正式组织是相对于正式组织而言的。正式组织是指为了实现组织目标而明确规定各成员相互关系和职责范围的组织机构。而企业成员在共同工作的过程中，由于抱有共同的社会感情而形成的非正式团体，就构成了非正式组织，如兴趣相投的同事或利益关系的群体。梅奥认为，非正式组织对于生产效率、工作满意度都具有很大的影响。无论正式的还是非正式的组织系统，对于一个团体的活动来说都是不可或缺的。因此，管理者必须正视非正式组织的存在，重视非正式组织的作用，以便管理人员与工人之间能够充分协作。

3. 生产效率的提高主要取决于职工的工作态度和他与周围人的关系

梅奥认为，在决定劳动生产率的诸因素中，位于首位的因素是工人的满意度。提高工人的满意度是提高生产效率的关键。工人的满意度取决于安全感、归属感等社会、心理欲望的满足程度，同时又与家庭、社会生活的影响和企业中的人际关系有关。满足程度越高，士气就越高，生产效率也越高。

职场与管理

海底捞的员工管理

海底捞是一家家喻户晓的火锅品牌，成立于1994年，至今全球自营的门店超过千家。说起海底捞，更多人想到的是贴心的服务和舒适的用餐体验，但这些颠覆传统餐饮服务的背后，其实是海底捞独特的管理模式和人才机制。

在用人管理上，海底捞信奉这样一套管理理念：管理层感动10名顾客，不如去感动5名员工，因为受感动的5名员工绝对不只感动10名顾客！调查显示，员工认可度每提高3%，顾客满意度就提高5%，而利润可增加25%～85%！说到底，只有员工对企业管理的充分认可，才能调动员工的主观能动性，积极主动为顾客提供服务。那么，海底捞是如何感动员工的呢？

一、关爱与保障

在物质激励上，海底捞首先为员工提供足够的生活保障。海底捞的管理人员与员工都住在统一的员工宿舍，并且规定，必须给所有员工配备正式小区或公寓中的两居室或三居室，宿舍离工作地点不能超过20分钟，所有房间配备空调、电视、计算机、网络等，宿舍有专门的管理、保洁人员。若是某位员工生病，宿舍管理员会陪同其看病，照顾其饮食起居。员工的工作服、被罩等也统一清洗。如果员工是夫妻，则考虑给单独房间。除了关爱员工，海底捞还关爱员工家庭，海底捞有一个传统，是将员工的奖金中的一部分直接寄给他们的父母亲人。

二、发展与认同

海底捞现有的管理人员全部是从服务员、传菜员等最基层的岗位做起，公司会为每一位员工提供公平公正的发展空间。"如果你诚实与勤奋，那么海底捞将成就你的未来！"每位员工入职前都会得到这样的告知。除了入职前的集训，工作期间并不进行额外的培训。所有问题在例会上都会加以解决。员工有什么创意、工作上有什么疑问和困难，在例会上提出来，大家进行讨论和沟通。在海底捞的晋升需要通过三级六次考，任何一个员工经过三级六次考，都有机会成为海底捞的店长。除了考核员工在工作中的表现，海底捞还关注员工的情感诉求。海底捞在员工内部建立类似论坛的平台，供员工交流自己的心情与困惑，管理层可以定期查看并解答问题，让员工得到更多的认同感。

三、授权与信任

为了保证顾客正当、合理的要求得到及时的满足，质量事故得到及时解决，消除顾客的一切抱怨，从而保证顾客的满意率，海底捞对一线员工、店长、区域总管等授予了一定的权力。如一线普通员工可以享有"先斩后奏"的打折、换菜甚至免单权。海底捞副总经理、财务总监和大区经理有100万元以下的签字权；大宗采购部长、工程部长和小区经理有30万元的签字权；店长有3万元的签字权，这种放心大胆的授权在民营企业实属少见。授权机制的背后，是企业对员工的信任和自主权，"士为知己者死"，员工被信任，有了责任感，自然愿意将公司的事当成自己的分内事。

海底捞对员工实行的是情感管理。在这种管理模式下，企业除了关注重视员工，为员工提供生活保障和创建公平公正的工作环境，还要实施人性化和情感化的管理模式，让员工感受到关爱和尊重，自发形成内部动机，愿意积极主动工作，创造额外的工作服务。

请思考：海底捞的情感管理体现了哪种管理思想？你还能列举企业有关情感管理的细节和案例吗？

因此，新型的领导方法主要是组织好集体工作，采取措施提高士气，促进协作，使企业中的每个成员能与领导真诚持久地合作。

梅奥的人际关系理论，第一次把管理研究的重点从工作上和从物的因素上转到人的因素上来，不仅在理论上对古典管理理论做了修正和补充，开辟了管理研究的新理论，还为现代行为科学的发展奠定了基础，而且对管理实践产生了深远的影响。

二、X-Y 理论

X 理论和 Y 理论（Theory X and Theory Y），是由美国行为科学家、麻省理工学院教授道格拉斯·麦格雷戈（Douglas McGregor）1957 年在其所著《企业中人的方面》一书中提出来的。这是一对完全基于两种完全相反假设的理论，麦格雷戈把传统管理学认为人们消极的工作动机的观点称为"X 理论"，而将他自己的管理学说中认为人们积极的工作动机的观点称为"Y 理论"。

（一）X 理论

1. X 理论的人性假设

X 理论是麦格雷戈对把人的工作动机视为获得经济报酬的"经济人"的人性假设理论的命名。主要观点是：

（1）多数人天生是懒惰的，他们都尽可能逃避工作。

（2）多数人都没有雄心大志，不愿承担责任，宁愿听从指导。

（3）多数人的个人目标都是与组织的目标相矛盾的，只有用强制、惩罚的办法，才能迫使他们为实现组织目标而工作。

（4）人们习惯于守旧，本性就反对变革。

（5）只有极少数人才具有解决组织问题所需的想象力和创造力。

（6）人缺乏理性，容易受外界的影响。

2. X 理论的管理要点

（1）管理工作重点在于提高生产率、完成生产任务，而对于人的感情和道义上应负的责任，则是无关紧要的。

（2）管理工作只是少数人的事，与广大工人群众无关。

（3）在奖励制度方面，主要是用金钱来刺激工人生产积极性，同时对消极怠工者采用严厉的惩罚措施，即"胡萝卜加大棒"的政策。

（二）Y 理论

1. Y 理论的人性假设

麦格雷戈针对 X 理论的错误假设，提出了相反的 Y 理论。Y 理论指将个人目标与组织目标融合的观点，与 X 理论相对立。Y 理论的主要观点是：

（1）要求工作是人的本性。

（2）个人追求满足欲望的需要与组织需要没有矛盾。

（3）在正常情况下，一般人不仅会接受责任，而且会主动寻求责任。

（4）个人对于自己参与制定的工作目标，能进行自我指挥和自我控制。

（5）大多数人都具有解决组织问题的丰富想象力和创造力。

2. Y 理论的管理要点

（1）管理者不应只注意完成生产任务，而应把注意的重点放在关心人和满足人的需要上。

（2）管理人员不能只注意指挥、监督、计划、控制和组织等，更应重视员工之间的关系，培养和形成员工的归属感和集体感。

（3）把人安排到具有吸引力和富有意义的岗位上工作。

（4）给予员工更多自主权，让员工实行自我控制、参与管理和决策。

三、Z 理论

日本学者威廉·大内在比较了日本企业和美国企业的不同的管理特点之后，参照 X 理论和 Y 理论，提出了 Z 理论，将日本的企业文化管理加以归纳。Z 理论强调管理中的文化特性，主要由信任、微妙性和亲密性组成。根据这种理论，管理者要对员工表示信任，而信任可以激励员工以真诚的态度对待企业、对待同事，为企业而忠心耿耿地工作。微妙性是指企业对员工的不同个性的了解，以便根据各自的个性和特长组成最佳搭档或团队，提高劳动率。而亲密性强调个人感情的作用，提倡在员工之间建立一种亲密和谐的伙伴关系，为了企业的目标而共同努力。

X 理论和 Y 理论基本回答了员工管理的基本原则问题，Z 理论则将东方国家中的人文感情揉进了管理理论。可以将 Z 理论看作对 X 理论和 Y 理论的一种补充和完善，在员工管理中根据企业的实际状况灵活掌握制度与人性、管制与自觉之间的关系，因地制宜地实施最符合企业利益和员工利益的管理方法。

四、超 Y 理论

超 Y 理论是 1970 年由美国管理心理学家约翰·莫尔斯（John J. Morse）和杰伊·洛希（Jay.W.Lorsch）根据"复杂人"的假定提出的一种新的管理理论。它主要见于 1970 年《哈佛商业评论》杂志上发表的《超 Y 理论》一文和 1974 年出版的《组织及其他成员：权变法》一书。

超 Y 理论认为，没有什么一成不变的、普遍适用的最佳的管理方式，必须根据组织内外环境自变量和管理思想及管理技术等因变量之间的函数关系，灵活地采取相应的管理措施，管理方式要适合于工作性质、成员素质等，如有的人可能更适合严格的管理方式（如 X 理论），而有些人则可能更合适自主和自我激励的管理方式（如 Y 理论）。超 Y

理论在对 X 理论和 Y 理论进行实验分析比较后，提出一种既结合 X 理论和 Y 理论，又不同于 X 理论和 Y 理论，是一种主张权宜应变的经营管理理论，超 Y 理论实质上是要求将工作、组织、个人、环境等因素根据实际情况采取灵活多变的管理方式。

第三节　现代管理理论

一、现代管理理论的主要学派

现代管理理论是继科学管理理论、行为科学理论之后，西方管理理论和思想发展的第三阶段，特指第二次世界大战以后出现的一系列学派。与前阶段相比，这一阶段最大的特点就是学派林立，许多管理学者都从各自不同的角度发表自己对管理学的见解，新的管理理论、思想、方法不断涌现。

1961 年美国著名管理学家哈罗德·孔茨（Harold Koontz）在美国《管理学》杂志上发表了《管理理论丛林》一文，概括出六个有代表性的管理理论学派。这些管理理论学派研究方法众多，管理理论不统一，各个学派都有自己的代表人物，各有自己所主张的理论、概念和方法，孔茨称其为管理理论丛林。1980 年，孔茨又撰文《再论管理理论丛林》，指出管理理论已经发展到 11 个理论学派。包括：管理过程理论学派、人际关系理论学派、组织行为学派、社会系统学派、管理科学学派、权变理论学派、决策理论学派、系统管理理论学派、经验主义理论学派、经理角色学派、经营管理学派。本章只介绍其中六个具有代表性的学派。

（一）管理过程理论

管理过程理论是继古典管理理论和行为科学理论之后影响最大、历史最久的一个理论。古典管理理论的代表人物之一法约尔就是这个理论的创始人，这个理论后来经美国的管理学家哈罗德·孔茨等人发扬光大，成为现代管理理论丛林中的一个主流理论学派。其主要观点如下：

（1）管理是一个过程，就是在组织中通过别人或同别人一起完成工作的过程。

（2）管理过程的职能有 5 个：计划、组织、人事、指挥和控制。

（3）管理职能具有普遍性，即各级管理人员都要执行管理职能，但侧重点则因管理级别不同而异。

（4）管理具有灵活性，要因地制宜，灵活运用。

（二）管理科学理论

管理科学理论又称数量管理理论，是指以系统的观点运用数学、统计学的方法和电子计算机的技术，为现代管理的决策提供科学的依据，解决企业生产与经营中的问题。该理论是泰勒科学管理理论的继承和发展，其主要目标是探求最有效的工作方法或最优方案，以最短的时间、最少的支出取得最大的效果。可以说是现代的科学管理。

该理论学派于 1939 年由英国曼彻斯特大学教授布莱克特（Patrick Blackett）领导的运筹学小组创建。

其主要观点如下：

（1）力求减少决策的个人主观成分。依靠建立一套决策程序和数学模型增加决策的科学性，减少决策的风险。他们将众多方案中的各种变数或因素加以数量化，利用数学工具建立数量模型，研究各变数和因素之间的相互关系，寻求一个用数量表示的最优化答案。决策过程就是建立和运用数学模型的过程。

（2）各种可行的方案均是以经济效果作为评价的依据，例如成本、总收入和投资利润率等。

（3）计算任务极为繁重，难以依靠传统的计算方法获得结果，致使计算结果无法用于企业管理。计算机的出现大大提高了运算的速度，使数学模型应用于企业和组织成为可能。

数字化 + 管理

美的：数字化转型的十年蝶变

随着工业 4.0 时代的到来、消费升级以及全行业产能过剩的压力，传统企业所依赖的规模优势逐渐消失，粗放式管理的弊端愈发明显，数字化转型成为企业的必然选择。在这一背景下，美的从 2012 年开始积极布局数字化转型战略，在这十年的数字化转型进程中，美的逐步撕掉了身上传统家电企业的标签，将业务拓展到智能家居、智慧楼宇、智慧交通、智能制造、物流、供应链等多个行业，成为一家由数据驱动、智能运营的双实企业。

美的集团董事长兼总裁在《数字美的》的主题演讲中分享到，美的其实最初的想法不是数字化，而是如何加强集团的管控。当时，美的整个集团的业务结构发展越来越多元化和差异化，区域上也不断由国内走向全球，在数字化布局实施中，美的体验了数字化带来的积极变化，于是进一步加大投入，如今已成功转型，美的的工作方式、业务方式、商业模式都有了根本性变化，实现了效率提升和净利润增长的双重目标。

（一）实现一致性管控

实现集团管控一致性是美的数字化转型的基础。为此，美的启动了名为"632"

系统的项目。该系统覆盖了六大核心业务系统，包括客户关系、自动排程、供应链、制造执行、ERP 以及产品生命周期等。同时，建立了三大管理平台——人力资源平台、商业智能平台和大数据平台，以及两大技术平台——信息门户和开发平台。通过这一系统，美的成功地将所有业务、管理和企业运营的核心整合在一起，实现统一流程、统一标准和统一系统，从而加强了集团管控。

（二）精准对接用户

对于提供终端消费品的制造型企业，一切应用创新的根本来自对用户的了解。用户 DTC（Direct to Consumer，直接面向消费者）模式，即用户直达是美的面临的最大挑战，它是企业数字化转型的临门一脚。在这个过程中，美的收集了大量数据，包括 4.8 亿名用户、超过一亿名的会员、众多门店和在线设备等。简而言之，美的通过所有与用户沟通的渠道，实现用户只需在手机上轻轻一点，就能解决所有问题，无须开口说话或与他人交流。

（三）提高工作效率

员工的工作方式也发生了根本性的变化。美的引入了"驾驶舱"概念，每个员工可以看到企业的经营、管理、业务相关数据，通过手机就能完成所有企业事务。通过美的开发的内部大模型，员工可以在手机上基于大模型驱动业务，提升了员工的效率和满意度，实现工作方式的数字化转型。

回顾这段数字化转型进程，美的深刻认识到数字化对于企业发展的重要性。通过数字化转型，美的实现了从小到大再到强的跨越式发展，并成为中国制造业数字化转型的典范。

数字化思维：数字化布局通过不断创新和应用先进的数字化工具和技术，实现更好地应对市场变化和挑战，为企业、用户创造更大的价值。数字化转型也是一个不断探索前进的过程，每一个在数字化转型的企业，都应积极主动探索更多的可能性，为企业持续发展注入新的动力。

（资料来源：美的集团董事长兼总裁 2023 年《数字美的》的主题演讲）

（三）经验主义理论

经验主义理论又称经理主义理论，这一学派以向西方大企业的经理提供管理当代企业的经验和科学方法为目标。它重点分析成功管理者实际管理的经验，并概括、总结出他们成功经验中具有的共性东西，然后使之系统化、合理化，据此向管理人员提供实际管理建议。该理论学派代表人物有美国彼得·德鲁克（Peter F. Drucker）和欧内斯特·戴尔（Ernest Dale）等。

经验主义理论主要涉及以下管理问题：

（1）管理应侧重于实际应用，而不是纯粹理论的研究。管理学如同医学、法律学和工程学一样，是一种应用学科，而不是纯知识的学科。但管理又不是单纯的知识、领导能力或财务技巧的应用，管理的实际应用是以知识和责任为依据的。

（2）管理者的任务是了解本组织机构的特殊目的和使命，使工作富有活力并使员工有成就；处理本机构对社会的影响及对社会的责任。

（3）实行目标管理法。德鲁克理论为管理学做出的最大贡献是他提出任务（或目标）决定管理，并据此提出目标管理法。

经验主义理论注重将理论研究与实践活动结合起来，注重吸收古典学派和人际关系学派的理论成果，所提出的观点从实际出发，比较具体，能够付诸实践，实用性较好。但经验主义学派却没有形成完整的理论体系，其内容比较庞杂。

（四）决策理论

决策理论的代表人物是美国卡内基－梅隆大学教授赫伯特·西蒙（Herbert Simon），其代表作是《管理决策新科学》。西蒙因在决策理论方面的贡献，曾荣获 1978 年的诺贝尔经济学奖。西蒙针对管理过程理论的管理职能，提出决策是管理的职能，强调决策职能在管理中的重要地位，是对传统的管理理论学派把决策职能纳入计划职能当中的延伸和发展。决策理论的主要观点如下：

（1）决策贯穿管理的全过程，决策是管理的核心。

（2）提出决策过程包括四个阶段：收集情况阶段、拟订计划阶段、选定计划阶段、评价计划阶段。这四个阶段中的每一个阶段本身就是一个复杂的决策过程。

（3）在决策标准上，用满意准则代替最优化准则；满意准则是在满足要求的情况下，极大地减少搜寻成本和计算成本，简化了决策程序。

（4）一个组织的决策根据其活动是否反复出现可分为程序化决策和非程序化决策。经常性活动的决策应程序化以降低决策过程的成本，只有非经常性活动，才需要进行非程序化决策。程序化决策和非程序化决策的特征与区别如表 2-3 所示。

表 2-3　程序化决策和非程序化决策的特征与区别

特征	程序化决策	非程序化决策
问题类型	结构化的	开放的
管理层级	低级别	高级别

续表

特征	程序化决策	非程序化决策
发生频率	重复性的、常规的	不同寻常的、崭新的
相关信息	易于获得的	模糊的或不完整的
目标	清晰的、具体的	模糊的
用来寻找解决方案的时间限制	短暂的	相对较长的
解决方案依赖于	程序、规定和政策	判断和创造力

决策理论是在系统理论的基础上，吸收了行为科学、运筹学和计算机科学等学科的研究成果而发展起来的。从管理职能的角度来说，决策理论提出了一条新的管理职能。由于决策理论不仅适用于企业组织，而且适用于其他各种组织的管理，具有普遍的适用意义。

（五）系统管理理论

系统管理理论指将企业作为一个有机整体，把各项管理业务看成相互联系的网络的一种管理理论。该理论学派的重要代表人物是美国管理学家弗里蒙特·卡斯特（Fremont E. Kast）和詹姆斯·罗森茨韦克（James E. Rosenzweig）。1961 年，他们共同撰写了《系统理论与管理》一书，比较全面地阐述了管理的系统方法；1970 年，卡斯特又与罗森茨韦克撰写了《组织与管理——系统方法与权变方法》一书，进一步充实了这一理论。

系统管理理论的主要观点包括：

（1）组织是一个由许多子系统组成的系统。作为一个开放的社会技术系统，组织是由五个不同的子系统构成的整体。这五个子系统包括目标与价值子系统、技术子系统、社会心理子系统、组织结构子系统、管理子系统。这五个子系统之间既相互依存，又相互作用，形成了组织的基本结构。这些系统还可以继续分为更小的子系统。

（2）企业是社会这个大系统中的一个子系统，企业预定目标的实现，不仅取决于内部条件，还取决于企业外部条件，如资源、市场、社会技术水平、法律制度等，它只有在与外部条件的相互影响中才能达到动态平衡。

（3）如果运用系统观点来考察管理的基本职能，可以把企业看成一个投入—产出的系统，投入的是物资、劳动力和各种信息，产出的是各种产品（或服务）。运用系统观点使管理人员不至于只重视某些与自己有关的特殊职能而忽视了大目标，也不至于忽视自己在组织中的地位与作用，可以提高组织的整体效率。

系统管理理论使人们充分认识到组织中的各个部分、管理的各个职能和各个过程之间是互相关联、互相影响的，有利于管理者重视组织中整体的作用和组织目标，有利于形成全局的观念。

（六）权变管理理论

权变管理理论是 20 世纪 60 年代末 70 年代初在美国经验主义学派基础上进一步发展起来的管理理论。其代表人物是美国内布拉斯加大学教授弗雷德·卢桑斯（Fred Luthans）。1973 年弗雷德发表了《权变管理理论：走出丛林的道路》一文，1976 年他又出版了《管理导论：一种权变学说》，系统地介绍了权变管理理论，提出了用权变理论可以统一各种管理理论的观点。

权变理论的主要观点：

（1）企业管理要根据企业所处的内外条件随机应变，没有什么一成不变、普遍适用的"最好的"管理理论和方法。

（2）企业管理要根据企业所处的内部条件和外部环境来决定其管理手段和管理方法，即要按照不同的情景、不同的企业类型、不同的目标和价值，采取不同的管理手段和管理方法。

（3）在通常情况下，环境是自变量，管理观念和技术是因变量。也就是说，管理因变量和环境自变量之间存在一种函数关系，可以解释为"如果—就要"的关系。比如，"如果"行业出现新技术或新政策等某种环境情况，"就要"采取应对的某种管理方法和战略来更好地达到组织目标。

权变理论为管理者分析和处理各种管理问题提供了一种十分有用的方法。它要求管理者根据组织的具体条件及其面临的外部环境，采取相应的组织结构、领导方式和管理方法，灵活地处理各项具体管理业务。这样就使管理者把精力转移到对现实情况的研究上来，并根据对于具体情况的具体分析，提出相应的管理对策，从而有可能使其管理活动更加符合实际情况，更加有效。

二、当代管理理论新发展

进入 20 世纪 80 年代以后，社会、经济、文化的迅速发展，特别是信息技术的突破性发展和广泛应用，世界形势发生了极为深刻的变化。面对信息化、全球化、知识化、经济一体化等新的形势，企业之间竞争加剧，联系增强，管理出现了深刻的变化与全新的格局。正是在这样的形势下，促进了新的管理理论与思想的产生。

在当代管理理论演变的进程中，形成各种理论流派，其中不乏经典之作，如迈克尔·波特为代表的竞争战略理论、迈克尔·哈默的企业流程再造理论和彼得·圣吉的学习型组织理论等。他们的管理理论极大地丰富了管理理论体系，为当前企业管理实践提供了较有针对性的指导。

（一）竞争战略理论

迈克尔·波特（Michael E. Porter），哈佛大学商学院教授，是当今世界上竞争战略和竞争力方面公认的权威。迈克尔·波特对于竞争战略理论做出了非常重要的贡献，其中最具有代表性的内容是五力模型和三大竞争战略。

1. 五力模型

五力模型是迈克尔·波特于 20 世纪 80 年代初提出的，对企业战略制定产生了全球性的深远影响。他认为，行业中存在决定竞争规模和程度的五种力量，这五种力量综合起来影响着产业的吸引力以及现有企业的竞争战略决策。这五种力量分别为：

（1）供方议价能力。供方主要通过其提高投入要素价格与降低单位价值质量的能力，来影响行业中现有企业的盈利能力与产品竞争力。

（2）买方议价能力。买方主要通过其压价与要求提供较高的产品或服务质量的能力，来影响行业中现有企业的盈利能力。

（3）新进入者的威胁。新进入者在给行业带来新生产能力、新资源的同时，将希望在已被现有企业瓜分完毕的市场中赢得一席之地，这就有可能与现有企业发生原材料与市场份额的竞争，最终导致行业中现有企业盈利水平降低，甚至还有可能危及这些企业的生存。

（4）替代品的威胁。两个处于不同行业中的企业，可能由于所生产的产品是互为替代品，从而在它们之间产生相互竞争行为，这种源自替代品的竞争会以各种形式影响行业中现有企业的竞争战略。

（5）同行业竞争者。大部分行业中的企业之间的利益都是紧密联系在一起的，作为企业整体战略一部分的各企业竞争战略，其目标都在于使自己的企业获得相对于竞争对手的优势，所以，在经营中就必然产生冲突与对抗现象，这些冲突与对抗就构成了现有企业之间的竞争。现有企业之间的竞争常常表现在价格、广告、产品介绍、售后服务等方面，其竞争强度与许多因素有关。

波特的五力竞争模型如图 2-4 所示。

波特的五力模型理论是建立在制定战略者需要了解整个行业的信息、同行业之间只有竞争关系没有合作关系、行业的规模是固定的这三个假定基础之上的。尽管如此，五力模型理论在产业经济学与管理学之间架起了一座桥梁，这是波特对于管理理论的主要贡献。

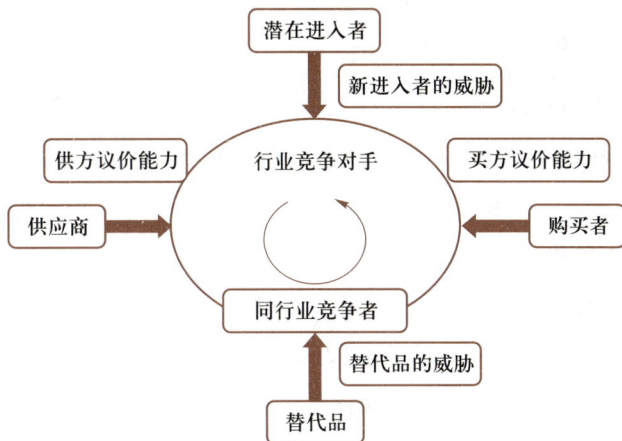

图 2-4　波特的五力竞争模型

2. 三大竞争战略

迈克尔·波特认为，在与五种竞争力量的抗争中，蕴含着三类成功型战略思想。这三种战略是：

（1）总成本领先战略。成本领先要求坚决地建立起高效的生产设施，在经验的基础上全力以赴降低成本，紧抓成本与管理费用的控制，并最大限度地减少研究开发、服务、推销、广告等方面的成本费用。

（2）差别化战略。差别化战略是将产品或公司提供的服务差别化，建立独特的优势。实现差别化战略可以有许多方式：产品的差异化、技术的独特性、顾客服务的独特性等。

（3）专一化战略。专一化战略是主攻某个特殊的顾客群、某产品线的一个细分区段或某一地区市场。

波特的竞争战略理论开创了企业经营战略的崭新领域，对全球企业发展和管理理论研究的进步，都做出了重要的贡献。

（二）企业流程再造理论

企业再造也称公司再造、再造工程（Reengineering），是 20 世纪 90 年代开始在美国出现的关于企业经营管理方式的一种新的理论和方法。它以一种再生的思想重新审视企业，并对传统管理学赖以存在的基础——分工理论提出了质疑，被称为管理学发展史上的一次革命。其代表人物是美国管理学家迈克尔·哈默（Michael Hammer）与詹姆斯·钱皮（James Champy）。

企业再造就是为了适应新的世界竞争环境，以工作流程为中心，重新设计和安排企业的整个生产、服务和经营过程，使之合理化。通过对企业原来生产经营过程的各个方面、每个环节进行全面的调查研究和细致分析，对其中不合理、不必要的环节进行彻底的变革。在具体实施过程中，可以按以下流程进行：

（1）对原有流程进行全面的功能和效率分析，发现其存在的问题。

（2）设计新的流程改进方案，并进行评估。

（3）制定与流程改进方案相配套的组织结构、人力资源配置和业务规范等方面的改进规划，形成系统的企业再造方案。

（4）组织实施与持续改善。

企业再造是对业务流程从根本上进行反思和彻底的重新设计，以取得显著的、令人瞩目的成效。然而，企业再造理论在具体应用过程中还需要若干关键因素的支持和配合。如果处理不好，变革就会遇到很大的困难，甚至失败。企业再造成功的关键因素包括：

（1）人的因素。参加企业再造工程的人有五类：领导者、流程负责人、再造小组、指导委员会、再造总监。

（2）技术的因素。对信息技术的充分应用是企业再造的前提。

（3）文化的因素。企业文化是企业再造成功的保证。

职场与管理

大新公司的流程再造

大新是一家生产型企业，其生产流程主要包括原材料采购、生产制造、产品质检和销售出库等环节。然而，由于传统的流程管理模式存在问题，导致公司长期面临着库存过高、生产周期长、质量问题频发等挑战。为了解决这些问题，公司决定进行流程再造。

首先，大新对现有的业务流程进行了全面的评估和分析，找出了问题的症结所在。通过分析发现，原材料采购流程存在固定供应商和缺乏供应链可视化等问题；生产制造流程中存在多次转移和废品率高等问题；质量部门在质检环节中常常查出质量问题，导致生产周期延长；销售出库流程中存在多个环节的手工操作，效率低下。

基于对现有流程的分析，大新开始制定新的流程再造方案。方案的核心是推动数字化工具的应用和优化供应链管理。公司采购系统和供应商建立了在线对接的平台，实现了供应链的可视化；生产制造流程引入了自动化设备和行业4.0的理念，缩短了生产周期和降低了废品率；质检环节引入了自动化检测设备和流程，大大提高了效率和准确性；销售出库环节实现了与运输公司的对接，实现了实时信息传输和快速出库。

在流程再造方案的实施过程中，大新进行了全员培训，使员工能够适应新的流程管理模式和工作方式。同时，大新建立了一套评估指标和绩效考核体系，以确保流程再造的效果。经过一段时间的实施和优化，大新的效益显著提升。原先常见的库存过高问题基本得到解决，产品的生产周期缩短了50%，废品率降低了30%，质量问题也大大减少。大新在市场竞争中获得了更大的竞争优势。

以上案例可看出，流程再造的核心是对企业现有流程进行全面的评估、分析和优化，并针对问题制定相应的流程再造方案。通过引入信息技术和优化供应链管理等手段，旨在实现企业效率提升和质量创新。通过流程再造，企业可以实现业务流程的显著改善，并达到提升竞争力和降低成本的目标。

请思考：你是否认同大新公司的流程再造？说说你的理由。

（三）学习型组织理论

知识经济的到来使信息与知识成为重要的战略资源，研究企业如何适应新的知识经济环境，增强自身的竞争力的学习型组织理论由此产生。学习型组织理论的代表人物、美国麻省理工学院教授彼得·圣吉（Peter M. Senge）在其著作《第五项修炼》一书中提出以"五项修炼"为基础的学习型组织理论。

学习型组织是指能够通过持续不断的学习，来提高自身适应与变革能力的组织。当前组织所面临最大的挑战就是变化，善于学习、敢于变革是它的本质特征。在学习型组织中，创新是组织中每个成员的事，学习能力、知识和专门技术是组织的竞争优势。

彼得·圣吉提出，任何一个组织要成为学习型组织，都必须进行以下五项修炼：

（1）自我超越。自我超越是学习型组织的精神基础。这项修炼是不断理清并加深个人的真正愿望，集中精力，培养耐心，并客观地观察现实。这项修炼对于组织中整体价值观的形成，对于组织成员对组织目标的认同，对于提高组织的学习能力都具有重要作用。

（2）改善心智模式。组织的障碍，多来自个人的旧思维，如固执己见、本位主义，唯有通过团队学习、标杆学习，才能改善心智模式，有所创新。

（3）建立共同愿景。共同愿景就是要回答想要创造什么的问题。建立一种非强求的、出自内心渴望的可以实现的愿景，凝聚组织上下的意志力，通过组织共识，为组织目标奋斗。

（4）团队学习。集体智慧高于个人智慧。通过集体思考和分析，找出个人弱点以强化团队向心力，做出正确的组织决策。团队学习是其最基本的形式。学习型组织的修炼只有通过团队学习的形式，才能加以组织起来并具体实施。

（5）系统思考。系统思考是五项修炼的核心。彼得·圣吉认为，应通过信息收集掌握事件的全貌，培养综观全局的思考能力，看清楚问题的本质，以有助于清楚了解因果关系。

彼得·圣吉认为，在五项修炼中，第五项修炼即系统思考是核心，改善心智模式和团队学习是基础，自我超越和建立共同愿景这两项修炼形成向上的张力。五项修炼的关系如图 2-5 所示。

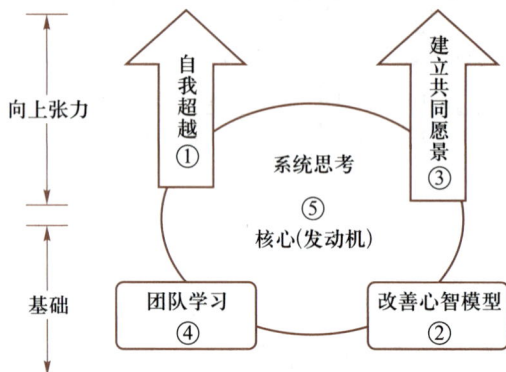

图 2-5　五项修炼关系图

知识测试

【判断正误】

1. 梅奥通过霍桑实验得出员工是"经济人"。（　　）

2. 学习型组织就是要抽出一定时间来学习专业知识的一种组织。（　　）

3. 管理科学理论认为管理就是研究管理经验。（　　）

4. 法约尔是行政组织理论的代表人物。（　　）

5. 科学管理理论认为，人是社会人，仅仅用经济刺激的手段不能达到激励的目的。（　　）

【单项选择】

1. 科学管理理论的中心问题是（　　）。

    A. 作业标准化　　　　　　　　　B. 计件工资制

    C. 职能工长制　　　　　　　　　D. 提高劳动生产率

2. 企业中存在非正式组织的观点来源于（　　）。

第二章交互式测验及参考答案

A. 现代管理理论　　　　　　　　B. 管理过程理论

C. 科学管理理论　　　　　　　　D. 霍桑实验结论

3. 上级管理人员把一般的日常事务授权给下级管理人员去处理，而自己只保留对例外事项的决策和监督权，这是泰勒提倡的（　　　）。

A. 工作定额原理　　　　　　　　B. 例外原则

C. 心理革命　　　　　　　　　　D. 职能工长制

4. 美国管理大师彼得·德鲁克说过，如果你理解管理理论，但不具备管理技术和管理工具的运用能力，你还不是一个有效的管理者；反过来，如果你具备管理技巧和能力，而不掌握管理理论，那么充其量你只是一个技术员。这句话说明（　　　）。

A. 是否掌握管理理论对管理者工作的有效性来说无足轻重

B. 有效的管理者应该既掌握管理理论，又具备管理技巧与管理工具的运用能力

C. 如果理解管理理论，就能成为一名有效的管理者

D. 有效的管理者应该注重管理技术与工具的运用能力，而不必注意管理理论

5. 某建筑工地的包工头王某对其手下的民工采用了一种"胡萝卜加大棒"的管理方式，他常说的口头禅就是"不好好干就回家去，干好了下个月多发奖金"，可以认为王某把他手下的民工看作（　　　）。

A. 社会人　　　　　　　　　　　B. 经济人

C. 复杂人　　　　　　　　　　　D. 自我实现人

6. 法约尔指出任何企业都存在着六种基本活动，管理只是其中一种，管理活动是指（　　　）。

A. 生产制造和加工　　　　　　　B. 采购、销售和交换

C. 资金的筹措运用和控制　　　　D. 计划、组织、指挥、协调和控制

7. 着重研究管理职能和整个组织结构的理论是（　　　）。

A. 科学管理理论　　　　　　　　B. 数量管理理论

C. 行为管理理论　　　　　　　　D. 组织管理理论

8. "管理的14条基本原则"是由（　　　）提出的。

A. 马克斯·韦伯　　　　　　　　B. 亨利·法约尔

C. 乔治·梅奥　　　　　　　　　D. 弗雷德里克·泰罗

9. 韦伯提出的理想的组织形态是（　　　）。

A. 行政组织　　　　　　　　　　B. 神秘化组织

C. 传统的组织　　　　　　　　　D. 现代的组织

10. 提出了重视管理中人的因素的是（　　　）。

    A. 铁锹实验　　　　　　　　　　B. 切削金属实验

    C. 霍桑实验　　　　　　　　　　D. 搬运生铁实验

【讨论与分析】

1. 泰勒的科学管理理论的内容是什么？谈谈科学管理理论对现代企业管理的影响。

2. 分析比较"经济人"与"社会人"的特点和区别，谈谈你对这两种观点的看法。

3. 法约尔的一般管理理论的基本内容是什么？该理论的研究重点是什么？

4. 说起数字经济时代，你会想到什么？大数据、区块链、云计算……那么，数字化时代组织与管理的变化体现在哪些方面？谈谈你的理解。

管理工具

标准作业程序

标准作业程序简称 SOP（Standard Operating Procedure），是指将某一项目或任务的标准操作步骤和要求以统一的格式描述出来，用于指导和规范日常的工作。SOP 的精髓是将细节进行量化，也就是说，SOP 是通过对某一程序中的关键控制点进行细化和量化的一套规范的工作流程，确保企业在运营、管理、服务等方面的操作符合标准、高效和安全的要求，减少操作失误和不必要的浪费。

SOP 在现代众多企业中运用广泛，如京东建立了全面覆盖的"京东 SOP"，覆盖了京东运营的各个方面，包括采购、仓储、物流、销售、客服等，确保每个环节都有明确的操作规范。京东的 SOP 不是一成不变的，它会随着京东业务的发展和市场的变化不断优化和完善。

为了全面执行贯彻 SOP，京东开展"学习—遵守—反馈"的三步走要求：每个员工需要认真学习和理解 SOP，掌握每个操作步骤和方法；员工需要严格按照 SOP 操作，不得随意更改或省略步骤；员工在执行 SOP 过程中遇到问题或困难，需要及时向上级反馈，以便对 SOP 进行优化和改进。

【工具运用】连锁店大多采用标准化管理，每个分店都按照同样的标准进行服务和工作流程的操作，是典型的 SOP。请你选择一家连锁店（如海底捞、喜茶、奈雪的茶、麦当劳等），通过多方调查和实地观察，设计出该店某个作业环节的 SOP。（注：可以借助表 2-4 中常用图形或符号表示。）

表 2-4 SOP 设计常用图形和符号

符号	名称	意义
⬡	准备作业（Start）	流程图开始
▭	处理（Process）	处理程序
◇	决策（Decision）	不同方案选择
▭	终止（End）	流程图终止
→	路径（Path）	指示路径方向
▱	文件（Document）	输入或输出文件
▯▯	已定义处理（Predefined Process）	使用某一已定义之处理程序
⬠○	连接（Connector）	流程图向另一流程图之出口，或从另一地方之入口
⌐⌐	批注（Comment）	表示附注说明之用

管理实训

● 自我评估训练

你是一个合格的管理者吗?

你大概可以从这 30 个简单的指数中评估管理能力（下列核对表中的"他们"可以是你的下属部门经理，也可以是你）。

1. 他们经常说部门员工没有工作积极性。（-1）

2. 他们对员工的评估中反映出他们对员工成长和发展的关切。（+1）

3. 他们定期与重要的员工一起坐下来，指导他们如何让自己在公司中变得更加有价值。（+1）

4. 他们抱怨说不得不对下属的绩效表现进行评估。（-1）

5. 他们认为对员工所做的分内的事情不一定都要进行奖赏。（-1）

6. 他们抱怨说，员工很计较个人得失，在承担额外的职责之前，总想先看看这些责任到底是什么。（-1）

7. 他们不断把员工反映的有关公司政策、管理策略、改善运作的想法等告诉你。（+1）

8. 他们认为管理工作的最重要的部分是激励下属。（-1）

9. 你经常听到他们说起有价值员工的超级绩效表现。（+1）

10. 他们认为提高绩效的最好方式是善待员工。（-1）

11. 他们对你说，员工很狡猾，你要是对他们太好，他们就会利用你的这个弱点。（-1）

12. 他们不太愿意指责员工的表现，因为这会打击士气，增加员工的抵触情绪。（-1）

13. 他们常常说许多员工并不像他们应该做的那样认真对待工作。（-1）

14. 他们在你面前为表现特别杰出的员工力争加薪。（+1）

15. 他们说员工一直不愿意根据每天获得的报酬来完成他们一天应该做的工作。（-1）

16. 他们对待"问题员工"的方式反映出他们的自信：每个员工的不良表现是可以改善的。（+1）

17. 出现错误时，他们做的第一件事情是查找到底是谁的责任。（-1）

18. 他们经常邀请下属帮助做那些将影响这些员工的决定。（+1）

19. 有时你在亲耳听到下属经理汇报消息之前就已经耳闻到有关你的经理和员工的准确消息。（-1）

20. 在和你的部门经理的下属谈话当中，你强烈感觉到他们一直对本部门的目标和他们实现这些目标的角色概念很清晰。（+1）

21. 他们小心翼翼地保护他们的管理特权。（-1）

22. 对从下属那儿传来的、有关于公司或者项目运作的消息，他们经常打折扣，他们说原因是员工无法领会宏观的管理或者员工对项目运作所知不多。（-1）

23. 他们经常向全部门和你通报主要员工的成绩。（+1）

24. 当他们和你讨论他们最有价值的员工时，他们观点主要建立在员工的绩效表现上。（+1）

25. 当员工绩效表现令人失望时，你发现你的经理试图寻找身外的原因，比如员工不够敬业，公司政策不好或者管理挫折等。（-1）

26. 他们表示大部分的员工不希望被批评。（-1）

27. 你的经理经常抱怨没有足够的资金来恰当地激励员工。（-1）

28. 你感觉到公司部门员工经常蒙混过关。（-1）

29. 他们流露出他们从员工表现出来的能力上来获得自身的力量。（+1）

30. 一般情况下，他们深信90%的员工都非常诚恳地希望做好各自的工作。（+1）

你的得分是多少？本题说的是你的情况，得本题后的分数；本题说的正好是你相反的情况，得本题后相反的分数。如果你得到12分，祝贺你。你的管理能力很不错，或者你有一支很好的管理队伍。如果你的分数低于12分或者得到的是负分，你应该尽快学会管理技巧。

● **项目训练**

项目内容：制定团队管理制度

实训目的：

1. 学会运用管理理论进行团队管理；

2. 提高管理能力；

3. 熟悉管理理论的内容和主要观点。

实训内容：编制出一个小团队的管理制度。

要求：

1. 根据本章所学的管理理论，制定出一个三人以上团队的管理制度；

2. 内容包括对活动开展、责任分工和协商合作等方面的管理；

3. 管理制度应切实可行，能得到团队成员的认可；

4. 要对制定的制度进行自我评价和互评。

成果及评价：

教师根据每份管理制度的编写质量评定成绩。

● 实战实训

成立几年的海天公司最近业务非常繁忙，因此许多部门的人经常需要加班。按照惯例，公司不鼓励加班，而且也没有加班费。如果确实有人需要加班，可以把加班的时间换成倒休。

公司虽然对于加班没有特别的规定，但有严格的工资制度。海天公司一贯实行员工打卡制度，要求员工在上下班的时候都必须打卡。如果迟到 10 分钟以上，要被扣除部分工资。另外，对于员工因事假或病假而不上班的情况，也有相应的规定，也会被扣掉工资。对于无偿加班和一请假就扣工资的规定，许多员工非常有意见。有的员工认为努力工作完成自己的职责和任务就可以了，没必要去白白加班。另外，既然公司那么在乎有效的上班时间，迟到几分钟都扣工资，那么就没有理由不付加班费。而公司管理者却认为员工没有严格要求自己，没有表现出真正的付出和奉献精神，矛盾便由此产生。

大家之间的合作气氛越来越差了，一些鸡毛蒜皮的小事也往往引起轩然大波。

问题：面对海天公司的考勤和加班问题，该如何解决？

☞结合科学管理理论与行为科学理论，为海天公司提出解决问题的思路和方案。

第三章
计划

★ **素养目标**

⊙ 明确人生目标，做到脚踏实地，培养系统的时间管理意识

⊙ 结合自我认知，树立科学合理的短期或长期的学习及职业规划

★ **知识目标**

⊙ 了解计划职能的概念并认识计划工作的重要意义

⊙ 熟悉计划工作的类型与特点

⊙ 掌握滚动计划法、甘特图法、网络计划技术等计划技术的基本原理和应用范围

⊙ 掌握目标制定的 SMART 原则

⊙ 掌握目标管理的概念、特点和实施步骤

★ **技能目标**

⊙ 能够制订科学合理的学习计划和职业规划

⊙ 学会运用目标管理原则帮助目标的自我监督和目标的实现

思维导图

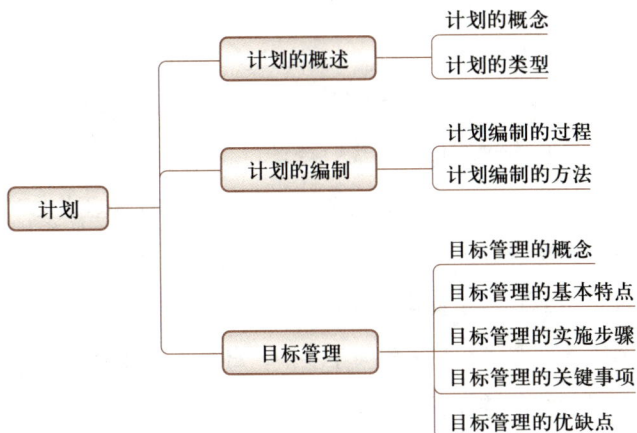

字节跳动的目标管理法

字节跳动成立于 2012 年 3 月 9 日，经过短短十余年的发展，已经成为中国互联网行业的巨头之一。旗下有今日头条、抖音、西瓜视频、悟空问答、飞书、懂车帝等产品。从公司成立到成为全球最大独角兽①企业，字节跳动称得上是一匹极其年轻的互联网黑马。

作为一家独角兽企业，字节跳动的目标管理一直在企业圈内赫赫有名，"我们应该更激进一点"，这是字节跳动创始人以前经常说的一句话。2016 年 3 月，张一鸣在字节跳动的年会上鼓励大家，"做出一家千亿美元的公司"。彼时，字节跳动只有 1 270 名员工。2023 年字节跳动的预计营收已达到 1 200 亿美元，员工 10 余万名。字节跳动的成长速度和创新能力，无疑是成功的。在保持一致的战略方向和文化价值观同时，又能充满活力地不断创新，不断超速增长，这背后得益于字节跳动的目标管理。

对于目标管理，字节跳动认为"即同一个组织里，应该有清晰透明的游戏规则，让参与的人可以遵守"。

字节跳动的目标管理法源于彼得·德鲁克的目标管理理论，并结合了互联网企业的特点进行创新。该方法主张将企业的目标层层分解，直至每个员工都能明确自

---

① 指成立时间不满 10 年、未上市且估值超过 10 亿美元的高成长型企业。

己的目标，且每个人的目标在整个组织中共享，这样团队可以在整个组织中明确目标，协作起来就会更高效。以开会流程为例，字节跳动目标管理法的开会流程包括以下规定：

（1）会议目的明确。在字节跳动，每一次开会都有明确的目的，与会人员要提前了解会议主题，确保会议不偏离主线。会议内容少客套、少铺垫，直击主题和要点。同时，会议记录员负责记录会议的关键点，以便会后整理成会议纪要，确保与会人员对会议内容有清晰的认识。

（2）与会人员精减。为了提高会议效率，字节跳动尽量减少与会议主题无关的人员参与。仅邀请与议题密切相关的同事参加，避免人员冗余导致的讨论低效。

（3）数据驱动决策。字节跳动强调用数据说话，开会时会提供相关数据支持，与会人员根据数据进行讨论，以确保决策的科学性和合理性。此外，通过数据分析，企业能更好地追踪和衡量目标的完成情况，为员工提供及时的反馈。

（4）结果追踪与反馈。在会议结束后，字节跳动会设立专门的项目组，对会议决策进行追踪和落实。项目组成员定期汇报进展情况，确保目标顺利实现。同时，企业会根据目标完成情况对员工进行绩效评估，激励员工发挥潜能，为企业的长远发展贡献力量。

字节跳动认为："会议主题本身是一个实际业务问题的讨论，可最后往往以个人的情绪来收尾，这样对工作不仅没有帮助，反而还会滋生出不好的文化。如果一家公司能够坦诚地讨论理性和感性的话题，对提升效率来讲，绝对是一件极好的事情。"

请思考：字节跳动的会议目标管理，积极意义体现在哪些方面？

（资料来源：《字节跳动目标管理法》，有删改）

第一节　计划的概述

一、计划的概念

计划是一个确定目标和评估实现目标最佳方式的过程。计划包括确定目标、制定全局战略任务以及完成目标和任务的行动方案。实质上，计划即涉及一个组织目标（做什么）和实现目标的方法（怎么做）的一种协调过程。

计划有广义和狭义之分。广义的计划工作是指制订计划、执行计划和检查计划的执行情况三个阶段的工作过程。狭义的计划工作则是指制订计划的工作过程。本章所指的计划是狭义计划工作的概念，就是制订计划工作。即通过计划的编制，合理地安排组织内的一切具体管理活动，有效地利用组织的人力、物力和财力资源，以期达到组织决策目标的实现。

无论是广义还是狭义上的计划，计划的内容要素都包括"5W2H"，即计划必须清楚地确定和描述下述内容，如表3-1所示。

表3-1　一个前提 + "5W2H" + 应变措施

要素	所要回答的问题	内容
前提	该计划在何种情况下有效	预测、假设、实施条件
目标	做什么（what）	最终结果、工作要求
目的	为什么要做（why）	理由、意义、重要性
战略	如何做（how to）	途径、基本方法、主要战术
责任	由谁做（who）	人选、奖惩措施
时间表	何时做（when）	起止时间、进度安排
范围	涉及哪些部门、何地（where）	组织层次或地理范围
预算	需要投入多少资源（how much）	费用、代价
应变措施	实际与前提不相符怎么办	最坏情况的计划

以上要素对于一切计划来说，是缺一不可的。一旦出现计划前提与事实不一致，就要依据目的来确定是放弃计划还是创造条件实施计划。

职场与管理

计划的重要性

随着未来不确定因素的增多和组织规模的扩大，计划工作的作用日益突出。美国学者 R. 豪斯和他的同事曾就这一问题进行了专门研究。他们调查了92家企业，其中17家有正式的长期计划，其余的要么仅有非正式的长期计划，要么没有长期计划。他们给出了衡量企业经营好坏的主要指标：销售额、股票价格、每只股票的收益、缴税后的纯报酬等。通过比较发现，有正式的长期计划的公司几乎在各个方面都优于没有长期计划的公司。计划的重要性渗透于整个组织经营的全过程。具体来说，表现在以下四个方面：

（1）消除不确定性及变化所带来的不良影响。凡事预则立，不预则废。当然，有些变化是无法预测的，计划时间越远，不确定性就越大。这一方面是由于人们所掌握的有关未来的信息有限，另一方面，偶然的变化是难以预测的。但是，科学的预测工作可以把未来的风险降到最低限度。

（2）使整个组织的经营更为有效。计划工作确定了组织的目标和行动方案，使整个组织的活动有序、和谐，可避免盲动和不协调带来的损失。计划工作还有助于用最短的时间完成工作，减少迟滞和等待时间，有助于合理使用与控制资源。

（3）引起组织成员对目标的关注。确定目标是计划工作的内容之一，而一切计划又必须围绕目标来进行。明确目标是各部门工作协调一致的基础。一般来说，管理人员习惯专注于当前的问题，计划则可以使他们考虑将来。此外，目标的理解对组织成员具有很大的激励作用。通过制订计划，明确目标，鼓励成员为实现目标而奋斗。

（4）便于管理人员对组织进行控制。计划工作所确定的目标和指标体系是管理人员衡量绩效的基础。计划为管理活动提供控制标准，而计划的实现也需要控制提供保证。

请思考： 既然计划工作如此重要，为何多数企业却并不重视？

二、计划的类型

计划具有普遍性。无论学习、生活还是工作都存在不同内容的计划。计划可以通过不同的标准进行分类，常见的计划类型如表 3-2 所示。

表 3-2　按不同分类标准划分的计划类型

分类标准	计划类型
时间	长期计划、中期计划、短期计划
明确程度	指导性计划、操作性计划
制订者层次	战略计划、战术计划、作业计划
程序性程度	程序性计划、非程序性计划
组织职能	财务计划、生产计划、人力资源计划、销售计划

（一）按计划的时间或期限分类

按计划的时间或期限分类，可以将计划分为长期计划、中期计划和短期计划。通常情况下，将五年以上的计划称为长期计划，一年以下的计划称为短期计划，介于两者之间的称为中期计划，但计划的长短期是相对的。长期计划描绘了组织的长远目标和发展方向，由于未来的不确定性，长期计划一般较为抽象，如企业战略、方针、经营目标、市场开拓计划等；中期计划一般基于长期计划的基础上进行具体化的编制，细化为每个阶段的目标，既有具体性，也有方向性；短期计划则是具体规定了组织各个部门应从事的活动及达到的要求，相比中长期计划，短期计划更为详细具体，更有可操作性。

（二）按明确程度分类

按照计划的明确程度，计划可以分为指导性计划和操作性计划。指导性计划主要是宏观上明确组织发展方向，它指出重点但不规定特定的行动方案。操作性计划是在明确的目标下制定具体的行动方案，一般包括明确的程序、人员安排、预算方案和进度表等。相对于指导性计划，操作性计划更易于执行、考核和控制，但也因此缺少灵活应变的特点。

（三）按制订者的层次

按计划制订者在组织中的层次，通常将计划分为战略计划、战术计划和作业计划。战略计划是高层管理者制订的，主要针对组织宏观、综合层面上的方向和问题，以指导组织的全面活动，是指组织在较长时期的全局性和整体性目标，具有长远性和较大的弹性；战术计划一般由中层管理人员制订，是规定组织总体目标如何实现的计划，是企业战略的具体化，具有局部性和阶段性，如人员、资金、物资分配和使用计划、各种费用支出的预算方案等；作业计划由基层管理人员制订，是战术计划的具体执行，为实际执行和现场控制的依据，具有个体性、命令性和可重复性的特点。

（四）按程序性程度

按计划的程序性程度，通常将计划分为程序性计划和非程序性计划。西蒙将组织活动分为两类，一类是重复出现的例行活动，这类活动反复发生，而且具有一定的结构，因此可以制定出一套例行的、有章可循的决策程序，与此对应的计划就是程序性计划，如采购计划、库存管理计划等。制订程序性计划的目的在于提高日常性事务的处理效率。另一类是指不经常出现的非例行活动，这类活动具有偶发性、不重复和不确定性等特征，它无法借鉴，甚至不能预测，不能使用固定程序和常规办法处理，解决这类问题的决策叫非程序性决策，与此对应的计划就是非程序性计划，如新产品的研发、新市场的开发等。

在数字经济时代，信息技术日新月异，外部环境瞬息万变，组织面临前所未有的风险和不确定性，管理者面临更多的挑战和考验。管理者需要重视组织的非程序性计划，善于打破固定的思维决策方式，加强风险防范意识，从而提高组织不断应对变化的能力。

（五）按组织职能分类

按照组织职能和工作方式，可以将计划分为财务计划、生产计划、人力资源计划、销售计划等，这些计划通常是与组织中按照职能划分的管理部门相对应的，尽管如此，组织中各个部门的计划是相互关联、互相影响的。

此外，计划的表现形式是多种多样的，根据计划的表现形式，按照从宏观到微观，从抽象到具体的规律，多种形式的计划可以构成一组互相联系的多层级计划体系，分别是使命、目标、战略、政策、程序、规则、方案和预算，如图3-1所示。

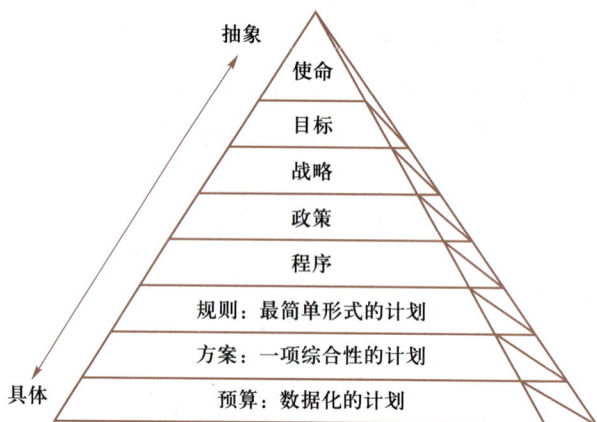

抽象

使命

目标

战略

政策

程序

规则：最简单形式的计划

方案：一项综合性的计划

具体

预算：数据化的计划

图 3-1　多层级计划体系图

每个层级都有其特定的定位和功能。使命是组织的灵魂，它表达的是组织的文化观、价值观、经营理念与管理哲学等根本性问题。目标是在组织使命下确立的所要达到的具体结果，它是不同管理层级的目标体系。战略是组织为实现目标而确定的发展方向、行动方针和行为准则，具有长远性和全局性。政策是用于指导、协调组织行动的系列规范，为避免政策的随意性，政策应保持一定的连贯性和稳定性。程序是规定了完成活动的方法和步骤，是组织常规性事务的标准化和规范化。规则是对具体活动的特定行为的规定和准则，被认为是一种最简单的计划。方案是为实现既定方针所必需的目标、政策、程序、任务分配、执行步骤、资源使用等而制订的综合性计划。预算是用数据化的形式表示预期的结果，也认为是一种数据化的计划。

管理故事

《爱丽丝梦游仙境》中爱丽丝与猫的对话

爱丽丝走到了一个通往各个不同方向的路口，她不知何去何从，于是向小猫请教。

爱丽丝问:"请你告诉我,我应该走这里的哪条路?"

猫回答:"这要看你想去哪儿?"

爱丽丝说:"我去哪儿都无所谓。"

猫回答:"那么,走哪条路都是一样的。"

请思考: 猫的回答对爱丽丝有什么启发?

资料来源:《爱丽丝梦游仙境》。

动画:
爱丽丝与猫
的对话

第二节 计划的编制

一、计划编制的过程

计划是企业一切工作的起点。无论是开发新产品、进入新的市场领域,还是设备采购、员工招聘等工作,管理者在从事计划工作时都要按照一定程序进行。为了保证计划编制的合理性,确保计划的有效实施,计划编制过程必须采用科学的方法。一般来说,计划编制的过程需要遵循以下步骤,如图 3-2 所示。

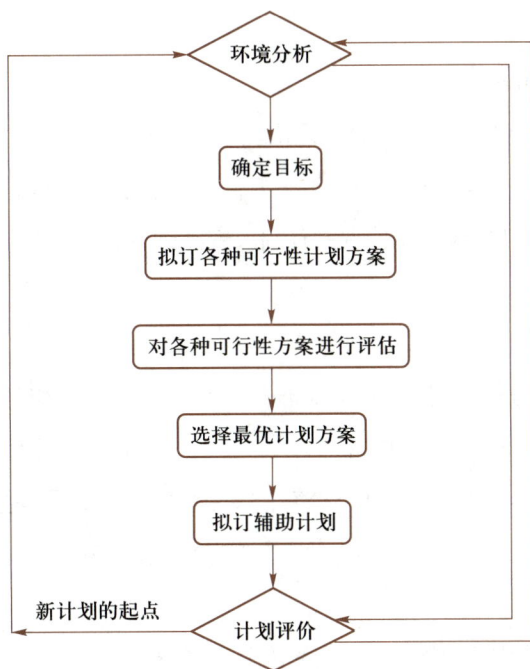

图 3-2 计划编制的程序

专业微课：
目标与目标
的制定

（一）环境分析

在计划开始前，管理者应该对组织的外部环境和内部条件进行分析，认清组织的长处和不足、外部环境存在的机会和威胁，并评估把握机会所需的资源和能力。环境分析的目的是估量机会，也就是企业通过对内部条件的优势劣势、外部环境的机会和威胁的分析和评估，确定有利企业发展的切实可行的方向和目标。估量机会是在计划工作的各项步骤中，在实际的计划工作开始之前就着手进行，是整个计划工作的起点。

在环境分析过程中，多数企业会采用SWOT的企业环境分析方法，也有企业将此部分的业务委托专业的市场调查公司或企业管理咨询公司。

（二）确定目标

计划编制工作的第一步就是在环境分析的基础上，明确组织及其各部门的目标。目标的制定要解决"往哪里走""怎么走""何时到达"等关键问题，通过运用战略、程序、规则、方案、预算等计划形式去完成计划工作的任务。

计划确立的目标应与组织的总目标相一致，在组织的使命宗旨下完成目标与目标体系的建设。在不同的目标共存的情形下，需要注意目标的内容和优先顺序，明确目标的实现时间，以及对目标如何进行考核和衡量的问题。

（三）拟订各种可行性计划方案

拟订各种可行性计划方案，一方面要依赖过去的经验，成功的经验或失败的教训对于拟订可行性计划方案都有借鉴作用；另一方面要依赖创新，这是因为企业内外部情况在迅速发展变化，要拟订切合实际情况的计划方案必须创新。

（四）对各种可行性方案进行评估

对各种可行性方案进行评估，就是根据企业的内外部条件和对计划目标的研究，分析各个可行方案的优、缺点。各种备选方案中，有的方案利润大，但支出资金多，回收慢；有的方案利润小，但风险也小；有的方案对长远发展有益，有的方案对当前工作有益。这样就必须认真评价，进行充分的分析和比较。比较时要考虑下面几个问题。

（1）要特别注意发现每一个方案的制约因素或隐患。

（2）在将一个方案的预测结果和原有目标进行比较、评估时，既要考虑到许多有形的可以用数量表示的因素，也要考虑到许多无形的不能用数量表示的因素，例如，一个人或一个企业的声誉和人际关系等。

（3）要用总体的效益观点来衡量方案。这是因为对某一部门有利的不一定对全局有利，对某项目标有利的不一定对总体目标有利。

（五）选择最优计划方案

这是编制计划的一个重要环节，因为它关系到计划目标的实现，关系到企业的经济效益甚至经营的成败。

从众多的可行性方案中选择最优方案时，要充分比较各个方案的优缺点。选择方案的标准，主要是看哪一个方案最接近许可的条件和计划目标的要求，风险最小。方案可以依靠决策人员的经验、实验和研究分析进行比较。在实际工作中，人们往往综合运用经验、实验和试点、数学模型三种方法来选择最优方案。

（六）拟订辅助计划

虽然选择了最优方案，也拟订了政策，但还不能说计划是完整的，还必须拟订引申计划，即各个业务部门和下属单位还要拟订细节计划或称辅助计划，如生产计划、销售计划和财务计划等。

（七）计划评价

完整的计划程序，还应加上事后对计划工作的评价，检查计划是否完满、有无缺陷，这些都只能在事后评价中获得答案，以便在日后进行新一轮的计划工作时，作为参考资料备用。

数字化 + 管理

数字变革：让 600 多岁的故宫年轻化

与数字化拥抱，是为了让文化遗产的"基因"活起来，故宫充分地利用数字化新兴技术，致力于优秀传统文化的创造性转化和创新性发展。守正创新，使故宫成功地实现了 IP 的年轻化。难以想象，当古老的故宫和最酷炫的数字技术相遇，600 年的紫禁城竟如此让人着迷。

故宫踏上数字化的征途，若从 1998 年成立故宫资料信息部开始算起，这条数字化之路已走过了 20 余年。逐渐地，资料信息部覆盖的业务范围越来越大，随着博物馆与互联网的接轨，官方微博、App、官方微信陆续上线。有着 600 年历史的紫禁城，华丽地一转身，于是有了今天人们喜闻乐见的文博界网红——故宫博物院。

目前，故宫博物院已经完成了90多万件馆藏文物的数字化，建立起庞大的数字故宫资源库，超10万件文物的高清影像已经向社会公布。故宫推出的数字养心殿展览，让游客们可以利用人工智能AI、VR技术在数字世界中体验养心殿的一天，"召见大臣""批阅奏折""鉴赏珍玩""亲制御膳"等特色数字项目，更是能让人产生身临其境的感觉。

在"数字故宫"华丽转身的同时，故宫紧跟时代步伐敢于突破边界，探索跨界合作，为故宫增添时代"潮"元素：与农夫山泉合作的限量版故宫矿泉水，把故宫馆藏画作印在瓶子上，让一瓶水也能变得更有文化底蕴；和某品牌饼干搭建一座可以吃的故宫，美轮美奂又创意无限；与某品牌联名的国潮口红，汲取故宫中的设计元素，带来匠心满满的设计；与腾讯联合打造了"故宫·腾讯联合创新实验室"，等等。

未来，故宫将持续守正创新，以满足人民群众对美好文化生活的新期待、新需求，用好文旅新质生产力，持续提供更加全面、多元、个性化的数字文化资源共享服务。故宫践行了一个传统博物馆在数字化环境中如何传承与创新的智慧。

数字化思维：面对数字化时代的机遇与挑战，故宫交出了一份"守正创新"的完美答卷，600多岁的故宫尚能如此，作为在与时代共舞的企业，又怎能无动于衷呢？

（资料来源：中华人民共和国文化和旅游部）

二、计划编制的方法

职场与管理

考勤加班制度的困扰

某大型企业为了提高员工的工作效率和规范员工行为，实施了一套考勤制度。该制度主要包括指纹识别打卡、加班申请、请假流程等内容。然而，在实施过程中，却出现了诸多问题，导致员工不满和信任危机。

比如，在实施指纹识别打卡过程中，部分员工反映打卡设备存在识别失败、延迟等问题，导致上班迟到或者早退。此外，部分员工指纹受损，无法正常打卡。这些问题严重影响了员工的正常工作和生活；根据考勤制度，员工加班需提前申请，否则算作无效加班。然而，实际操作中，部分员工因为工作紧急，未能提前申请，导致加班无效。另外，请假流程烦琐，员工需提交多次申请，耗费了大量时间和精力。由于考勤制度实施过程中出现的问题，员工对企业管理产生了质疑，认为企业过于注重形式，忽视员工实际需求。这导致员工工作积极性下降，企业凝聚力减弱。

企业针对员工反映的问题，升级打卡设备，提高识别准确率和稳定性。对于部分员工指纹受损的情况，可以采用其他生物识别技术，如面部识别、虹膜识别等，确保员工正常打卡。在请假流程上，公司简化加班申请和请假流程，设立线上提交、审批系统，方便员工实时申请和查询。对于工作紧急的情况，可以适当放宽加班申请时限，确保员工加班有效。

考勤加班制度是困扰很多中小企业的常规管理问题，关乎企业对员工出勤的规范管理。如处理不妥，将对员工满意度和积极性产生消极影响。企业应建立信任机制，加强与员工的沟通，了解员工需求，及时调整考勤加班制度，使其更加人性化。在建立必要的规范制度外，企业还需适度体现对员工的人文关怀，如提供免费体检、举办员工活动、带薪假期等。总之，企业一些常规制度的完善需要不断创新和调整，以适应员工需求，实现企业和员工的共同发展。

请思考：针对上班考勤加班等问题，你是否有其他的管理措施？

用于编制计划的方法很多，实践中企业应该根据自己的实际情况选择适合自身的编制计划方法。这里介绍几种比较常见的计划编制方法。

（一）滚动计划法

滚动计划法是一种定期修订未来计划的方法。这种方法根据计划的执行情况和环境变化定期修订计划，并逐期向前推移，将短期计划、中期计划、长期计划有机结合起来。具体方法是每次制定和修改计划时，均按时间顺序向前推一个计划期，即向前滚动一次，而不是等全部计划执行完了后再重新编制下一期计划。它是一种变静态为动态的编制计划的方法。

应用滚动计划法编制企业五年计划的程序如图3-3所示。

2024—2028 年的五年计划				
执行计划	预定计划			
具体	较细		较粗	
2024 年	2025 年	2026 年	2027 年	2028 年

本年实际完成情况

计划与实际的差异

计划修正		
差异分析	客观条件变化	生产经营方针调整

2025—2029 年的新的五年计划				
执行计划	预定计划			
具体	较细		较粗	
2025 年	2026 年	2027 年	2028 年	2029 年

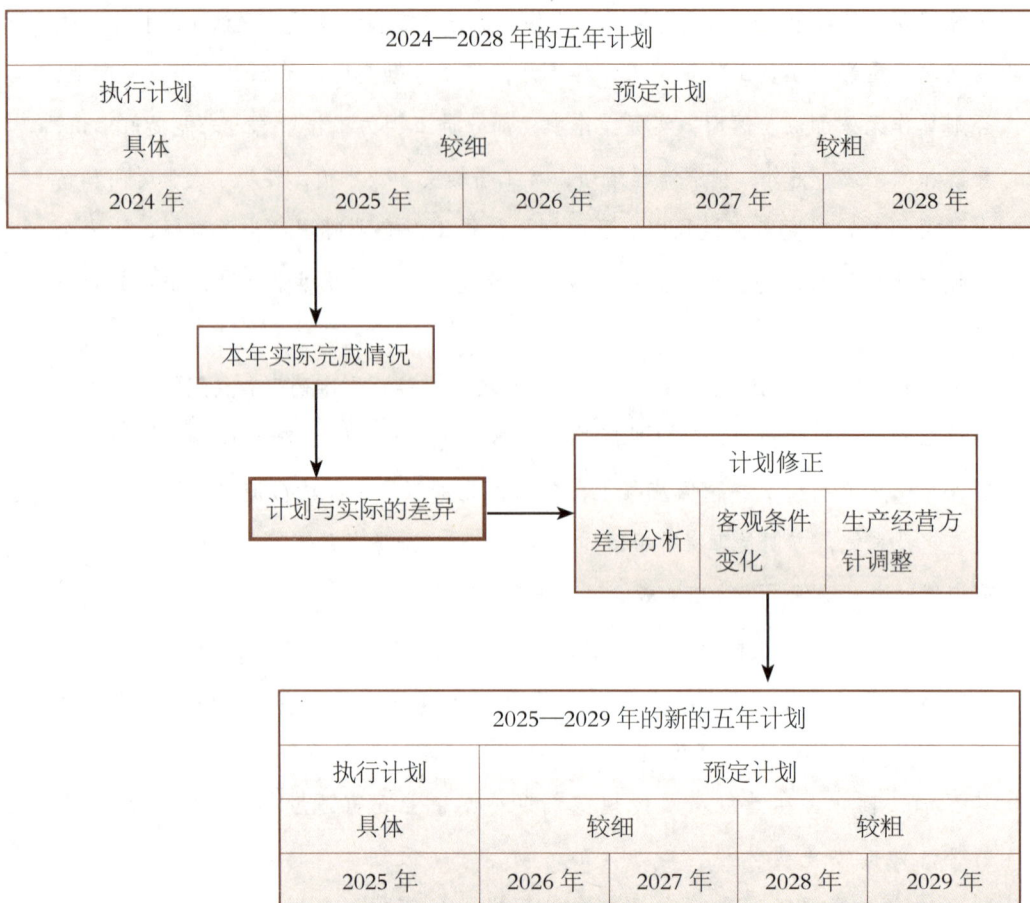

图 3-3　滚动计划编制法

1. 滚动计划的应用范围

滚动计划最初是应用于编制长期计划，即五年、七年以上时期的计划，近几年来也有许多企业将其用于编制中短期计划并取得了良好的效果。企业对滚动计划的应用，一般有以下几类。

（1）按月（旬）度滚动的月度生产作业计划（一次编排 2~3 个月）。

（2）按月滚动的季度生产计划（一次编排 3~6 个月）。

（3）按季滚动的季度生产计划（一次编排 2~3 个季度）。

（4）按年滚动的年度生产计划（一次编排 2~3 个年度）。

（5）按年滚动的三年计划（一次编排 3 个年度）。

（6）按年滚动的五年计划（一次编排 5 个年度）。

2. 滚动计划的特点

滚动计划适用于任何类型的计划。其特点是：

（1）灵活性。能够根据市场、环境因素的变化情况及各种主客观条件，及时调整、修改计划，大大增强计划的弹性，从而提高组织的应变能力。

（2）均衡性。编制滚动计划既考虑了本期任务，又要分析、预测下期情况，因而易于做到各期计划均衡生产，避免发生大起大落的现象。

（3）连续性。按滚动计划法编制计划，本期计划既是上期计划的连续，又是编制下期计划的基础，因而可使前期、后期计划密切衔接。

（二）甘特图法

甘特图（Gantt chart）又称横道图、条状图，实际上是一种常用的工作计划进度图表。由提出者亨利·甘特命名，被称为管理工作上的一次革命。它的基本原理是：以图示通过活动列表和时间刻度表示出特定项目的顺序与持续时间。它呈现为一幅线条图，用横轴表示时间，用纵轴表示项目，线条表示其间计划和实际完成情况。

甘特图的制作分为以下几个步骤：

（1）明确项目涉及的各项任务、项目。包括项目名称（包括顺序）、开始时间、工期，任务类型（依赖/决定性）和依赖于哪一项任务。

（2）计算单项任务的工时量。

（3）创建甘特图草图。将所有的项目按照开始时间、工期标注到甘特图上。

（4）确定项目活动依赖关系及时序进度。使用草图，并且按照项目的类型将项目联系起来，最后采用专业的软件自动完成整个项目时间计划。

操作演习：
如何制作甘特图

下面以某物流公司的物流项目进度表为例，说明甘特图的应用。如图3-4所示。

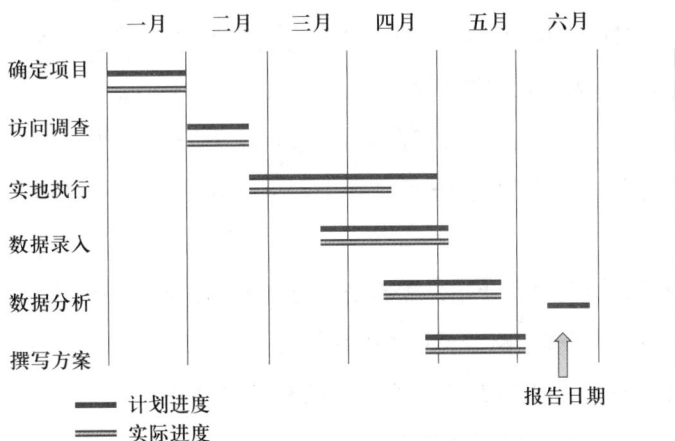

图3-4　甘特图的应用

甘特图以纵轴代表计划项目，横轴代表时间刻度，很直观地表明了任务计划在什么时候进行，以及实际进展与计划要求的对比、资源的利用率等，有利于管理者发现实际进度偏离计划的情况，监督项目执行，有效评估工作进度。在本例中，除了实地执行，其他活动都是按计划进行。

甘特图作为一种计划工具，由于简单，容易操作，在各个领域广泛引用，其特点是：

（1）简易明了。甘特图能简单、形象、清晰地反映项目进度情况，而且易学、易懂。

（2）灵活性高。甘特图可以根据计划和任务的变化及时调整，从而随时了解项目的真实进度。

（3）甘特图主要运用于中小型的项目管理，对于大型项目，或者内在关系、要素过多，纷繁复杂的线图不便于表达，也难以描述。

（三）网络计划技术

网络计划技术是系统工程中常用的一种计划管理方法。它利用网络图，通过时间和节点来表示工作流程的有序、有向的网状图形。网络计划技术的基本原理是：把一项工作或项目分成各种作业，然后根据作业顺序进行排列，通过网络对整个工作或项目进行统筹规划和控制，以便使用最少的人力、物力和财力资源，用最快的速度完成工作。

网络计划图是网络计划技术的基础。网络计划图的基本结构有节点、箭线、线路。任何一项项目都可以分解成许多工作，根据这些工作在时间上的衔接关系，用箭头表示它们的先后顺序。

"→"，工序。即一项工作的过程需要消耗一定的资源和时间。箭头上标明作业的名称，箭头下用数字标明作业所需的时间，箭头的指向表示活动进行的方向。此外，还有一些工序既不占用时间，也不消耗资源，是虚设的，叫虚工序，用"→"表示，虚工序用来表明相邻工序之间的先后衔接关系。

"○"，节点。表示两个工序间的连接点。节点既不消耗资源，也不占用时间，只是表示前道工序的结束，后道工序的开始。一个网络计划图只有一个始点节点和一个终点节点。

"路线"，是指从始点节点开始，顺着箭头方向前进，连续不断地到达终点节点的流程。一个网络图往往存在多条路线，每条路线长短不一。

比较各路线的长短，可以找出一条或几条最长的路线，其中，作业时间最长的路线叫关键路线，关键路线上的工序成为关键工序。关键路线的路长决定了整个计划任务所需的时间。从图3-5网络计划图所示，从始点①连续不断走到终点⑨的路线有4条。显然，图中的关键路线是①－②－⑥－⑧－⑨，所需时间26周。确定关键路线，合理地安排各种资源，对各种工序活动进行进度控制，是利用网络计划技术的主要目的。

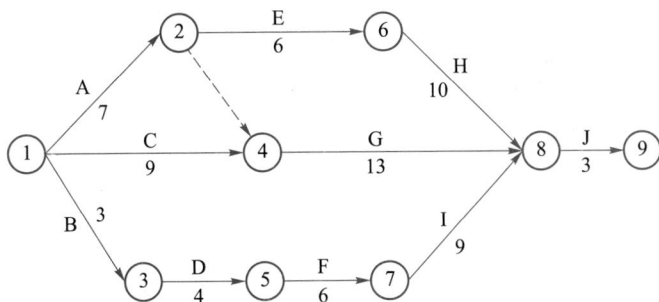

图 3-5　网络计划图

由于网络计划技术简单易懂，运用比较广泛。其特点是：

（1）把整个工程的各个项目的时间顺序和相互关系清晰地标示出来，并指出了完成任务的关键环节和路线。

（2）可对工程的时间进度与资源利用实施优化。

（3）明确了项目活动的重点和可能的瓶颈因素，有效保证项目进度的完成。

（4）无法有效显示时间进度以外的计划要素。

（四）盈亏平衡分析法

盈亏平衡分析是在一定的市场环境和经营管理水平下，分析企业成本与效益平衡关系的方法。它是企业经营决策常用的一种有效方法，其基本方法是根据产品的销售量、成本和利润三者之间的关系，分析各种方案对企业盈亏的影响，并从中选择最佳的方案。

在一般情况下，生产任何一种产品都包括三种成本，即固定成本、变动成本和总成本。固定成本即生产产品所需要的厂房租金、机器设备折旧费和管理费等；变动成本即原材料成本和直接参加生产的工人的工资等；总成本即固定成本和变动成本的总和。

用盈亏平衡分析法可以找出收入与成本的平衡点。总收入即产品销售价格的总和，而利润则是总收入除去总成本的部分。如果收入与总成本平等，则达到了盈亏平衡。必须注意到，由于固定成本的自然存在，总成本始终都大于固定成本。如图 3-6 所示，如果一个公司要达到盈亏平衡点 A，它的产品销售量就一定要达到盈亏平衡点 X_0。其销售量高于盈亏平衡点越多（图 3-6 中的 X_1），其利润就越大；其销售量低于盈亏平衡点越多，其亏损就越大。

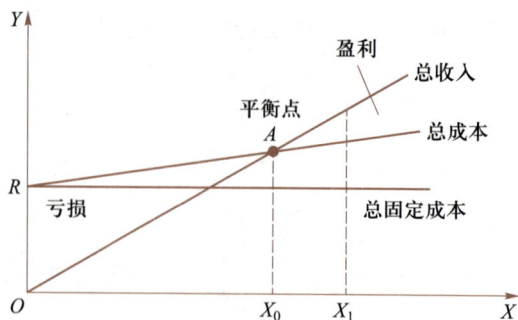

图 3-6 盈亏平衡分析图解法

在制订计划时，盈亏平衡分析法被广泛采用。但是，这种方法也有其缺点：它只注意到对盈亏平衡点的分析，而没有考虑到时间代价的问题。也就是说，用于支付固定成本和变动成本的资金是可以用来进行投资的。如果一个组织只注意达到盈亏平衡点的话，就有可能失去在其他方面取得更大利润的机会。因此，在很多情况下，采用盈亏平衡分析法时应同时采用一些更复杂的方法，如资金回收率分析法、现值折算分析法等。这些方法有助于管理者考虑是否有必要继续原来的生产，或者向其他更有利的方面投资。

管理素养

我国载人航天工程"三步走"，稳步迈进空间站时代

20 世纪 90 年代，为坚定不移走自立自强之路，我国决心独立自主建造自己的空间站。1992 年 9 月，我国载人航天工程正式立项实施。2022 年 12 月 31 日，习近平主席在新年贺词中郑重宣告，中国空间站全面建成。

载人航天是一项宏大的系统工程，为完成中国航天史上迄今为止规模最大、系统最复杂、技术难度最高的工程，中国载人航天工程制定了"三步走"战略：第一步，发射载人飞船，建成初步配套的试验性载人飞船工程，开展空间应用实验；第二步，突破航天员出舱活动技术、空间飞行器交会对接技术，发射空间实验室，解决有一定规模、短期有人照料的空间应用问题；第三步，建造空间站，解决大规模、长期有人照料的空间应用问题。从蓝图绘梦到奋斗圆梦，几代中国航天人用了整整 30 年，完成了"三步走"战略任务。

1992—2002 年，我国用 10 年时间，完成了神舟一号到神舟四号 4 次无人飞行任务，为执行首次载人飞行任务奠定了坚实基础。

2003—2012 年，我国先后执行了神舟五号、神舟六号、神舟七号、神舟九号 4 次载人飞行，以及神舟八号与天宫一号交会对接任务，一举跨越发达国家近半个世纪的发展历程。

2013 年，神舟十号任务成功实施后，我国在 2016 年 6 月至 2017 年 4 月不到一年时间里，建成首个真正意义上的空间实验室，载人航天工程"第二步"圆满收官。

2020 年，长征五号 B 运载火箭首飞圆满成功，我国载人航天工程"第三步"拉开序幕。至 2022 年 12 月，一代代航天人不忘初心、攻坚克难，中国空间站从规划一步步变为现实，全面实现了中国载人航天工程"三步走"发展战略任务目标。2024 年 4 月 26 日，神舟十八号 3 名航天员顺利进驻中国空间站；5 月 28 日，神舟十八号 3 名航天员出舱活动约 8.5 小时，刷新了中国航天员单次出舱活动时间纪录。

★**素养提升**：党的二十大报告指出，要"加快建设制造强国、质量强国、航天强国、交通强国、网络强国、数字中国"。中国空间站书写着中国航天人自信自强、守正创新的新篇章，鼓舞着新时代为中国梦而前行的每一个人。新时代大学生应深刻领会党的二十大精神，踔厉奋发、勇毅前行，怀抱梦想又脚踏实地，敢想敢为又善作善成，敢于设定目标，稳步向目标推进。

资料来源：人民网，引文有删减。

第三节 目 标 管 理

一、目标管理概述

（一）目标管理的含义

目标管理（Management by Objective，MBO）是由美国管理学家彼得·德鲁克（Peter F. Drucker）于 1954 年在其名著《管理实践》中提出的，被称为"管理中的管理"。

第二次世界大战结束后西方经济开始恢复发展，企业急需采用新的管理方法调动员工的积极性以提高竞争力，"目标管理"应运而生。目标管理以"Y 理论"人性假设为基础，即认为在目标明确的条件下，人们能够对自己负责。德鲁克提出，目标管理以目标为导向，以人为中心，以成果为标准，从而使组织和个人结合起来取得最佳业绩，既能克服古典管理思想以劳动效率为中心忽视对人的关注，又避免行为科学理论以人为中心而忽视了与工作联系的局限。

目标管理是指采用参与管理的形式，在组织个体员工的积极参与下，自上而下地确定工作目标，并在工作中实行"自我管理"，自下而上地保证组织目标实现的一种管理办法。目标管理通过目标的激励来调动广大员工的积极性，从而保证总目标的实现。目标管理提出后，美国通用电气公司最先采用，并取得了明显效果。其后，在许多国家和地区得到迅速推广，被公认为是一种加强计划管理的先进科学管理方法。

（二）目标管理的特点

1. 强调全员参与

目标管理打破了传统"自上而下"的目标制定方式，采用"自上而下"与"自下而上"相结合的方式，每一个组织成员和各层管理者共同参与目标的制定，形成一个目标层级体系。员工参与目标的制定，一方面可使其理解目标制定的意义和内容，另一方面可增强员工对目标实现的责任意识。

2. 以自我管理中心

目标管理基于对人性的积极假设，强调以人为中心的主动式管理，从过去的"要我做"，转变为"我要做"，员工积极参与目标的实施，通过自我控制、自我监督，不断修正自己的行为，以达到目标的实现。

3. 强调自我评价

由于目标管理强调目标的明确性、可衡量性和有期限性等特点，在具体的目标实施中，目标管理强调个体自我对工作中的成绩、不足和错误进行对照总结，检查与反馈，了解目标进展，积极主动推进目标顺利进行。

4. 重视成果

目标管理以目标制定为起点，以目标完成结果考核为终结。工作成果既是评定目标完成程度的标准，也是人事考核和绩效奖评的依据。整个过程重视结果与成果考核，过程的监督控制并不过多干预。目标管理根据员工的实际贡献大小如实地评价员工表现，使目标的实现程度大大提高。

职场与管理

"即使是草莓，也要让它长在阳光下"

阿里巴巴企业文化中有种说法叫"即使是草莓，也要让它长在阳光下"，意思是所有员工都有机会，能够以一个平等、客观的姿态去参与工作的讨论和执行，体现了阿里重视和提倡的员工参与管理文化。

比如，阿里有名的项目推进会议"共创会"。管理者本身有想法，但可以先把问题抛出来，让大家共同参与，经过几轮讨论之后形成结论。大家共同参与讨论的结论有可能跟管理者最初设想相同，也有可能优于管理者最初的想法。阿里的员工如此评价这种做法："这样带来的好处就是，由于是大家共同参与得出的结果，员工对项目更容易产生理解，未来的执行上都会更顺利。"

请思考：你是否认为所有的企业都应提倡员工参与？

二、目标制定的 SMART 原则

目标管理的一切工作中心都是围绕着目标进行的，因此，学会科学合理地制定目标是目标管理有效实施的起点和关键。目标的制定要遵循 SMART 原则，如图 3-7 所示。不论是工作、学习还是生活，SMART 原则可以帮助人们更科学、合理地制定目标，从而保证目标的有效实现。

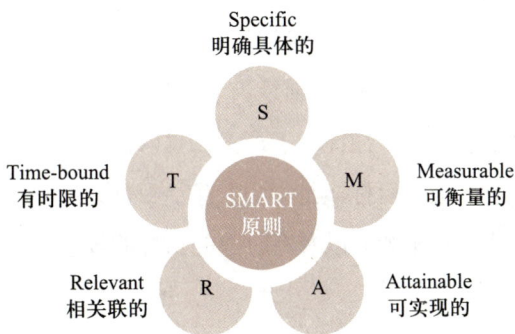

图 3-7　目标制定的 SMART 原则

1. 明确性（Specific）

目标要清晰、具体，用明确、容易理解的语言表达要达成的行为标准。在实际工作中，很多目标无法实现，最终不了了之，其主要原因就是目标的设定模棱两可，导致组织成员对目标的理解产生分歧。

如"提高服务水平""增强客户意识"等这些字眼对目标的描述就非常不明确，员工对于此类目标的理解也是众说纷纭。对提高服务水平、增强服务意识可以更为具体、详细地描述，如"将客户投诉率降低到 2%""客户满意度提高 1%"等。

2. 可衡量性（Measurable）

目标是明确的，应该能用数据指标或明确的方法衡量是否达成目标。不能够衡量的目标，难以对目标进行监督和考核。

如"进一步提高""希望取得良好结果""生产效率更上一台阶"等目标描述，是不明确也是无法衡量的。目标的描述应该准确且能够衡量，如在提高生产效率方面，可以使用"产品不合格率降低到 0.3%""生产周期缩短到多久"等。

3. 可实现性（Attainable）

目标是可实现的，确保在付出努力的情况下可以实现，避免设立太高或太低的目标。目标太低，员工唾手可得，没有激励作用；目标太高，高不可攀，也会打击员工的积极性。目标的设定只有高于现有基础，且在组织与个人的共同努力下有机会达到，才能产生真正的激励效果。

4. 相关性（Relevant）

在目标管理中，大大小小的目标构成目标体系，无论是部门目标，还是个人目标，这些目标之间是相互联系的，共同促进总体目标的实现。此外，目标的制定需要考虑个体的工作岗位、工作职责和工作内容等，使个人的工作目标与组织目标相一致。

5. 时间限制（Time-bound）

目标的制定要具有时间限制，没有时间限制的目标严格意义上不能称之为目标。可以根据工作任务的轻重缓急拟定出完成目标的时间，定期检查目标的完成进度，及时掌握目标进展的变化情况。目标的时间限制是为了保证目标的有效执行和考核。无论工作还是生活，没有时间限制的目标，往往流于形式，难以把控。

无论是组织目标、个体工作目标还是学习、生活目标，SMART 原则适用于任何需要设定明确、可衡量、可达成、相关的以及有时限的目标的场景，且这五个原则缺一不可。

管理故事

马拉松运动员的故事

山田本一是日本 20 世纪 80 年代的一名著名马拉松运动员。他曾在 1984 年和 1987 年的国际马拉松比赛中两次夺得世界冠军。记者问他凭什么取得如此惊人的成绩，山田本一总是回答"凭智慧取胜"。

马拉松赛是体力和耐力的运动，只要身体素质好又有耐性就有望夺冠，爆发力和速度都还在其次。因此山田本一的回答，很多人觉得是在故弄玄虚。

十年后，这个谜团终于被解开了。山田本一在他的自传中这么写："每次比赛之前，我都要乘车把比赛的线路仔细看一遍，并把沿途比较醒目的标志画下来，比如第一个标志是银行，第二个标志是一棵大树，第三个标志是一座红房子，这样一直画到赛程的终点。比赛开始后，我就奋力向第一个目标奔跑；到达第一个目标，我又以同样的速度向第二个目标冲去。四十几公里的赛程，就被我分解成这么几个小目标，跑起来就轻松很多了。起初，我并不懂这样的道理，常常把我的目标定在 40

公里以外终点的那面旗帜上，结果我跑到十几公里时就疲惫不堪了。我被前面那段遥远的路程给吓倒了。

请思考：山田本一的故事体现了目标制定 SMART 原则的哪些原则？

三、目标管理的实施步骤

目标管理的具体做法分三个阶段：第一阶段为目标体系的设置；第二阶段为实现目标过程的管理；第三阶段为测定与评价所取得的成果。企业的目标管理是一个循环实现的过程，既需要调整目标，也是围绕目标的制定、执行与评估三个重要环节循环开展，确保三个关键环节的连贯和实现。

（一）目标体系的设置

目标体系的设置是目标管理实施的最重要阶段之一。目标体系的设置，首先由高层管理根据企业的外部环境和内部条件，确定企业在一定时期内总的战略目标（包括贡献目标、利益目标、市场目标、发展目标），然后自上而下地将总目标层层分解展开，协商讨论确定各层级的计划目标，形成一个上下左右项目之间协调平衡、相互衔接的计划目标体系。目标的分解如剥洋葱法，如图 3-8 所示，目标的设定是从大目标向小目标逐层分解，将目标最终落实在每个组织成员上，目标的实现则是由小目标、即时的目标不断向大目标推进，从而保证大目标的实现。

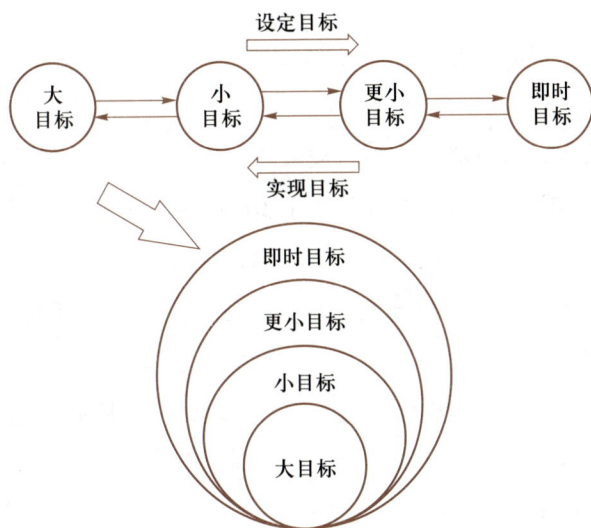

图 3-8 目标的分解图

目标体系包含组织整体发展规划；年度目标、各部门目标计划；各员工目标计划。以企业为例，目标管理的目标体系层级结构如图 3-9 所示。

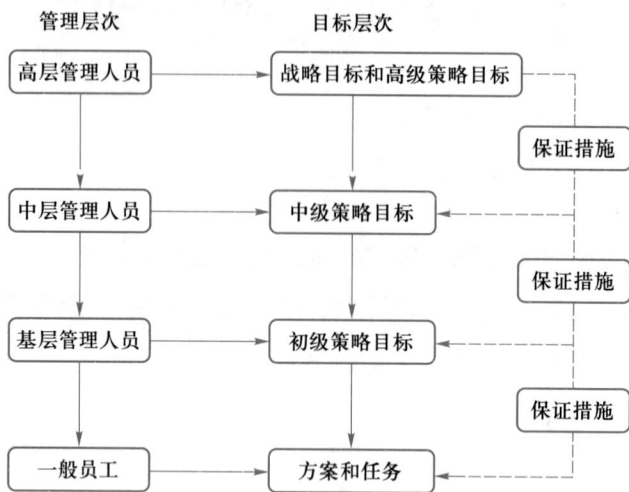

图 3-9 目标体系层级图

（二）实现目标过程的管理

目标管理在实施阶段强调自主，自我管理，独立自主地完成目标。但这并不等于管理者可以放手不管。相反，由于形成了目标体系，一环失误，就会牵动全局，因此管理者在目标实施过程中的管理是不可缺少的。首先要进行定期目标完成情况检查，提供帮助和纠偏；其次要向下级通报进度，便于互相协调；最后要帮助下级解决工作中出现的困难和问题，当出现意外、不可测事件严重影响组织目标实现时，也可以通过一定的流程修改原定的目标。

（三）测定与评价所取得的成果

目标管理重视成果，所以必须重视对成果的评价。达到预定的期限后，对目标实施的最终成果进行检查与评价，同时把经验用于新的目标管理周期。下级首先进行自我评估，提交书面报告；其次，上下级一起考核目标完成情况，决定奖惩；最后，讨论下一阶段目标，开始新循环。如果目标没有完成，应分析原因、总结教训，切忌相互指责，以保持相互信任的气氛。

目标管理的实施过程是一个循环反复、综合平衡、反复协商的过程，在实施中应注意一些关键事项：

（1）目标体系应该是上下级共同商定的；

（2）目标体系的制定要注意部门间的相互协调性；

（3）目标体系的实现要有相应的保证体系；

（4）目标的制定是一个动态反复的过程；

（5）要注意过程的监督控制，定期进行检查纠偏；

（6）对考核结果要严格兑现承诺，奖励具有多样性；

（7）将考核的重点要放在总结经验教训上；

（8）目标管理要逐步推行，长期坚持。

四、目标管理的评价

目标管理对于组织内易于量化和分解的目标会带来良好的绩效，有助于改善组织结构的职责分工，有利于促使员工自觉工作，调动员工的主动性、积极性和创造性，有利于促进组织的意见交流，改善人际关系。然而，目标管理不是万能的，它存在以下缺点：

（1）恰当目标的确定有一定的难度，且耗费时间。

（2）目标管理容易导致过分强调短期目标的短视行为。

（3）对人性的假设过于乐观导致的管理上的挫折。

（4）存在不灵活的风险。

（5）高层管理者对目标管理的错误理解。

知识测试

【判断正误】

1. 只有组织的高层管理人员才有资格编制计划。（　　　）

2. 目标管理强调成果，实行"效益至上"。（　　　）

3. 强调短期目标容易产生企业的短期行为，因此，企业在发展过程中，要强调企业的中长期目标。（　　　）

4. 在现代企业管理中，人们不仅把企业看成经济组织，还认为企业应当担负对社会的责任。企业不仅是一个以职工、经营者和投资者为主体组成的经济组织，也是一个包含顾客、供应商、竞争者、政府等要素在内的开放系统，应把这些系统要素的共同利益作为企业的目标。（　　　）

5. "按时检查卫生，保持公司清洁"这个计划目标是错误的。（　　　）

【单项选择】

1. 将计划分为生产计划、营销计划等业务计划的分类标准是（　　　）。

第三章交互式测验及参考答案

A. 明确性程度　　　　　　　　　　　　B. 时间长短

C. 程序化程度　　　　　　　　　　　　D. 组织职能

2. 古人云"运筹帷幄之中，决胜千里之外"，就是对（　　）职能的最形象概括。

A. 计划工作　　　　　　　　　　　　B. 领导工作

C. 控制工作　　　　　　　　　　　　D. 组织工作

3. "一件预计可能出错的事情，往往一定会出错""一件事情出错，其他事情也跟着出错"类似的话揭示了（　　）。

A. 决策的制定与实施一定要果断且富有信心，否则就很难实现

B. 制订计划应树立起权变的意识，问题出现时应立即制订出相应的应变计划

C. 应变计划的制订是计划工作的一部分内容，应在计划过程中及早予以考虑，不能等到出现问题时再仓促应对

D. 要注意认真分析事物之间的关联性，以期得到正确的结论

4. 在计划工作的各项步骤中，在实际的计划工作开始之前就着手进行的工作是（　　）。

A. 预测　　　　　　　　　　　　B. 估量机会

C. 考虑计划的前提　　　　　　　　D. 制定目标

5. 某企业在推行目标管理中提出如下目标："质量上台阶，管理上水平，效益创一流，人人争上游。"该目标体系存在的欠缺是（　　）。

A. 目标缺乏鼓动性　　　　　　　　B. 目标表述不清

C. 目标无法考核　　　　　　　　　D. 目标设得太高

6. 管理的首要职能是（　　）。

A. 计划　　　　　　　　　　　　B. 组织

C. 领导　　　　　　　　　　　　D. 控制

7. 当今社会已进入信息时代，新技术、新产品更新换代的速度越来越快，外部环境瞬息万变，对于管理中的计划工作因而产生了不同认识。根据你的认识，选出一句最在理的话（　　）。

A. 越是变化快，越需要有详尽周密的计划，把行动的每一步都要安排妥当，才能真正应对变化，正所谓"以不变应万变"

B. "计划不如变化快"，制订计划已经没有多大意义了

C. "计划不如变化快"，但是计划仍能降低变化带来的风险

D. "计划不如变化快"，过去的"长计划短安排"已不适用，尤其是长期计划已无必要

8. 目标管理最突出的特点就是强调（　　　）。

    A. 计划与执行相分离　　　　　B. 过程管理和全面控制

    C. 成果管理和自我控制　　　　D. 自我考评和全面控制

9. 在计划制订中，使用程序性计划活动的是（　　　）。

    A. 订货　　　　　　　　　　　B. 品种结构调整

    C. 生产规模扩大　　　　　　　D. 新产品开发

10. "第十个五年计划"是（　　　）计划。

    A. 专项　　　　　　　　　　　B. 长期

    C. 中期　　　　　　　　　　　D. 短期

【讨论与分析】

1. 目标管理有什么优缺点？

2. 在不断变化的环境中，管理者如何才能持续做出有效、及时的决策？

3. 为什么说一家企业过去的成功有可能是现在失败的原因？

4. 如何运用 SMART 原则制定自己在校期间的学习计划和未来 3 年的职业规划？

管理工具

OKR 为何被互联网企业青睐

OKR（Objectives and Key Results），即目标与关键成果法，是一套明确和跟踪目标及其完成情况的管理工具和方法，它由现代管理学家彼得·德鲁克提出的 MBO 目标管理演变而来。2014 年，OKR 传入中国，百度、华为、字节跳动、小米等企业都在使用和推广 OKR。

OKR 的主要目标是明确组织或团队的目标以及明确每个目标达成的可衡量的关键结果，能让组织把有限的精力专注于最重要的工作，通过目标共享，实现高效协作。OKR 主要有以下三大价值。

1. 聚焦重点，明确工作

如今，各行各业、各个岗位的边界在变模糊，可做的事太多，很容易失去重点，OKR 坚持"少即是多"的理念，鼓励把有限的精力专注于最重要的工作，明确正在关注的工作。

2. 目标共享，高效协作

OKR 是公开透明的，要求全员公开，鼓励互相评论，员工可以看到任何人包括 CEO

的 OKR。通过公开透明的线上看板，OKR 很好地实现横向和纵向的多向对齐，以便整个组织在目标和结果上保持一致，增强组织协作效率，激发组织热情和智慧。比如，在执行工作中，员工不但可以看到自己的 OKR，还可以看到管理层和其他任何同事的，这样在跨部门协作的时候，员工就可以先去看彼此的 OKR，有没有交集，协作起来就会更高效。

3. 鼓励挑战，激发士气

OKR 主张愿景驱动，强调目标背后的价值导向。为使员工充分理解组织的 OKR 和其背后的意义，鼓励所有人自主思考并自主制定目标，"我可以为此贡献什么，我该怎么做"。通过自主目标制定，使原来的"控制型管理"变成"赋能型管理"，可以极大地调动员工自我管理的积极性。此外，鼓励员工挑战更高的目标，"把目标放大 10 倍"，鼓励颠覆式创新（见图 3-10）。

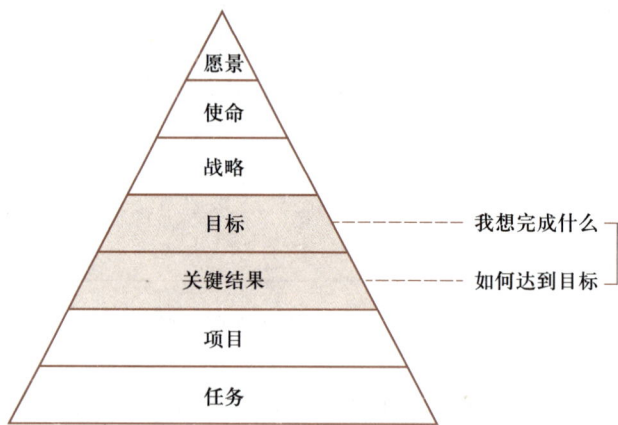

图 3-10　OKR 目标层次

无疑，OKR 的管理方式对当前以工程师和高端技术人才居多的科技企业或知识型企业是比较合适的。

【工具运用】请选择一家使用 OKR 工具的互联网企业，通过互联网搜集资料或调研等方式，分析这家企业使用 OKR 工具所建立的目标体系，具体的实施方式、取得的效果及存在的问题。

管理实训

● 自我评估训练

请完成表 3-3，自我判断你是不是一个称职的计划人员。

表 3-3   称职计划人员的特点

问题	是	否
1. 我的个人目标能以文字的形式清楚地说明；		
2. 多数情况下我整天的工作都是杂乱无章的；		
3. 我一直都是用台历或记事簿作为辅助；		
4. 我很少仓促地做出决策，总是仔细研究了问题之后再行动；		
5. 我利用"速办"或"缓办"卷宗对要办的事情进行分类；		
6. 我习惯于对所有的计划设定开始日期和结束日期；		
7. 我经常征求别人的意见和建议；		
8. 我想所有的问题都应当立刻得到解决。		

提示：对上述的每一个问题只需回答"是"或"否"。

● 项目实训

项目内容：制订大学学习计划

实训目的：

1. 强化学生的计划观念；

2. 提高编制计划的能力；

3. 加强计划思维意识，养成计划管理习惯；

实训内容：编制出你本人三年的学习规划。

要求：

1. 根据 SMART 原则，制定总目标、分阶段目标、分项目标的明确目标；

2. 实现目标的办法、措施要具体可行；

3. 根据自身条件和特征制定自己的学习计划；

4. 要对制定的目标设定考核与评价标准。

成果及评价：

教师根据每份计划书的编写质量评定成绩。

● 实战实训

假设你是本公司人力资源管理部门负责招聘工作的负责人。根据人才引进计划，将向全国进行大规模人才招聘。任务紧急，工作内容繁重，在下一个月的 3 日开始，预计月底结束。请你思考一下招聘工作的计划内容以及可能遇到的问题，用甘特图直观地反映出来。

☞ 根据甘特图的制作方法，调查企业招聘的程序和内容，为企业招聘工作设计一份反映招聘内容和工作进度的甘特图。

第四章
组织与变革

★ **素养目标**

⊙ 培养重视团队协作精神，具备大局意识与奉献精神的职业情操

⊙ 培育积极向上、守正创新的组织文化，发挥社会主义核心价值观对组织文化的引领作用

⊙ 提升自己在组织中的人际交往与沟通能力

★ **知识目标**

⊙ 熟悉组织作用和构成要素

⊙ 掌握组织设计及其基本原则

⊙ 熟悉基本的组织结构类型

⊙ 掌握组织文化的概念、结构及功能

⊙ 理解当前环境下组织变革及组织变革与组织文化的关系

★ **技能目标**

⊙ 能够对小型组织进行工作分析和组织结构设计

⊙ 能够分析比较不同类型组织架构的特点及适用条件

⊙ 能够描述与本专业相关的工作职责与岗位内容

思维导图

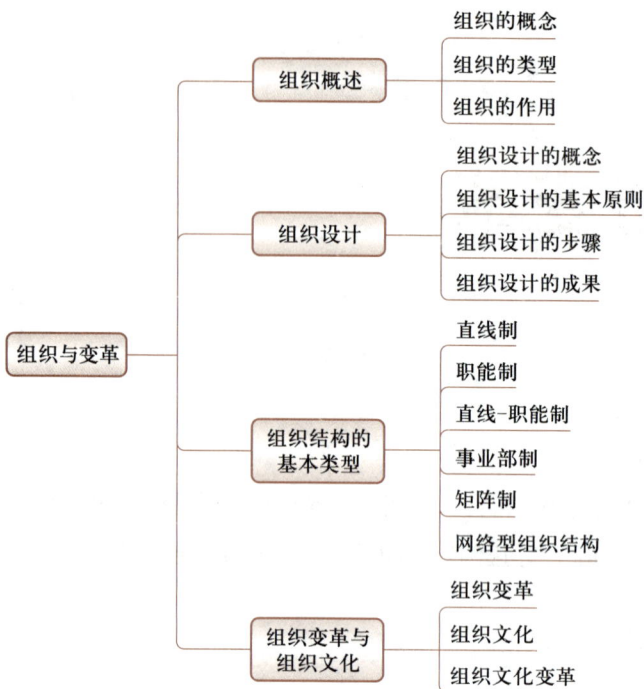

"新生代员工"与顺丰员工管理

作为快递业中的一员，顺丰自1993年成立以来，一直保持着优良的口碑，以优质服务、重视客户体验而著称。在人员流动率平均高达70%的快递行业，顺丰的员工流失率不到30%。春节收假，员工报到率连续多年达90%以上。在快递业这个劳动密集型行业，顺丰员工平均年龄为30岁，"新生代"员工（指20世纪80年代末90年代初出生并步入职场的年轻员工）占员工总人数的70%，这些"新生代"员工正是顺丰口碑的缔造者和坚守者。顺丰是如何留住人才并管理好新生代员工的？

顺丰的一线员工从事的是基础性工作。无论是收派员、仓管员还是客服人员，在他们的内心中，普遍对自身岗位的荣誉感不强、认可度较低，且快递行业的一线岗位工作内容相似度极高，如何让"新生代"一线员工于看似重复的工作中找到乐趣？如何让他们对企业产生归属感？如何让他们感受到被认可、被重视，从而增强自信呢？解决这些问题是企业保留人才的关键。

顺丰将员工的需求同企业的战略统一起来，让员工的未来融入企业发展之中，而达到这一切的前提就是"尊重"二字。基于"尊重"理念，顺丰形成以组织架构扁平化、福利平台特色化、员工上升通道多元化等人性化的管理制度，充分体现"尊重"文化。

一、"医食住教"的关爱

顺丰的"新生代"员工人数庞大，总体上生活技能普遍不高，且处于"成家立业"的人生阶段，在充分了解员工现实诉求之后，企业便加大在福利政策方面的力度，解决"新生代"员工在"医食住教"方面的问题，通过与政府、学校、医院等机构合作，解决员工的"衣食住教"问题。

二、"参与管理"的尊重

新生代员工生长于信息爆炸时代，他们获取信息的渠道多，喜欢发表个人观点、抒发个人见解。顺丰内部设立三个投诉渠道：顺丰BBS、总裁邮件、致电审计监察部。这些投诉渠道不仅起到规范员工和管理行为的作用，更能让企业高层管理者获知基层员工对企业管理者的期待。此外，顺丰推出的"微·创新""与高管午餐"等项目，鼓励员工在"改变企业"上大胆提出自己的创意、企业改善方案等建议。

三、成长通道助力员工梦想

顺丰强调内部人才培养，并为此设置了配套的机制。在每一个管理层级设立了储备干部培训课程，每一位员工都可以报名参与。针对年轻员工，顺丰为他们提供了"快速成长计划"，只要绩效和个人能力达到企业要求，员工便能进入"快速通道"，给予他们更好的管理实践机会，比如担任副总裁秘书、总经理秘书等。对于一些非常优秀但目前无相关层级管理经验的员工，顺丰采取"代理"的方式对他们进行培养。

顺丰大部分高管都是由内部竞聘而产生的。一线员工成长为点部主管的占了90%以上，成为分部经理的达到90%，成为高级经理的有70%左右，成为总监的占了60% ~ 70%，甚至还有达到更高层级的。

作为拥有众多新生代一线员工的企业，顺丰的"新生代员工管理"体现了员工管理的实质，将"尊重"与实质性的管理项目联合起来，形成新生代员工发展的强大推动力，这也是顺丰得以在留住员工方面取得较好成果的原因。

请思考："新生代员工"成为职场主流，您能否针对"新生代员工"提出更多的管理方法？

（资料来源：《顺丰集团"新生代"员工管理介绍》，引文有删改）

第一节 组 织 概 述

一、组织的概念

组织是人类社会最普遍的、最常见的社会现象，政府机关、公司、工厂、学校、医院等都是各类组织的表现形式。对于组织的概念，可以从不同的角度来阐述。组织既可以作为一个名词，也可以作为一个动词，作为名词，它又有广义和狭义的区别。

"组织"作为一个名词，它的含义可以用巴纳德提出的观点来解释，即"组织就是由两个或两个以上的人为了实现共同目标而有意识地结合在一起的一个合作系统"。

组织一般包含如下构成要素：

（1）组织成员：组织是由两个或两个以上的人组成的集合体。

（2）组织目标：组织存在的理由，必须有特定的目标。

（3）组织结构：组织必须有分工和协作，一般由部门、岗位、职责和从属关系构成。

（4）组织管理：为了实现目标，组织要有一套计划、控制、组织和协调的流程。

"组织"作为一个动词，是指某项管理活动过程，是管理的一个基本职能，指组织按照计划要求，组织人力、财力、物力，建立组织结构，制定规章制度，保证计划在将来能够顺利地实现。

组织职能一方面是指为了实施计划而建立起来的一种结构，另一方面是指为了实现计划目标所进行的组织过程。

二、组织的类型

（一）按组织的规模分类

按照组织的规模，可以分为大型组织、中型组织、小型组织和微型组织。

以企业为例，有关大中小微企业划分标准，根据《关于印发中小企业划型标准规定的通知》（工信部联企业〔2011〕300号），依据从业人员和营业收入的指标，不同行业门类（农林牧渔业、工业、建设业、批发业、零售业等）的标准不同。以工业为例：

从业人员1 000人以上，营业收入40 000万元及以上为大型企业；

从业人员300人以上，营业收入2 000万元及以上为中型企业；

从业人员20人以上，营业收入300万元及以上为小型企业；

从业人员20人以下或营业收入300万元以下为微型企业。

其中，大型、中型和小型企业须同时满足所列指标的下限，微型企业只需满足所列指标中的一项即可。具体规模的划分标准可能因不同行业、不同组织类型和地区而有所不同。

（二）按组织的目标分类

（1）互益组织。如工会、俱乐部、政党等。

（2）工商组织。如工厂、商店、银行等。

（3）服务组织。如医院、学校、社会机构等。

（4）公益组织。如慈善机构、研究机构、环境保护组织等。

（三）按组织的形成方式分类

（1）正式组织。是为了有效地实现组织目标，而明确规定组织成员之间职责范围和相互关系的一种结构。例如，医院、学校、部队和企业中的财务部门、销售部门、生产部门等。正式组织具有以下四个特征：不是自发形成的；有明确的目标；以效率逻辑为标准；强制性。

（2）非正式组织。是人们在共同工作或活动中，由于地理位置、兴趣爱好、亲朋好友等关系，以共同的利益和需要为基础而自发形成的团体。例如，同乡会、同学联谊会、业余合唱团等。

（四）按运用权力与权威的程度分类

（1）功利型组织。在运用合法权威过程中，同时实行经济和物质等功利报酬手段的组织，如工商企业、农场等。

（2）强制型组织。以强制权力来加以控制的组织，如监狱、管教所等。

（3）规范型组织。以内在价值及地位为报偿来加以控制的组织，如学校、社会团体等。

管理故事

分粥的故事

有7个人组成了一个小团体共同生活，其中每个人都是平凡而平等的，没有什么凶险祸害之心，但不免自私自利。他们想用非暴力的方式，通过制度来解决每一天的吃饭问题：要分食一锅粥，但并没有称量用具和有刻度的容器。

一开始，他们抓阄决定谁来分粥，每天轮一个。结果每周下来，他们只有一天是饱的，就是自己负责分粥的那一天。

　　后来他们开始推选出一个道德高尚的人出来分粥。强权就会产生腐败，大家开始挖空心思去讨好他、贿赂他，搞得整个小团体乌烟瘴气。然后大家开始组成 3 人的分粥委员会及 4 人的评选委员会，互相攻击扯皮下来，粥吃到嘴里全是凉的。

　　最后想出来一个方法：每个人轮流值日分粥，但是分粥的那个人要最后一个领粥。令人惊奇的是，在这个制度下，7 只碗里的粥每次都是一样多，就像用科学仪器量过一样。每个主持分粥的人都认识到，如果 7 只碗里的粥不相同，他确定无疑将享有那份最少的。

　　请思考：联系分粥的故事，你认为一个组织的有效运作需要什么构成要素？

三、组织的作用

　　无论在自然界还是在人类社会，单个人或分散的力量的作用是十分有限的。组织能把各种分散的力量形成合力，把各种资源组合成有机的整体，从而产生大于这些力量和资源总和的效能。可见，组织的作用和功能是显而易见的。然而，组织发挥组织合力使各种资源增效是以组织能正常发挥作用为前提，否则就不能增效，甚至会降低效能。正如金刚石和石墨，其化学成分都是碳，构成要素一样，但分子结构不同，硬度就差别极大。一列士兵，在数量上没有变化，仅仅由于组织和列阵方式不同，在战斗力上也会表现出质的差别。所以，一个组织如果内部结构不合理，职责不清晰，就会指挥失灵，人浮于事，内耗丛生，那么这样的组织势必很难完成目标。

　　从积极的角度看，组织的作用和效力非常大。就如沙子、水泥和钢筋，本来是独立的物质，但如果按照合适的比例组合在一起，就可以盖成高楼大厦，这是沙子、水泥、钢筋任何一种物质所无法单独完成的。简单地说，组织的基本作用可以概括为以下三个方面。

（一）人力聚集和放大作用

　　在人类社会发展中，由于个人有所期望又无力独自实现，于是就需要和他人合作，联合起来，共同行动。组织能把分散的人、财、物、信息等资源加以聚集，并进行分工协作，共同努力，实现单独个体无法实现的目标。

（二）资源整合作用

　　除人力资源外，组织还汇集了其他多种资源。组织通过精心的结构设计和合理的分工与协作，使各种资源最大限度地发挥作用，从而实现 1 + 1>2 的效果。组织的资源整合作用是判断一个组织效力的标准。

（三）满足人们心理需求的作用

一个人无论学习、工作还是生活的各个阶段、各个方面都要加入组织，成为组织的成员。如共青团组织、党组织、职工工会组织等。这些组织都有满足其成员某些方面的心理需要的功能，人们在组织中可以获得安全感、归属感，获得自尊和满足。

当然，一个组织是否具有上述功能，还要看具体的组织职能发挥得如何。实际上社会生活中既有"三个臭皮匠顶一个诸葛亮"的现象，也有"三个和尚没水喝"的情况。

第二节　组织设计

一、组织设计的概念

组织设计是指管理者将组织内各要素进行合理组合，建立和实施一种特定组织结构的过程。其实质是对管理人员的管理劳动进行横向和纵向的分工。

组织设计是一个动态的工作过程，包含了众多的工作内容。一般有三种情况需要组织设计：

（1）新建的企业需要进行组织结构设计。

（2）原有组织结构出现较大的问题或企业的目标发生变化，原有组织结构需要进行重新评价和设计。

（3）组织结构需要进行局部的调整和完善。

二、组织设计的基本原则

组织设计是组织工作的核心内容。为能设计高效、合理的组织结构，组织设计应当遵循最基本的设计原则。

（一）目标任务原则

企业组织设计的根本目的，就是实现企业的战略任务和经营目标。这一原则要求组织机构设计必须有利于企业目标的实现，组织设计的每一项工作都应以是否对实现目标有利为衡量标准，因此设置组织机构要以事为中心，因事设职，因职用人，做到人和事高度配合，实现"事事有人做"和"人人有事做"。

（二）分工与协作的原则

企业的任务目标的完成，离不开企业内部的专业化分工和协作。分工与协作是社会化生产的客观要求。分工指明确规定每个层次、每个部门乃至每个人的工作内容、工作范围，以及完成工作的手段、方式和方法。协作就是要明确部门与部门之间、人与人之间的协调关系和配合方法。

分工与协作，就是在合理分工的基础上，各专业部门必须加强协作和配合，保证各项专业管理工作顺利展开，以达到组织的整体目标。总之，专业化分工有利于提高企业效率。

（三）统一指挥原则

统一指挥原则也称统一与垂直性原则，是组织设计最经典的也是最基本的原则，是指组织的各级机构及个人必须服从一个上级的命令和指挥，只有这样才能保证政令统一、行动一致，避免出现多头领导和多头指挥，从而造成管理混乱的现象。

统一指挥原则是建立在明确的权力系统上的，权力系统则要依靠上下级之间清晰的指挥链而形成。

（四）有效管理幅度原则

有效管理幅度是指一名上级领导能直接而有效地领导下属的可能人数。由于管理者的时间和精力是有限的，其管理能力也受工作性质、管理者自身能力、下属的成熟程度、经验和个性等诸多因素的影响。因此，一个管理人员直属的下级人员数量是有一定限度的。

一个管理者的管理幅度以多大为好，至今尚无定论。有人认为高层领导者的有效管理幅度为 4~8 人，中层为 8~15 人，基层为 15 人以上。

在组织规模一定的情况下，管理幅度同管理层次成反比关系。也就是说，管理幅度越大，管理层次就越少；反之，管理幅度越小，管理层次就越多。管理幅度与管理层次的反比关系了决定了两种最基本的组织结构形态：扁平化组织结构与金字塔式组织结构。图 4-1 显示了这两种组织结构在幅度和层级上的差别。

为保证领导的有效性，管理幅度不能过大，应当在保证有效管理幅度的前提下寻求减少管理层次的途径。

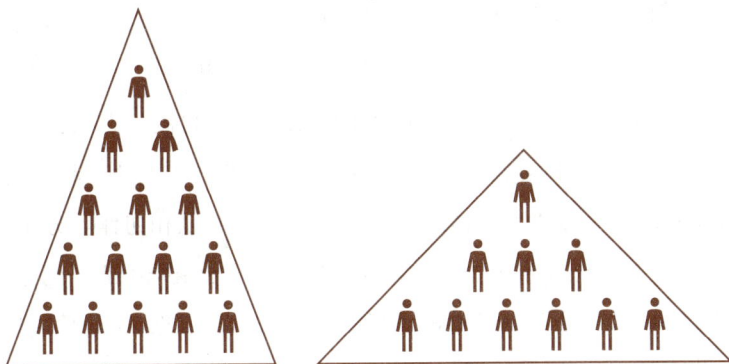

图 4-1 扁平化与金字塔式组织结构

面对数字经济时代下瞬息万变的组织环境，企业需要做出快速反应和迅速决策以保持企业的竞争优势，扁平化组织结构更能增强组织快速反应的能力，成为当前更多组织的选择。

职场与管理

周教授的建议

宏力股份有限公司的主营产品是保健品，在其组织结构图中，共有21人向王总经理汇报工作。这些人包括：负责人力资源、生产、营销、物流、财务、研发、资本运作业务的7名副总经理，11个保健品部的产品经理，以及公司秘书、法律顾问和投资顾问。

公司董事会有3名独立董事，现任职于某财经大学管理学院的周教授就是其中之一。在一次交谈中，周教授希望王总经理通过缩小自己的管理幅度来对公司组织结构重新安排。

王总经理说："我并不太相信有效管理幅度原则，国外理论未必适用于我国的管理实践，更何况我们公司拥有一支受过良好教育和培训的工作团队，他们有一流的业务素质，知道自己该做什么。我的下属将会得到我明确的授权，能有效处理各类问题。只有他们有例外或无法解决的问题时，才需要向我汇报。因此，我们公司的组织结构是合理的，管理幅度也是有效的、可行的。"

请思考：你怎样看待王总经理对周教授建议的回答？

（五）责、权、利对等原则

为了保证"事事有人做""事事都能正确地做好"，不仅要明确各个部门的任务和责任，而且在组织设计中要规定相应的取得和利用人力、物力、财力和信息等工作条件的权力。

责任、权力、利益三者之间是不可分割的，而且必须是协调、平衡和统一的。权力是责任的基础，有了权力才可能负起责任；责任是权力的约束，有了责任，权力拥有者在运用权力时就必须考虑可能产生的后果，不至于滥用权力；利益的大小决定了管理者是否愿意担负责任以及接受权力的程度。有责无权，有权无责，或者责、权不对等，或者责、权、利不协调，不统一，都会使组织结构不能有效运行，难以完成自己的任务目标。

总之，责任、权力、利益必须相统一。这一原则适用于组织中的任何一个层次，特别是高层管理层。对等的权、责也意味着赋予某个部门或岗位的权力不能超过其应负的责任。

（六）集权与分权相结合原则

衡量集权与分权的程度，关键在于决策权是保留还是下放。所谓集权，就是组织的决定权大部分集中在最高层。如福特汽车过去采用的"家长集权式"管理；所谓分权，就是组织的决定权根据职务上的需要分到各阶层，如"参与管理"。

集权与分权是相对的。现实中，既没有绝对的集权，也没有绝对的分权。集权强调组织权力的统一和完整使用，有利于政令统一，但过分集权不利于发挥下属的积极性和创新性。分权能激发下级的工作热情和责任心，可增加组织的灵活性，但有可能出现各自为政的现象，不利于决策效率和政策的完整统一。一个组织采取集权还是分权受到多种因素的影响，如组织的规模、决策的重要性、管理人员的能力和数量、组织外部环境的变化情况等。因此，集权和分权不是一成不变的，应根据不同的情况和需要加以调整。

（七）弹性结构原则

弹性结构是指一个组织的部门结构、人员职责和工作职位都可以变动，以适应组织内外部环境的变化。根据这一原则，首先应使部门结构富有弹性，组织可以根据工作任务、企业技术特性、企业所处内外部环境的变化，扩张或收缩某些职能部门，提高部门在管理上的自主权和灵活性。弹性结构原则还要求组织内工作职位的设置也富有弹性，如按任务和目标需要设置岗位、实行员工一专多能、定期更换管理人员等。

（八）精干高效原则

机构精简，队伍精干，是组织联系与运转的要求。精干高效原则就是在服从组织目标所决定的业务活动需要的前提下，力求减少管理层次、精减管理机构和人员，充分发挥组织成员的积极性，提高管理效率，更好地实现组织目标。如果层次繁多、机构臃肿，就会造成人浮于事，官僚主义严重，办事拖拉，效率低下。因此，一个组织是否具备精干高效的特点，是衡量其组织结构是否合理的重要标准。

三、组织设计的步骤

只有根据组织设计的内在规律性有步骤地进行组织设计，才能取得良好的效果。组织设计的基本步骤如下：

（1）确立组织目标。通过收集及分析资料，进行设计前的评估，以确定组织目标。

（2）划分业务工作。一个组织是由若干部门组成的，根据组织的工作内容、性质，以及工作之间的联系，将组织活动组合成具体的管理单位，并确定其业务范围和工作量，进行部门的工作划分。

（3）提出组织结构的基本框架。按组织设计要求，确定组织的层次及部门结构，形成层次化的组织管理系统。

（4）确定职责和权限。明确规定各层次、各部门以及每一职位的权限、责任。一般用职位说明书或岗位职责说明书等文件形式表述。

（5）设计组织的运作方式。包括：① 联系方式的设计，即设计各部门之间的协调方式和控制手段；② 管理规范的设计，即确定各项管理业务的工作程序、工作标准和管理人员应采用的管理方法等；③ 各类运行制度的设计。

（6）决定人员配备。按职务、岗位及技能要求，选择配备恰当的管理人员和员工。

（7）形成组织结构。先对组织设计进行审查、评价及修改，并确定正式组织结构及组织运作程序，然后颁布实施。

（8）调整组织结构。根据组织运行情况及内外环境的变化，对组织结构进行调整，使之不断完善。

职场与管理

韦尔奇的组织架构改革

通用电气（GE）前董事长兼首席执行官杰克·韦尔奇（Jack Welch）是美国商界的传奇人物。在 45 岁的韦尔奇出任 GE 董事长和 CEO 时，这家已有 117 年历史的公司机构臃肿，等级森严，对市场反应迟钝，在全球竞争中正走下坡路。一个明显的痛点是，在 40.4 万名雇员中，居然有 2.5 万名经理，130 多人拥有副总裁的头衔。从工厂到韦尔奇的办公室之间隔了 12 个层级。

韦尔奇一上台，就进行了业务大调整，挥舞手术刀，果断砍掉了 1/4 的企业，迅速地砍掉大量的中间管理层次，并裁减管理层职位，甚至连副总裁也难以在这场"扁平化的风暴"里幸免于难，最终通用电气从原来的 12 层管理层次变成了 4~5 层，裁员 10 万多人。韦尔奇在这场"扁平化组织变革"中为自己赢得了"中子弹杰克"的绰号。

> 　　韦尔奇始终认为，官僚体制是热情、创造和反应的障碍，这些管理等级制内在的战略性计划、控制和形式只不过是在扼杀通用迫切需要的企业家精神，所以"任何等级都是坏的等级"。他经常作这样生动的形容："当你穿着12件衣服出门的时候，你还能感觉得到气温吗？官僚体制就是我们那12件毛衣！"
>
> 　　**请思考**：韦尔奇进行组织架构改革的原因是什么？对组织的发展有怎样的意义？

四、组织设计的成果

　　完成组织设计的任务，包括设计清晰的组织结构，规划和设计组织中各部门的职能和职权，确定组织中职能职权、参谋职权、直线职权的活动范围并编制职务说明书。组织设计的成果表现为组织结构图、职位说明书和组织手册。

（一）组织结构图

　　组织结构图也称组织树，是用图形表示组织的整体结构、职权关系及主要职能。就像人类由骨骼决定体型一样，组织也是由结构决定其形状。组织结构图是组织架构的直观反映，是最常见的表现员工、职位和群体关系的一种图形，它形象地反映了组织内各机构、各岗位之间的关系。组织结构图一般描述下列几种组织结构及管理关系方面的信息：权力结构、沟通关系、管理范围及分工情况、角色结构和组织资源流向等。图4-2为典型的中型企业的组织结构图。

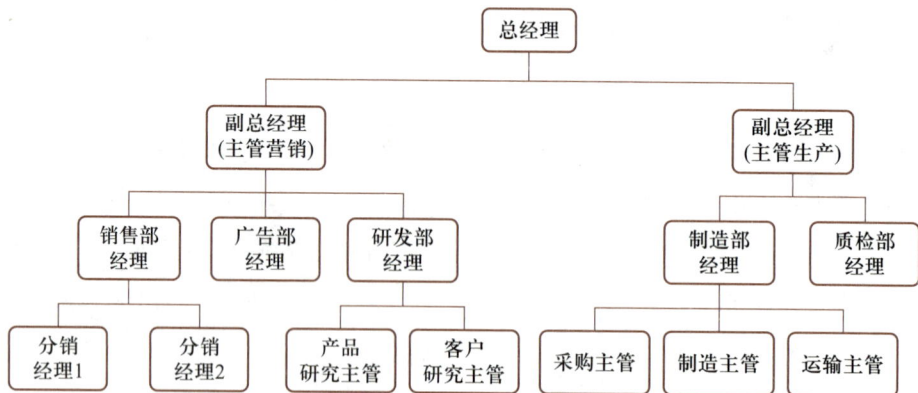

图 4-2　企业组织结构图

　　图4-2中，方框表示各种管理职务或相应的部门，整个示意图清晰描述了组织内正式的上下左右之间的关系。如，主管营销的副总经理的上级领导是总经理，服从总经理

指示并向其汇报工作，同时，他直接领导销售部经理、广告部经理和研发部经理。

（二）职务说明书

职务说明书，也叫岗位说明书，是表明企业期望员工做些什么、应该做些什么、应该怎么做和在什么样的情况下履行职责的一套指导性的管理文件。

职位说明书主要包括两个部分：一是职位描述，主要对职位的工作内容进行概括，包括职位设置的目的、基本职责、组织图、业绩标准、工作权限等内容；二是职位的任职资格要求，包括任职所需的知识、技能及素质能力要求、个性特征、人员的培训需求等。

职务说明书需使用浅显易懂的语言进行描述，内容应尽量具体，避免形式化、书面化。另外，随着组织的变革，职务说明书也应适当做出一定的修正和补充。职位说明书的基本模式如表4-1所示。

表4-1 ×××公司的工程部主管职位说明书

职务名称	工程部主管	直接上级职务	总经理	所属部门	工程部
学历	大专或以上	工作性质	工程技术及管理	性别要求	男
任职条件		1. 大专或以上学历； 2. 能熟练操作 AI、Coreldraw、CAD 等常用制图软件； 3. 对 ISO 9001 及 ISO 14001 体系比较了解； 4. 具有较强的学习、分析和沟通协调的能力 ……			

工作内容
1. 对应聘工程部岗位的人员进行复试； 2. 对新进或所属员工定期进行教育培训，使其符合公司的文化和价值观； 3. 起草或策划与工程部相关的流程或制度，使部门工作严谨而有序地开展； 4. 合理规划人力资源，统筹下级员工的工作安排； 5. 对下属员工的工作绩效进行考核和评估，并建立激励制度 ……

工作职责	工作权限	工作结构
1. 对下属员工的教育培训及考核激励； 2. 对相关流程或文件的起草、修改； 3. 对图稿、样品制作和条码列印的统筹管理； 4. 对工程部每月品质目标达成状况的监督、管理 ……	1. 对下属员工的工作绩效有考核和评估权； 2. 对工程部所属员工有任用或罢免权； 3. 对工程部相关流程或制度有修改或废止权； 4. 对制样的材料及工艺流程有高度审核权 ……	总经理 ↓ 工程部主管

核准： 审核：××× 制作：工程部

（三）组织手册

组织手册是职位说明书与组织结构图的综合，用以说明组织内部各部门的职权、职责及每一个职位的主要职能、职责、职权及相互关系。它有助于促进对职责及其相互关系的了解，并为进一步研究组织问题提供依据。

不同的组织有不同的组织手册，并且格式各不相同，但通常包括下列各种资料。

（1）部门的职责范围。组织手册应提出组织结构图中各个部门的各项职责及部门之间相互关系的说明书，用于明确部门职责。

（2）部门的人员定编资料。包括各个部门的人员编制以及目前实际人员的状况。

（3）职务说明书和职务规范。职务说明书和职务规范的项目及详尽程度，在实际工作中并没有统一的标准，要根据企业的需要和条件而定。

（4）组织和管理的原则。有些手册突出一些优秀的管理原则：经常保持同上级的某种接触（方式是事先规定的）是下属的义务；不应在公开场合责备下属；上级应当勇于为下级承担责任并放手使用他们；不能越级指挥或越级上报；廉洁奉公、遵纪守法是管理人员的美德等。

数字化 + 管理

小米的组织变革：年轻化和互联网是关键词

在短短几年内，小米异军突起一举进入全球手机产量前三，主要在于他们对于互联网时代的把握，以及勇于创新实践，包括雷军和其团队在管理方面也有很多颠覆性的理念和实践。

一、年轻化的组织架构的调整

小米的组织架构调整，新设集团参谋部和集团组织部，进一步增强总部管理职能，并同时改组电视部、生态链部、MIUI 部和互娱部四个业务部，通过梳理复杂的业务结构，重组成十个新的业务部，让组织结构更合理、有序、高效。值得注意的是，这些业务部的总经理将直接汇报给雷军。

集团组织部负责中高层管理干部的聘用、升迁、培训和考核激励等，集团参谋部将协助 CEO 制定集团的发展战略，并督导各个业务部门的战略执行。

由此带来的一个明显变化是，一大批年轻干部走上前台。新晋的一批部门总经理以 40 岁以下人员为主，平均年龄 38.5 岁，让一大批年轻高管走上前台。同时加强总部管理职能，让合伙人回到集团，把一线业务阵地交给年轻人，合伙人可以从战略和管理层面指导年轻管理者。小米是继华为和阿里之后，第三家专门设立组织部的巨头公司。

二、与用户零距离的互联网时代的扁平化组织

小米认为，互联网时代要贴近客户，就必须缩短与消费者间的距离。因此，要让消费者参与小米的产品设计研发，传播和推广小米产品，组织就需要尽量扁平、简化。小米采取了非常扁平的三层组织架构：七个核心创始人—部门负责人—员工。每一个业务板块都由一名创始人坐镇，创始人互不干涉，在各自分管的领域内做事。任何决策都是直接高效地执行。团队一旦达到一定的规模就必须拆分，变成项目制的独立团队。这样的管理制度减少了层级之间互相汇报浪费的时间，也反映出互联网时代组织架构简约、速度、极致的重要理念。

数字化思维：团队年轻化符合互联网公司业务特性，加之以业务调整及组织支持，能够更大限度地发挥管理队伍效能。"互联网＋"的扁平化组织，能更快地响应组织所面临的外部环境变化，提高管理决策效率。

第三节　组织结构的基本类型

组织结构是表明组织各部分排列顺序、空间位置、聚散状态、联系方式以及各要素之间相互关系的一种模式，是整个管理系统的框架。管理者在进行组织结构设计时，需考虑工作专业化、部门化、命令链、控制跨度、集权与分权等因素。常见的组织结构基本类型有：直线制、职能制、直线—职能制、事业部制、矩阵制、网络型组织结构等。下面以企业为例，介绍几种基本的组织结构类型。

一、直线制

直线制是最简单、最基本的集权式组织结构形式，又称军队式结构。其特点是领导关系按垂直系统建立，不设专门的职能机构，自上而下形同直线，管理权力高度集中。如图 4-3 所示。

优点：命令统一、决策迅速、指挥灵活、效率高。

缺点：缺少专业分工，权力过于集中、领导负担较重。

适用范围：生产技术比较简单、规模较小的企业。

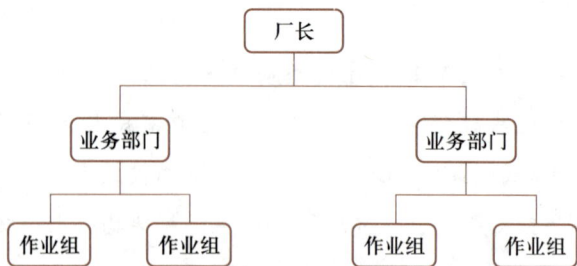

图 4-3 直线制组织结构

二、职能制

职能制组织结构是各级行政单位除主管负责人外，还相应地设立一些职能机构。如在厂长下面设立职能机构和人员，协助厂长从事职能管理工作。这种结构的职能机构在自己的职权范围内，都有权发布命令和指示。其组织结构如图 4-4 所示。

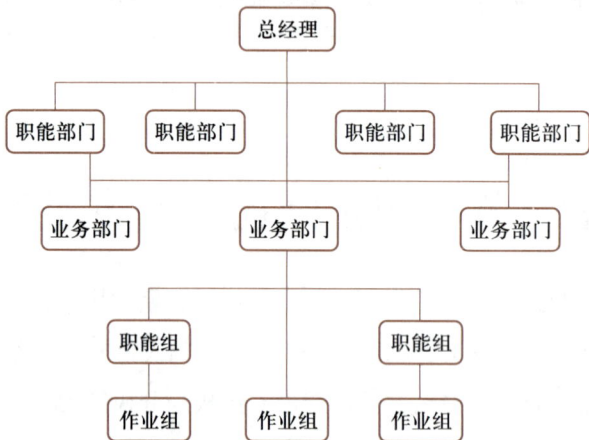

图 4-4 职能制组织结构

优点：能够充分发挥职能机构的专业管理作用，减轻各级行政领导的工作负担。

缺点：形成多头领导，不利于组织的集中领导和统一指挥，易造成管理上的混乱。

适用范围：劳动密集、重复劳动的大中型企业。

三、直线—职能制

直线—职能制，又称直线—参谋制。它是在直线制和职能制的基础上取长补短，吸收这两种形式的优点而建立起来的。

这种组织结构的特点是：以直线制为基础，在各级行政主管之下设置相应的职能部门（如生产、销售、供应、财务等部门）从事专业管理，作为该级行政主管的参谋，实行主管统一指挥与职能部门参谋—指导相结合。在直线—职能制组织结构下，下级机构既受上级部门的管理，又受同级职能管理部门的业务指导和监督。两类人员的职权是十分清晰的。一类是按统一命令原则组织的直线指挥系统，另一类是按专业化原则组织的职能系统。职能管理人员是直线指挥人员的参谋，只能对下级机构进行业务指导，而不能进行直接指挥和命令。这样就保证了整个组织的统一指挥和管理，避免多头指挥和无人负责的现象。其组织结构如图 4-5 所示。

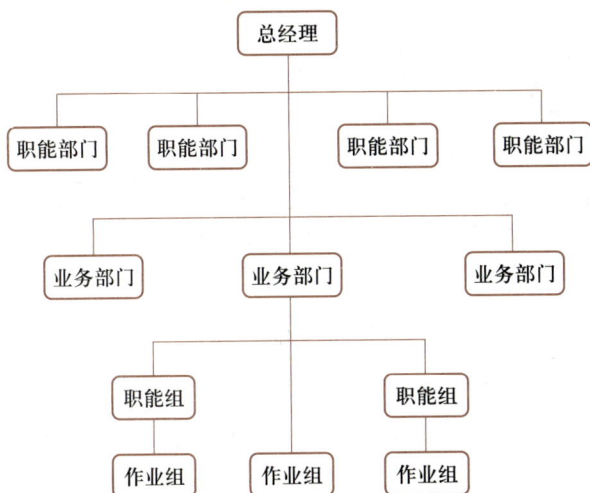

图 4-5　直线—职能制组织结构

优点：既发挥了职能机构专业管理的作用，又便于领导者统一指挥，避免多头领导。
缺点：各职能部门自成体系，横向联系少，沟通效率差，对环境变化的反应迟钝。
适用范围：较广泛，目前大多数中小企业采用这种组织形式。

四、事业部制

事业部制最早是由美国通用汽车公司总裁斯隆于 1924 年提出的，是一种分权制的组织形式。它在公司总部下增设一层半独立经营的事业部，事业部长负责其全面工作，并设相应的职能部门。

事业部制是分级管理、分级核算、自负盈亏的一种形式，即一个公司按地区或按产品类别分成若干个事业部，从产品的设计、原料采购、成本核算、产品制造，一直到产品销售，均由事业部及所属职能部门负责，实行单独核算、独立经营，公司总部只保留人事决策、预算控制和监督大权，并通过利润等指标对事业部进行控制。也有的事业部只负责指挥和组织生产，不负责采购和销售，实行生产和供销分离，但这种事业部正在被产品事业部取代。还有的事业部则按区域来划分。事业部制组织结构如图 4-6 所示。

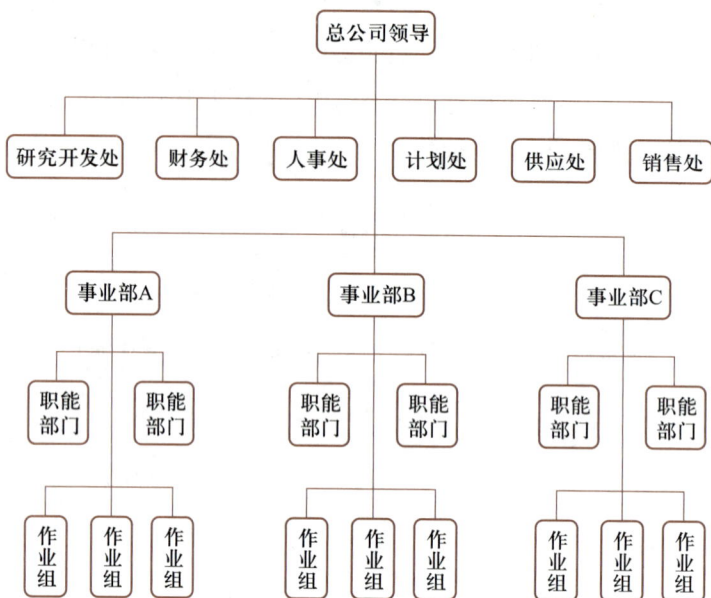

图 4-6　事业部制组织结构

优点：① 责、权、利划分比较明确，有利于发挥各事业部的积极性、主动性；② 有利于最高管理层摆脱日常事务，集中精力去考虑宏观战略；③ 通过事业部门独立生产经营活动，有利于锻炼和培养高级管理人才。

缺点：① 需要较多素质较高的专业人员来管理事业部；② 管理机构多，管理人员比重大，对事业部经理要求高；③ 分权可能架空公司领导，削弱对事业部的控制；④ 事业部间竞争激烈，可能发生内耗，协调也较困难。

适用范围：规模大、业务多样化、市场环境差异大，适用于具有较强适应性的企业。

五、矩阵制

矩阵制又叫"目标—规划制"，是由纵向的垂直管理系统和横向的水平管理系统相结合而组成的一种组织形式。其中，纵向的垂直管理系统是按照职能划分的指挥系统；横向的水平管理系统一般是按产品、工程项目或服务划分的管理系统。矩阵制的成员，一般都要接受两方面的领导，即在专业业务方面接受原单位和部门的垂直领导，而在执行具体规划任务方面接受规划任务负责人的领导。其组织结构如图 4-7 所示。

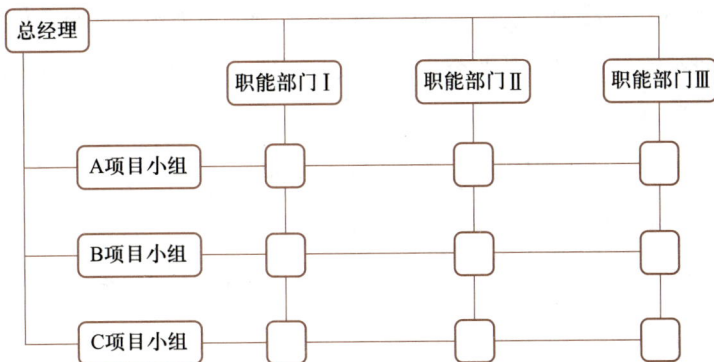

图 4-7 矩阵制组织结构

优点：① 加强了横向联系，专业设备和人员得到了充分利用；② 组织对专业人员的使用也富有弹性，有利于促进各种专业人士互相帮助、互相激发，相得益彰。

缺点：① 成员不固定在一个位置，有临时观念，有时责任心不够强；② 人员受双重领导，出了问题，有时难以分清责任。

适用范围：一些重大攻关项目。企业可用来完成涉及面广的、临时性的、复杂的重大工程项目或管理改革项目。特别适用于以开发与实验为主的单位（如科学研究），尤其适用于应用性研究等单位。

六、网络型组织结构

网络型组织结构是目前流行的一种新形式的组织设计，是较为精干的中心机构，以契约关系（或合作关系）的建立和维持为基础，依靠其他组织以合同为基础进行制造、分销、营销或其他关键业务的经营活动的结构。在网络型组织结构中，组织的大部分职能从组织外"购买"，这给管理层提供了高度的灵活性，并使组织集中精力做其最擅长的事。网络型组织结构如图 4-8 所示。

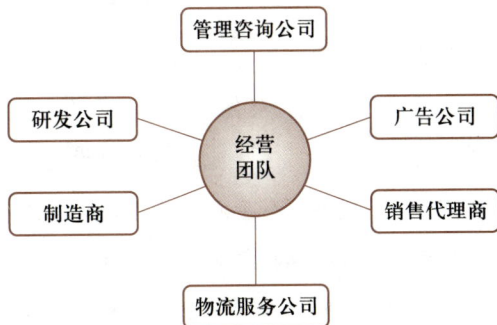

图 4-8 网络型组织结构

优点：①降低管理成本，提高管理效益；②有利于更大范围地整合优势资源；③简化了机构和管理层次，实现了企业充分授权式的管理；④具有更大的灵活性和柔性，能更好地适应外部环境的变化。

缺点：①可控性太差，组织的运营比较被动；②项目是临时的，员工随时都有被解雇的可能，因而员工对组织的忠诚度也比较低。

适用范围：玩具和服装制造企业；制造活动需要低廉劳动力的企业。

职场与管理

"灵活用工"与"三叶草组织"

我国 2001 年首次提出"灵活就业"概念，随着数字化渗透和新业态发展，传统用工形式面临挑战，灵活用工、灵活就业被越来越多的企业和个人接受，进入蓬勃发展阶段。根据《中国人力资源数字化生态图谱 2022——灵活用工市场》的数据，2022 年中国灵活用工整体市场规模将达到 1.1 万亿元，预计随着数字化持续渗透和新业态发展，2023 年灵活用工将达到 1.34 万亿元市场容量。

"灵活用工"模式，与欧洲管理学思想家查尔斯·汉迪的"三叶草组织"的理念相契合，这是一种更具弹性的组织模型，也更适应在动荡多变的组织环境下越来越激烈的市场竞争环境。

企业组织管理模式中，"三叶草"用工模式由来已久。

三叶草组织是特指由三部分或三片叶子构成的一种组织结构。其定义是"以30% 的管理者和员工为核心，以外部合同工人和兼职工人为补充的一种组织形式"。查尔斯·汉迪认为未来一个健康运行的企业应该是"三叶草组织"：

第一片叶子：专业核心人员，不可替代。

核心人员这部分人是由资深专家、技术人员和管理人员组成的核心员工，属于企业全职员工，与企业建立劳动关系。他们大多受过良好的专业化培训，是企业高级管理层的组成力量，是企业区别于其他组织的辨识度和竞争力，是不可替代的。

第二片叶子：外包人员，非核心，不可替代。

对于企业来说，非核心员工属于大众化和非核心人力岗位。当核心人员精简，非核心的业务需交给外部的独立专业人员，也就是通过大量的业务外包来实现高效的生产、运行和管理。这部分可能通过劳务派遣或者业务外包来实现。

第三片叶子：弹性人员，非核心，可替代

属于满足市场动态需求的弹性人力，如兼职工和临时工等，可根据业务需求及时增减人力。特别是在无法预先储存产品的服务业，如零售、餐饮、酒店、互联网等由于淡季和旺季，拥有非常明显的弹性人员需求。

三叶草组织的每一片叶子都意义重大。在 20 世纪 70 年代末和 80 年代初的困难时期，很多企业都被迫大量裁员。也就是经济灾难的威胁迫使组织不得不缩减核心。等到情况好转时，管理者在没有扩大核心层的情形下，向另两片叶子抛出了绣球。

目前，灵活用工由于其模式的显著优势，被越来越多的企业应用。华为在全球有近 20 万名员工，许多员工采用外包形式；顺丰是"灵活用工"国内的大户，各行业有工作需求人员可以申请加入；美团有近 300 万骑手大军，其中正式员工仅为几万人，其余多采用众包模式；盒马通过"共享员工"形式租用西贝等餐饮行业员工，实现人力资源灵活流动……

请思考：组织环境瞬息万变，企业必要时也可以考虑采取灵活多变的组织设计模式。那么，"灵活用工"是否也有其消极的方面？谈谈你的看法。

第四节　组织变革与组织文化

一、组织变革

组织变革是指组织根据客观环境的变化，及时对组织的管理理念、工作方式、组织结构、人员配备、组织文化等多方面进行调整、改进和革新的过程。

进行组织变革的根本目的就是提高组织的效能，特别是在动荡不定的环境条件下，实现组织可持续发展，增强组织活力，最终实现组织目标。需要指出的是，组织变革伴随着组织发展的各个阶段，是组织发展过程中的一项经常性活动。

（一）组织变革的动力

在全球化和信息技术日益发展的今天，组织面对的是一个动态的、不稳定的环境。在这种环境中，一种组织结构、组织制度在当前是合适的，可过了一段时间，在新的环境因素下，它们可能就不适用了。进行组织变革是为了更好地适应组织内外条件的变化。实际上，处于每一个成长阶段的组织都需要变革。组织变革的动因可以归纳为外部和内部两个方面。

1. 组织变革的内在动力

（1）组织战略的选择和修正。组织战略对组织变革的影响体现在两个方面：一是不同的战略要求开展不同的业务和管理活动，由此影响组织职务和部门设计；二是战略重点的改变会引起组织业务活动重心的转移和核心职能的改变，从而要求组织变革。

（2）技术的变革。技术系统是组织变革的重大推动力。技术以及技术设备的水平，不仅影响组织活动的效果和效率，而且会对组织的职务设置、部门划分、部门间的关系，以及组织结构的形式和总体特征有相当程度的影响。

（3）结构的改变。主要是指对组织结构中的权责体系、部门体系等进行的调整。

（4）社会心理因素的变化。充分利用组织中人的因素，是成功实现预定目标的重要保障。组织成员的动机、态度、行为等的改变，对于整个组织有重要的影响。

（5）组织职能的发展。现代组织必须兼顾公众和社会的利益，对公众和社会负责。这种组织职能的转变迫使组织作出相应的调整和变革。

（6）其他因素的影响。如领导者的领导作风、组织的价值观、组织的制度、组织的战略等的变化都会导致组织变革。

2. 组织变革的外在动力

引起组织变革的外在动力最主要的是环境因素，包括政治、经济、文化、技术、市场等方面的各种因素和压力，其中，推动组织变革的主要有以下三个方面：

（1）社会政治因素。国家的经济政策、发展战略目标、法律法规和科技创新等社会政治因素，这是最重要的因素，对于各类组织形成强大的变革推动力。

（2）技术发展因素。新技术的广泛应用对于组织管理产生广泛的影响，迫使企业领导人重新思考组织的构架和员工的胜任力要求，知识管理成为重点，推动组织变革。

（3）市场竞争因素。市场竞争日趋激烈，企业想要生存和发展必须快速学习，通过变革不断提高竞争能力。

任何组织都或多或少是个开放的系统，为适应新的环境条件要求，目前许多企业的管理者开始朝着弹性化或有机化的方向改组其组织。

（二）组织变革的步骤

组织变革是一个复杂、动态的过程，需要系统的理论指导。管理心理学对此提出了行之有效的理论模型，适用于不同类型的变革任务。其中最具影响力的是库尔特·勒温（Kurt Lewin）的变革模型。勒温在 1951 年提出了一个包含解冻、变革、再冻结三个步骤的有计划实现组织变革的模型，用以解释和指导如何发动、管理和稳定变革过程。如图 4-9 所示。

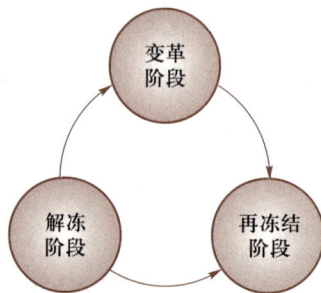

图 4-9 组织变革的三个步骤

1. 解冻阶段

这一阶段是实施变革的前奏，是变革前的心理准备阶段。此阶段的主要任务是发现组织变革的动力，营造危机感，塑造出改革乃是大势所趋的气氛。

无论是个体层面还是组织层面，组织的变革都不是一帆风顺的，总是存在或多或少的阻力。因此，组织必须通过积极的引导，激励员工更新观念，接受改革并参与其中。为了做到这一点，组织需要做好变革前的准备：一方面要采取措施克服变革阻力；另一方面具体描绘组织变革蓝图，明确组织变革的目标和方向，以形成待实施的比较完善的组织变革方案。

此外，应注意创造一种开放的氛围和心理上的安全感，减少变革的心理障碍，增强变革成功的信心。

2. 变革阶段

变革阶段也是行为转化阶段。这个阶段的主要任务是运用各种手段和策略，减少阻力，增加动力，实施变革，使组织成员形成新的态度和行为。

变革是一个学习的过程，需要给管理者和员工提供新信息、新行为模式和新视角，指明变革方向，实施变革，使其形成新的行为和态度。在这一步骤中，应该注意为新的工作态度和行为树立榜样，可采用角色示范、导师指导、专家演讲、群体培训等多种途径。

3. 再冻结阶段

这一阶段是变革后的行为强化阶段。缺乏这一阶段，变革的成果有可能退化消失。因此，需要采取措施保证新的行为方式和组织形态能够不断得到强化和巩固。

在再冻结阶段，要利用必要的强化手段使新的态度与行为固定下来，使组织变革处于稳定状态。为了确保组织变革的稳定性，需要注意使管理者和员工有机会尝试和检验新的态度与行为，并及时给予正面的强化；加强群体变革行为的稳定性，促使形成稳定、持久的群体行为规范。

（三）组织变革的阻力

任何变革都会给个人和组织带来不便和不确定性。组织变革必然会涉及企业的各个层面，引起组织内部个人和部门利益的重新分配。因此，会遇到来自组织各个方面的阻力。组织变革的阻力主要分为个体和群体方面、组织层次、文化和社会环境方面的阻力。

1. 个体和群体方面的阻力

个体对待组织变革的阻力，主要是由其固有的工作和行为习惯难以改变、就业安全需要、经济收入变化、对未知状态的恐惧以及对变革的认识存有偏差等引起的。群体对变革的阻力，可能来自群体规范的束缚、群体中原有的人际关系可能因变革而受到改变和破坏等。

2. 组织层次的阻力

现行组织结构的束缚、组织运行的惯性、变革对现有责权关系和资源分配格局所造成的破坏和威胁，以及追求稳定、安逸和确定性甚于革新和变化的保守型组织文化等，这些都是可能影响和制约组织变革的组织层次的因素。

3. 文化的阻力

组织文化一旦形成，无论优劣，都表现出一种阻抑文化自身发展的惰性。在相对稳定的环境中，企业的这种文化是它取得成功的主要因素。这种文化提供了一种不必改善或强化其正式的控制系统，就可以有效控制和协调员工的方式。然而，一旦面临突变，这种曾经成功的文化会迅速成为变革的主要障碍。

4. 社会环境的阻力

处于复杂的社会环境之中的企业，在进行变革时，必然受到外界社会环境的制约。其他组织、团体或个人从自身利益角度出发，也可能对企业的重大变革进行抵制，甚至利用各种手段阻止企业变革的进行。组织变革的各种阻力如图 4-10 所示。

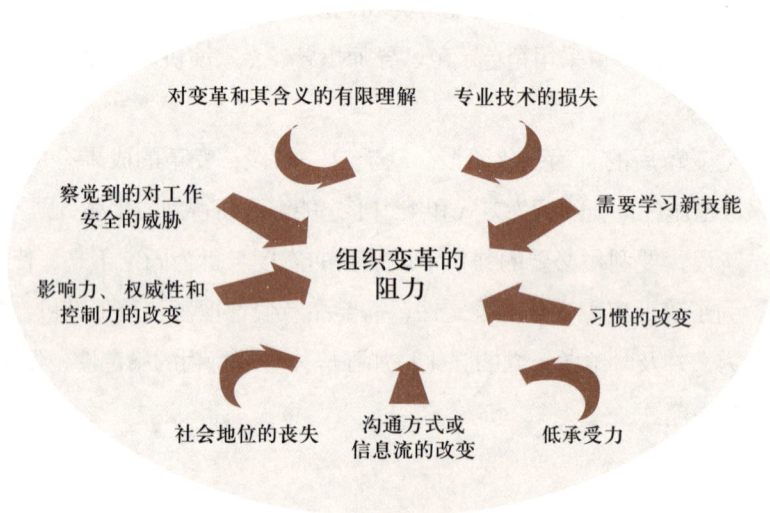

图 4-10　组织变革的各种阻力

二、组织文化

组织文化，也被称为企业文化、公司文化。组织文化理论起源于 20 世纪 70 年代中后期的日本。当时美国学界和企业界对日本经济崛起进行研究，组织文化作为一种理论被明确地提出来，并迅速受到世界管理界的重视。

有关组织文化的定义，不同学者提出多种不同的说法。概括地说，组织文化是组织在长期的生存和发展中所形成的为组织所特有的，且为组织多数成员所共同遵循的最高目标价值标准、基本信念和行为规范等的总和及其在组织中的反映。具体而言，组织文化是组织全体成员共同接受的价值观念、行为准则、团队意识、思维方式、工作作风、心理预期和团体归属感等群体意识的总称。

（一）组织文化结构

组织文化结构是组织文化各要素的地位及构成方式。对于组织文化的划分有多种观点，如不同学者将组织文化划分为三个层次、四个层次或五个层次等。较普遍的观点是三个层次说，即把组织文化划分为精神层、制度层和物质层。

1. 精神层

精神层即组织的精神文化，是组织文化结构的核心层。主要是指组织的领导和员工共同信守的基本理念、价值标准、职业道德及精神风貌。它是组织文化的核心和灵魂，是形成组织文化物质层和制度层的基础和原因。

精神层文化也称理念层文化，是组织经营管理的指导思想，是组织价值观的集中表现，可以说是企业的"魂"，如具有敬业精神、创新精神、团队合作精神的组织氛围，以人为本的价值理念、道德观念和管理哲学等。一个组织有没有精神文化，是衡量一个组织是否形成自己的组织文化的主要标志。

2. 制度层

制度层是组织文化的中间层次，主要是指对组织和成员的行为产生规范性、约束性影响的部分，是具有组织特色的各种规章制度、道德规范和员工行为准则的总和。它集中体现了组织文化的物质层和精神层对成员和组织行为的要求，如组织的奖惩制度、责任制度、教育培训制度、员工行为规范等。

制度层规定了组织成员在共同的生产经营活动中应当遵守的行为准则，主要包括组织领导体制、组织机构和组织管理制度三个方面。

3. 物质层

物质层是组织文化的表层部分，也是最直观、人们最易感知的部分。物质层是组织创造的物质文化，是形成组织文化精神层和制度层的条件。

物质层是组织文化在物质上的体现，是组织创造的看得见、摸得着的直观物质文化，反映出组织的大众传播形象，如组织标志、组织造型或建筑、产品特色、组织服装等。

组织文化的精神层、制度层、物质层共同形成一个完整的体系，三个层面的内容对组织的运营缺一不可。一般而言，组织文化建设的物质层相对容易解决，制度层的工作明显难度较大，而精神层的构造和改变则最为不易。组织文化的结构如图 4-11 所示。

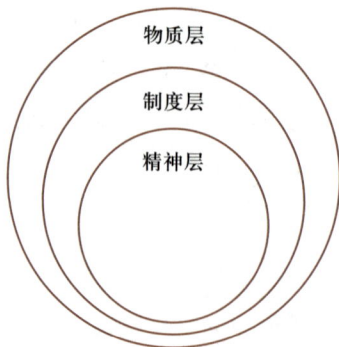

图 4-11 组织文化结构

管理故事

公司裁员下严明的选择

严明毕业后在一家知名企业工作，已经有十年的时间。在这十年里，严明一直表现出色，得到了公司领导和同事们的认可和赞扬。他对工作充满热情，尽职尽责，从不推卸责任。在公司的重要项目中，严明总是能够发挥自己的专业能力，为公司取得了不少成绩。

由于市场环境变化，竞争对手的实力增强等原因，公司的业绩出现了明显下滑，开始裁员。公司面临困难，也到了真正考验员工职业忠诚的时候。在这个关键时刻，严明的部门也受到了影响，他的同事们纷纷选择离开，寻找新的工作机会，而严明却选择了留下来，他坚定地表示，自己愿意和公司一起共渡难关。他相信只要大家团结一致，携手共进，一定会解决眼前的困难。

公司最终也渡过了难关。严明的忠诚精神得到了领导和同事们的高度赞扬。公司的领导意识到严明是一个非常可贵的员工，他们决定对严明进行重用和提拔，给予他更多的机会和发展空间。严明因此获得了更多的成长和发展，他的事业也因此蒸蒸日上。

每个组织都希望员工能始终如一地保持忠诚，持续为企业发展贡献自己的力量。从员工的角度，忠诚，不仅是一种品质，更是一种态度和选择。除了对公司的责任和担当，也是给自己创造在逆境中锻炼和成长的机会。

请思考：你认同严明的选择吗？为什么？

（二）组织文化的功能

组织文化的功能是指组织文化发生作用的能力，也就是组织文化在组织这一系统进行生产、经营、管理过程中发挥的导向作用。组织文化越来越受企业界的青睐，其最根本的原因在于它具有非常重要的功能。

值得注意的是，任何事物都有两面性，组织文化也不例外，它对于组织的功能可以分为正功能和负功能。组织文化的正功能在于提高组织诚信，影响组织成员，提高组织效能。同时，不能忽视的是其潜在的负效应，它对于组织是有害无益的，这也可以看作组织文化的负功能。

1. 组织文化的正功能

（1）导向功能。组织文化的导向功能，是指组织文化能对组织整体和组织每个成员的价值取向及行为取向起引导作用，使之符合组织所确定的目标。组织文化只是一种软性的理智约束，通过组织的共同价值观不断地向个人价值观渗透和内化，使组织自动生成一套自我调控机制，以一种适应性文化引导着组织的行为和活动。

（2）约束功能。组织文化的约束功能，是指组织文化对每个组织员工的思想、心理和行为具有约束和规范的作用。组织文化的约束不是制度式的硬约束，而是一种软约束，这种软约束等于组织中弥漫的组织文化氛围、群体行为准则和道德规范。

（3）凝聚功能。组织文化的凝聚功能，是指组织文化所塑造的共同价值观念被该组织员工共同认可之后，就会成为一种黏合剂，从各个方面把其成员团结起来，从而产生一种巨大的向心力和凝聚力。共同的价值观念形成了共同的目标和理想，成员把组织看成一个命运共同体，把本职工作看成实现共同目标的重要组成部分，整个组织步调一致，形成统一的整体。

（4）激励功能。共同的价值观念使每个组织成员都感到自己存在和行为的价值，自我价值的实现是人的最高精神需要的一种满足，这种满足必将形成强大的激励。它能够最大限度地激发员工的积极性和首创精神。组织文化强调以人为中心的管理方法，它对人的激励不是一种外在的推动，而是一种内在的引导；不是被动、消极地满足人们对实现自身价值的心理需求，而是通过组织文化的塑造，使每个组织员工从内心深处形成为组织拼搏的献身精神。

（5）辐射功能。组织文化的辐射功能，是指组织文化一旦形成较固定的模式，不仅会在组织内发挥作用，对本组织员工产生影响，而且会通过各种渠道对社会产生影响。组织文化的辐射作用表现为：① 软件辐射，即组织精神、组织价值观、组织氛围等的发散和辐射；② 硬件辐射，是指组织以产品为载体对外辐射；③ 主体辐射，即通过组织成员自觉或不自觉的言行所体现的组织价值观和组织精神，向社会传播企业文化。

（6）调适功能。调适就是调整和适应。企业各部门之间、员工之间，由于各种原因难免会产生一些矛盾，解决这些矛盾需要其各自进行自我调节；企业与环境、顾客、其他企业、国家、社会之间都会存在不协调、不适应之处，这也需要进行调整和适应。在进行组织变革的时候，组织文化也可以帮助组织成员尽快适应变革后的局面，减少因为变革带来的压力和不适应。

管理素养

思政微课：
你是否具备
了团队精神

"感觉良好"背后的奋斗、团结与自信

"飞船运行正常，我感觉良好，我为祖国感到骄傲"，这是我国首位航天员杨利伟安全着陆、自主出舱后的第一句话；"飞船工况正常，乘组感觉良好"，这是神舟九号准确完成入轨后，航天员景海鹏发回的报告……回顾我国载人航天历史就会发现，"感觉良好"是许多航天员都说过的一句话。这句话意味着什么？

"这是一种经过重大考验、突破重重困难，真情实感的自然流露"。航天员翟志刚曾对外解释这句话。从这个角度而言，"感觉良好"意味着克服困难、收获成功的喜悦。怎样才能达到"感觉良好"的状态？"感觉良好"又给人以怎样的启示？

很多人都知道，飞船返回地球时，人要承受自身重量数倍的压力，但可能很多人并不知道，在"超重耐力"训练中，航天员在高速旋转的离心机里，要承受40秒8个G的重力加速度，而常人只能承受3到4个G的重力加速度；执行飞天任务需要充足的准备，有的航天员准备了整整6年，各项实/试验的操作步骤、注意事项、故障处置都烂熟于心；没有日复一日的刻苦训练，就换不来身处太空时的那份从容；没有咬牙坚持的坚定意志，就书写不了叩问苍穹的精彩篇章。可以说，"感觉良好"的背后是奋斗。

一个人的奋斗，成就更好的自己；大家的共同努力，铸就集体的辉煌。航天员聂海胜曾表示，作为航天员，无论职务高低、年龄大小、主份备份，都需要始终坚守"天地一体、乘组一心"的信条。"天地一体"，就是乘组在天上执行任务，战友在地面轮流值班，为执行任务的战友加油鼓劲，提供技术和心理支持；"乘组一心"，就是乘组相互信任、保持默契，团结一心夺取任务胜利。正因为有工程全线科研人员的辛勤付出和全天候保障，有乘组的风雨同舟、共同担当，才使得航天员在整个飞行过程中都能够保持"感觉良好"。就此而言，"感觉良好"的背后是团结。

"感觉良好"不仅是指身体状态良好，更是指精神状态良好。5次飞行任务连战连捷，空间站建造取得阶段性成果，中国人首次入住自己的"太空家园"，精神怎会不振奋？有千军万马的支持保障，有千锤百炼的艰苦训练，还有千遍万遍的预判推演，以及来自前辈们在航天实践中所积累和分享的宝贵经验，心里怎会不踏实？"我们坚信，我们一定能在完成任务'落地'以后，让全国人民看到，我们归来之时依旧'感觉良好'……"航天员翟志刚、王亚平、叶光富的话语，道出的是

信心，是决心，是能力。在这个意义上，"感觉良好"的背后更是自信。

素养提升：向着第二个百年奋斗目标进军，全国上下都需要"感觉良好"背后的奋斗、团结、自信。无论是航天员的飞天任务，还是在各种平凡岗位工作的从业人员，只有持续奋斗，团结一心，坚定自信，才能克服各种困难险阻，圆满完成组织交代的任务，书写更加灿烂辉煌的时代篇章。

（资料来源：人民日报：航天员们"感觉良好"的背后是奋斗、团结、自信，引文有删减。）

2. 组织文化的负功能

尽管组织文化存在上述种种正功能，组织文化对组织也存在潜在的负面作用。

（1）变革的障碍。组织文化是由相对稳定和持久的因素构成的，这一事实往往导致文化的变革具有相当的阻力。一种文化需要很长一段时间才能形成，一旦形成，它常常成为牢固和不易更改的。强文化型组织之所以存在特别大的变革阻力，就是因为员工已经融入这种文化之中了。要是随着时间的推移，某种特定的文化变得对组织不适宜，它就成为管理当局的绊脚石。这样，组织有可能难以应付变化莫测的环境。当问题积累到一定的程度时，这种障碍甚至可能变成组织的致命打击。

（2）多样化的障碍。由于种族、性别、道德观等差异的存在，新聘员工与组织中大多数成员不一样，这就产生了矛盾。管理人员希望新成员能够接受组织的核心价值观，否则，这些新成员就难以适应或被组织接受。但是组织决策又需要成员思维和方案的多样化，一个强文化型组织要求成员和组织的价值观一致，这就必然导致决策的单调性，抹杀了多样化带来的优势。

（3）兼并和收购的障碍。以前，管理人员在进行兼并或收购决策时，所考虑的关键因素是融资优势或产品协同性。在现代企业中，除了考虑产品线的协同性和融资方面的因素外，更多的则要考虑文化方面的兼容性。如果两个组织文化无法成功地整合，那么组织将出现大量的冲突、矛盾乃至对抗。所以，在决定兼并和收购时，很多经理人往往会分析双方文化的兼容性。如果差异极大，为了降低风险则宁可放弃兼并和收购行动。

职场与管理

Google（谷歌）独特的企业文化

Google 内部，公司行为和文化在各个领域达到非常一致。在员工工作环境的随意自如、内部管理的人性和谐、价值观的正直守法等方面，Google 都给人们留下了非常深刻的印象。Google 内部的组织形态是一种非框架、非结构、非固定的状态，但是竟然实现了非常高的效率，实现了高度的稳定，不能不说是一个管理奇迹。

1. 办公环境的亲人化

Google 办公楼随处散落着健身设施、按摩椅、台球桌、帐篷等有趣的东西。整个办公空间采用了不同的色调搭配，明亮鲜活。这些都让人感到轻松自在。除此之外，每名新员工都将得到 100 美元，用于装饰办公室，可以在自己的办公室中"恣意妄为"。这才叫我的地盘我做主。好的办公环境就是要激发人的效能，只有让人感到舒适，才会产生更好的创意和想法。

2. 人员自由流动化

从创立之初，Google 就规定管理层不能限制员工在公司内部自由流动，员工可以自由到一个新的部门做自己喜欢的事情。"一个想法有人支持就可以去做"，正是这种宽松的政策和环境促使了 Gmail、谷歌地图等深受用户好评的产品的诞生。

3. 20% 时间私有化

Google 允许每位工程师拥有 20% 的自由支配时间。这也是谷歌深以为傲的地方，是公认的一个谷歌小秘诀。Google 的企业文化魅力是鼓励创新，即使每项工程都要有计划、有组织地实施，公司还是决定留给每位工程师 20% 的私有时间，让他们去做自己认为更重要的事情。许多好项目都源自这 20% 的时间。

4. 内部沟通扁平化

Google 公司人人平等，管理职位更多的是强调服务，工程师们受到更多尊敬。每个人距离总裁的级别可能不超过 3 级。每个人不仅可公平享受办公空间，更具备零距离接触高层反映意见的机会。每逢周五，Google 的两位创始人以及首席执行官都会与员工们共进午餐，以满足员工提出的种种"非分"要求。一般情况，两位创始人都会满足员工们的"过分"要求。

可见，企业充分尊重人性，结果自然是会吸引和留住更多人才，创造出顶尖的技术，持续通过优秀商业模式获得高价值收益。

请思考： Google 的组织文化有什么特点？

三、组织变革与组织文化

（一）组织变革与组织文化的关系

组织变革是任何一个组织不能回避的课题，但企业的组织变革常常回避组织文化的建设，成功的组织变革离不开组织文化的建设。组织变革与组织文化的关系体现在：

1. 先进的组织文化是组织变革的重要推动力

先进的组织文化是组织变革的重要推动力，使得变革成为组织的自觉行为。建设崇尚变革、善于学习的组织文化，组织成员就会乐于接受变革、主动进行变革，认可变革就是组织发展的一部分，变革就是组织和组织成员学习和提高的过程，只有不断地学习、不断地变革，组织和组织成员才能始终保持旺盛的活力，才能始终保持竞争的优势。

2. 落后的组织文化是组织变革的最大阻力

组织文化的形成是一个复杂和长期的过程。正如任何文化都有历史继承一样，组织文化一经固化形成后，也会因自己的历史延续性而持续不断地起着应有的作用，并随着组织成员的行为不断地强化，不会因为组织变革而立即消失。一旦实行变革，就意味着要改变员工业已形成的行为模式、放弃既有的观念和思维习惯，必然会受到组织成员的抵制，使变革遭遇极大的阻力。

可见，组织变革，文化先行。组织文化的特点是决定组织变革难易程度的关键。

（二）组织文化变革的条件

组织文化变革意味着引入与当下组织文化迥异的新鲜事物，即变革意味着文化的冲突。文化创新往往比文化维系更为艰难。当创新发生时，新的事物就会覆盖或取代旧的事物，而人们常常会对此变化采取抵抗行为。当然，他们这么做有他们的充分理由。所以，组织变革的关键在于文化变革。组织文化变革或文化创新要想取得成功，就一定要让员工信服变革带来的收获要比损失多。

什么样的"有利条件"可能促进组织文化的变革？经验表明文化变革最可能在具有如下全部或绝大部分条件的情境下发生：

1. 选择有利时机

选择在人们对现有文化的适应性产生怀疑的情况下进行变革，比如严重的财务亏损，流失一个重要的顾客，或竞争对手的一次重大的技术突破等，让员工感到变革确有必要，势在必行。

2. 领导职位易人

新的高层领导可能被认为对危机具有更强的反应能力，而新领导往往会给组织带来一种不同的价值观。经验证明，在成功的组织文化变革案例中，其变革推动者基本都是新上任者。

3. 组织新而小

新建立的组织，其文化的渗透力较弱，管理层也更容易传播它的新价值观。

4. 组织文化弱

一种组织文化愈是广泛渗透并在成员中形成对总价值观的高度认同，那么它就愈难得到改变。相反，较弱的组织文化比较强的文化具有更大的可改变性。

（三）实现组织文化变革的策略

组织变革是对原有文化的一种破坏性的建设。即使在最有利的条件下，管理当局常常要经历多年时间才能看到变化，很少能在短时间内改变它，并且不是单一或几项措施就能有成效的。组织文化的变革需要一个全面的、相互协调的战略。

1. 客观评估分析现有的组织文化

通过文化审核以评估现有的文化，将现有文化与预期文化做比较，进行差距评价，以确定哪些文化要素特别需要加以变革。

2. 及时利用大规模危机

大规模危机可作为解冻根深蒂固文化的一种手段。但危机并不是组织的所有成员总能注意到的。因此，管理当局有必要使人们更清楚地看到组织的危机，需要让组织的每个人都清楚，组织的生存正受到致命的威胁。要是员工们没有意识到变革的紧迫性，那就很难使一种强文化对变革的努力做出反应。

3. 任命新的高层管理人员

新的管理人员可能展现一种新的角色模式，并产生一套新的行为标准。因此，新管理人员需要尽快将新观念注入组织中，并及时调换关键管理职位的成员，使其忠于新观念。

4. 依借人员调整，发动组织重组

组织变革往往带来关键管理人员的调整。管理当局应伴随重大人员的调整，通过设立一些新的组织单元，或者将某些单元合并或取消这些显而易见的方式，向员工传递管理当局下决心将组织引入新方向的信息。

5. 选择、修改乃至创造适当的文化形式

新的领导也要尽快创造出新的故事典范，重塑新的文化制度，以此来取代原先使用的仪式，以便更好地向员工们传播组织的主体价值观，而这是需要即刻去做的。耽搁只会使新领导与现有文化为伍，从而关闭推行变革的大门。

此外，管理当局还要改变人员绩效考核与奖励制度，以便对采纳了新价值观的员工形成有力的支持。值得注意的是，组织成员并不会那么快就戒除原有价值观。管理者应当有足够的耐心，并保持充分的警惕性，防止一切返回到旧的、熟悉的实践和习惯上。

知识测试

【判断正误】

1. 组织结构设计的弹性原则就是要求部门机构的设置具有一定的弹性而对人员的职责与职位没有特别的要求。（　　　）

2. 任何组织，不论规模多大，都有非正式组织存在。（　　　）

3. 管理者的管理幅度大小没有统一的标准，它取决于若干要素。（　　　）

4. 事业部制是一种分级管理、分级核算、自负盈亏的组织结构形式。（　　　）

5. 组织文化具有强制渗透作用，因而会成为管理人员管理活动的限制因素。（　　　）

第四章交互式测验及参考答案

【单项选择】

1. 以下组织结构形式中，（　　　）最适用于组织部门间的横向协作和攻关项目。

　　A. 职能制结构　　　　　　　　B. 直线职能制结构

　　C. 事业部制结构　　　　　　　D. 矩阵制结构

2. 要先避免多头领导和多头指挥，就必须做好组织中（　　　）工作。

　　A. 计划　　　　　B. 组织　　　　　C. 领导　　　　　D. 控制

3. 某企业设总经理一人，副总经理二人，总工程师和总会计师各一人，下设十二个科室和三个生产车间，分别由副总经理、总工程师和总会计师直接负责。由此可以看出，该企业总经理的管理幅度为（　　　）。

　　A. 2人　　　　　B. 3人　　　　　C. 4人　　　　　D. 15人

4. 某企业在成立之时根据业务活动的相似性设立了生产、营销、财务等各个管理部门。近年来，随着企业的发展壮大，产品由原来的单一品种发展出三个大的品种，它们的制造工艺和用户特点有很大不同，因此各个部门的主管都感觉到管理上有诸多不便。在这种情况下，企业应当进行如下组织结构调整：（　　　）。

　　A. 按职能标准划分部门　　　　B. 按产品划分部门

　　C. 按地区划分部门　　　　　　D. 设立矩阵组织

5. 企业在变革过程中，已经动摇了人们已有的习惯和行为，让他们感觉到有必要进行变革。这个时候属于变革的（　　　）阶段。

　　A. 冻结　　　　　B. 行动　　　　　C. 融化　　　　　D. 解冻

6. 刚毕业的小林在一家公司任职，他工作中经常接到来自上级的两个有时甚至相互冲突的命令。以下说法中指出了导致这一现象的最本质原因的是（　　　）。

　　A. 该公司在组织设计上采取了职能型结构

　　B. 该公司在组织运作中出现了越级指挥问题

C. 该公司的组织层次设计过多

D. 该公司组织运行中有意或无意地违背了统一指挥原则

7. 一般地说，管理者所处的层次越高，其管理的幅度（　　　）。

A. 越小　　　　　B. 越大　　　　　C. 不确定　　　　D. 越小越好

8. 组织文化的各层次结构中，最直观、人们最易感知的部分是（　　　）。

A. 精神层　　　　B. 制度层　　　　C. 物质层　　　　D. 价值观层

9. 某组织设有一管理岗位，连续选任了几位干部，结果都由于难以胜任岗位要求而被中途免职。从管理的角度来看，出现这一情况的根本原因最可能是（　　　）。

A. 组织设计上没有考虑命令统一的原则

B. 管理部门选聘干部上没有找到合适的人选

C. 组织设计忽视了职位与能力要求的匹配情况

D. 组织设计没有考虑权责对等的原则

10. 敬业精神属于组织文化的（　　　）。

A. 表层　　　　　B. 精神层　　　　C. 物质层　　　　D. 制度层

【讨论与分析】

1. 正式组织和非正式组织分别有什么特点？你如何看待非正式组织？

2. 组织文化具有哪些功能？

3. 中小型组织需要变革吗？组织变革是否对不同规模大小组织都是可能或必需的？

管理工具

职务轮换：工作倦怠的早期预防

当前，组织岗位的分工越发精细化，职务专业化在促进工作高效和提高工作质量的同时，也带来了工作重复和倦怠的弊端，进而强化员工的离职倾向。职务轮换是避免职务专业化及其缺陷的一种早期较为有效的方法。职务轮换设计不但可以使员工的活动更加多样化，避免产生工作厌倦，同时也是一种企业培养人才的有效方式。很多成功的公司都在公司内部或跨国分公司之间建立了岗位轮换制度。

在实践中，有两种类型的职务轮换：纵向的职务轮换和横向的职务轮换。纵向的职务轮换指的是升职或降职。但一般谈及职务轮换，都意味着水平方向上的多样变化，也就是横向轮换。

横向的职务轮换可以有计划地实施，即制定培训规划，让员工在一个岗位上工作两三个月，然后再将其换到另一岗位，以此作为培训手段。例如，许多组织在实施开发管理人才培养所采用的管理培训生项目中，通常是在公司各个不同部门实习，了解整个公司运作流程后，再根据其个人专长安排其到可以胜任的部门、分公司做负责人。或者，当以前的职务不再具有挑战性时，可以让一个员工转到另一项活动；当工作进度安排需要这样做时也可以转换职务。换句话说，员工可以处于不断变换的状态中。这可能包括平行职位员工之间的轮换，通常也允许没有充分发挥潜力的员工去向经验丰富的员工学习。

职务轮换的好处是明显的。它拓宽了员工的工作领域，满足员工成长的核心需求。更广泛的工作体验也使得员工对组织中的其他活动有了更多的了解，从而使其担任更大责任的职务，尤其是为员工担任高层职务做好了更快、更好的准备。因为随着一个人在组织中职位的提高，他便需要全面了解错综复杂的、相互关联的活动。另外，一个人在取得有效地完成其任务所需的技能以后，通常容易产生的厌倦和单调感，也会随着职务轮换而得到减少，从而减少更多员工流失的可能。

当然，职务轮换也不是没有缺点的。将一个工人从先前的岗位转入一个新的岗位，这需要增加培训成本，还会导致生产效率下降。职务轮换可能使那些聪明而富有进取心的员工的积极性受到影响，因为这些人喜欢在他们所选定的专业中寻找更大的、更具体的责任。最后，有一些证据也表明，非自愿地对员工进行职务轮换，可能导致旷工和事故的增加。

【工具运用】请你通过资料搜集或人员访谈的形式，了解该企业职务轮换的关键岗位、实施效果、员工意见及相关管理问题，并提出优化建议。

管理实训

● 自我评估训练

表 4-2　你适合工作内容丰富的职务吗

A栏	1	2	3	4	5	6	7	B栏
1. 不具有或只有很少挑战性的职务		←→						使你与你工作伙伴们完全隔离的职务
2. 酬劳高的职务	1	2	3	4	5	6	7	有相当多的创造和创新机会的职务
3. 经常需要你作出决策的职务	1	2	3	4	5	6	7	有许多合得来的人一起共事的职务

续表

A栏	1	2	3	4	5	6	7	B栏
4. 在一个不稳定的组织中很少提供工作保障的职务	1	2	3	4	5	6	7	很少有机会参与你工作有关的决策的职务
5. 工作表现优秀的人获得更大职权的职务	1	2	3	4	5	6	7	忠于组织的资深员工获得更大责权的职务
6. 有一个常爱挑剔的主管的职务	1	2	3	4	5	6	7	不要求你使用多少才能的职务
7. 高度常规化的职务	1	2	3	4	5	6	7	你的同事们并不很友善的职务
8. 有一个尊重你、善待你的主管的职务	1	2	3	4	5	6	7	不断提供机会让你学习新的、有兴趣的东西的职务
9. 给你充分机会发展自己的个性的职务	1	2	3	4	5	6	7	提供许多假期和小额福利的职务
10. 你很有可能被暂时解雇的职务	1	2	3	4	5	6	7	很少有从事挑战性工作机会的职务
11. 很少有自主权和独立性去按你所想的方式做事的职务	1	2	3	4	5	6	7	工作条件极差的职务
12. 提供非常令人满意的团队活动的职务	1	2	3	4	5	6	7	能充分发挥你的技术和能力的职务
	最喜欢A		中等			最喜欢B		

提示：人们喜欢或不喜欢什么样的职务是不一样的。表4-2中列示了12对职务，请在每一对职务中标明你喜欢哪一类。这里假定该项职务有关其他方面都相同——以使你专心致志地考虑所列示的每对职务的具体特征。如果你喜欢左栏（A栏）的职务，请在中间左边的空格处标明你喜欢的程度。反之，要是你喜欢右栏（B栏）的职务，就在中间右边的空白处作一选择。

● 项目实训

项目内容：中小企业组织设计及文化建设调查。

实训目的：

1. 强化学生对组织结构的理解；

2. 提高学生对组织结构进行分析的能力；

3. 培养学生对企业文化、制度规范、企业氛围、文化建设等相关企业环境的感知和认识，提高对企业实际管理情况的了解，为开展职业规划奠定基础。

实训内容： 分析企业组织结构。

要求：

1. 自主选择一家或数家中小企业，对该企业的组织设计情况及其制度规范、企业氛围、文化建设等进行调查，运用所学知识进行分析、诊断；

2. 主要收集信息包括：企业组织机构设置、企业主要的制度规则、组织文化特色、主要职位的职务说明书、部门的职责和权限及职权关系、企业结构、职权关系及制度存在的问题、员工对组织文化的看法等；

3. 适当可联系在职职工进行访谈和沟通；

4. 根据所观察的现状，结合调查的资料分析该企业存在的问题，并提出改进建议。

成果及评价：

1. 每人写出一份企业组织管理及企业文化建设情况的调查分析报告；

2. 教师对每位同学的报告评定成绩，对有代表性的报告进行点评。

● 实战实训

老张是一个木匠，他擅长装修厨房，由于他的客户越来越多，自己忙不过来，因此他决定招助手。于是他招收了 A 做秘书，还有木工 B 和管道工 C。几个月以来，老张的"企业"经营得很好。

随着时间的推移，老张业务不断增加，需要更多工匠来帮忙，老张又雇用了两个木工，并且任命 B 为生产监工。老张的企业规模也在不断扩充，他又雇用了一个清洁工、一个勤杂工和一个保安。秘书 A 提出在行政管理上需要助手，于是他又招收了一名打字员，打字员和清洁工归秘书 A 监督管理。组织结构图随企业一起扩大了。

企业的业务和规模进一步扩张，老张感到需要有人专门做销售、采购和库存管理。于是他成立了销售部门和库存采购部门，并招聘了几名销售代表、采购和库存管理人员。同时，他任命秘书 A 为办公室主任，主管行政管理工作，并同意雇用一个接待员。

问题： 老张的组织结构经历了多少次变革？

☞结合组织结构图的原理和类型，请你分别为每一次老张的组织变革绘制相应的组织结构图。

第五章
领导

★ **素养目标**

- ⊙ 学会与人和谐相处，培养以人为本、宽容友善的领导者情操
- ⊙ 培育并践行新时代符合社会主义核心价值观的领导力

★ **知识目标**

- ⊙ 理解领导的内涵与作用
- ⊙ 掌握领导者影响力的构成要素
- ⊙ 了解领导特质理论、领导行为理论和领导权变理论的主要内容
- ⊙ 掌握不同领导理论的适用范围并加以分析评定

★ **技能目标**

- ⊙ 能够有意识地在班级、社团活动等方面提高自己的影响力
- ⊙ 能够运用领导理论去发现、分析组织中存在的管理问题

思维导图

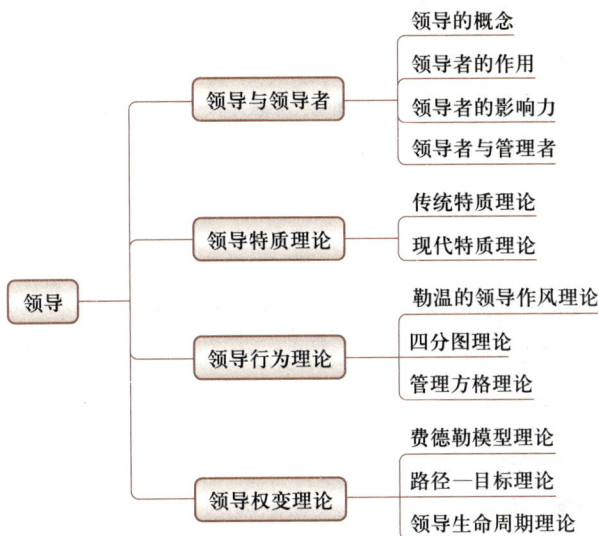

数字化时代下领导者的新角色

2023 年 12 月 9-10 日，由《中国企业家》杂志社主办的"第二十一届中国企业领袖年会"在北京举行。年会以"数字时代的领导力"为主题，共同分享、探讨了数字化时代下领导者需要具备哪些能力和素质，才能推动组织创新、跨界协同与生态伙伴共同应对变化和挑战。

科技的飞速发展和数字化的时代背景给组织带来前所未有的变化和挑战。这种变化无处不在，影响着企业运作模式、沟通方式、人才管理等方方面面，也对企业领导者的角色提出更多的要求。如何适应数字经济时代的要求，有效胜任当代领导者这一角色？下面列举数字经济时代领导者必须要掌握的几项技能与素养。

一、数据驱动的决策力

数字经济时代产生了海量的数据，数据成为企业运营和决策的关键驱动力。领导者需要具备数据分析和解读的能力，善于提取有价值的信息，以便基于数据做出明智的决策。数据驱动的决策可以帮助领导者更好地了解市场趋势、顾客需求和组织绩效，从而做出准确的战略调整和判断。

如 D 公司是一家全球 500 强跨国公司，公司的决策基本基于数据的变化。D 公司把数字化工作作为岗位标准操作程序（Standard Operation Procedure，SOP）的一部分，要求中国区管理层必须密切关注每天的业务数据，每天将各区域数据实时传递到全球总部，总部管理层就更新数据进行进一步的分析改进。

二、跨界合作能力

数字化时代，不同领域之间的边界变得模糊，组织需要实现跨界合作和创新。领导者需要具备跨界合作的能力，与不同领域、不同部门或组织之间建立合作伙伴关系，搭建平台，推动资源的共享，鼓励多领域的合作，从而实现更大范围的创新和协同。

如2023年贵州茅台与瑞幸咖啡合作推出的联名咖啡"酱香拿铁"，一经推出，瞬间在微信等社交媒体刷屏，成为广大消费者关注的焦点。"酱香拿铁"不仅为消费者带来新奇的味觉体验，更在品牌营销上取得了卓越成绩，成为2023年最为引人瞩目的跨界合作案例之一。

三、变革创新能力

在数字经济时代，变革是常态，领导者需要成为变革的驱动者。他们需要敏锐地洞察变革的趋势，及时调整战略和业务模式，引领企业适应变化。领导者需要在变革中保持稳定的领导力，鼓励团队适应变化，实现企业的持续发展。

小米在上市后半年内，就进行了4场组织架构、业务结构的改组变革。小米还表示，"未来2年内，小米肯定还会陆续进行一系列调整和优化。你想，哪有一劳永逸、一步到位的组织调整。这是个渐进的过程，也是需要在各个组织维度上都要全面进行的工作"。

不是所有的决策都注定会成功，领导者还应该有敢于试错的勇气，在工作中不被传统思维模式和惯性做法所束缚，持续保持主动学习的动力，积极拥抱时代的变化。

请思考：除以上观点外，你认为数字经济时代对当代领导者还应提出哪些能力素质方面的要求？

第一节　领导与领导者

一、领导的概念

领导是管理过程中的基本职能之一。通常来说"领导"一词有两种含义：一种是动词属性的"领导"，即领导行为，是把领导作为一项管理工作、管理职能。它指的是管理者通过行使所拥有的权力，引导、影响和激励组织成员为实现既定目标而努力的过程。另一种是名词属性的"领导"，即领导者的简称，而领导者是指担负领导责任、负责实施管理过程的人。本章节主要以"领导行为"展开论述。

关于领导的含义国内外的管理学家有不同的表述和看法。有人认为，领导是一门促使下级以高度的热心和信心来完成他们任务的艺术；有人认为，领导是一项程序，它使人们在选择目标和达成目标的过程中受指挥者的导向和影响；还有人认为，领导是一种说服他人热心追求目标的能力等。

专业微课：
领导与领导者

综合上述看法，本书认为，领导的本质是一种影响力，即对一个组织为确立目标和实现目标所进行的活动施加影响的过程。一般而言，领导概念包括以下三个要素：

（1）领导一定得有领导者与被领导者，否则就不能构成领导行为。领导者与被领导者共同构成了领导活动的主体，二者缺一不可。

（2）领导本身是一个活动过程，这个过程是由领导者、被领导者和所处环境之间相互作用构成的。

（3）领导的目的是指引和影响个体、群体或组织完成所期望的目标。

简单地说，领导就是指引和影响个体、群体或组织来完成所期望目标的各种活动过程。领导的含义可用一个数学函数公式表示：

$$领导 = f（领导者，被领导者，环境）$$

即领导是领导者、被领导者和环境三者相互作用的函数。

领导的三要素相辅相成，交互影响，只有协调好三者的关系，才能达到有效而深入的管理。

管理故事

刘备的"无能"之能

刘备出身贫寒，势单力薄，却能在强手如云的三国时代争得一席之地，这与他的人格魅力有很大的关系。

刘备善用精神力量凝聚人心，在不具备天时、地利的条件下，以"人和"为核心竞争力，以"义"聚得关羽、张飞、赵云等名将；以诚感人，三顾茅庐，请出诸葛亮辅佐，并以兴复汉室天下为共同目标，发挥团体的力量，终于得三分天下有其一。

人类每个个体的力量也都是有限的，不管伟人还是平常百姓。人要想用有限的能力创造惊世伟业，必须善用众人的智慧和力量。

请思考：刘备为何能获得这些能人志士的追随？领导是否需要处处比下属能干？

二、领导者的作用

在组织中，致力于实现领导过程的人就是领导者。领导者在组织中处于核心地位，成为领导活动中最基本的领导要素，在带领和指导群体实现共同目标而努力的过程中起着关键作用。

（一）指挥作用

在组织管理中，领导的首要作用就是指挥与引导。无论是职能式的结构管理，还是流程化的过程与活动管理，负有领导责任的领导者首先需要头脑清晰、胸怀全局，能高瞻远瞩、运筹帷幄，来帮助员工认清所处的环境和形势，指明活动的目标和达到目标的途径。这就意味着领导者需要制定具体的政策，指明活动的方向，实现行动导向和行为约束，即发挥其指挥作用。

（二）协调作用

组织是通过分工和协作来实现组织目标的。要想使组织运转高效、和谐一致，还依赖组织人员的协调、配合。一般而言，在许多人协同工作的集体活动中，即使有了明确的目标，但因组织中每个成员的岗位背景、理解能力、工作态度、进取精神、工作作风及气质性格等不同，加上外部各种因素的干扰，人们在思想认识上发生各种分歧、行动上出现偏离目标的现象是不可避免的。因此就需要组织的领导者来及时协调组织内外成员之间的关系和活动，使组织成员之间保持和谐的关系，以便更好地实现组织目标。

（三）激励作用

激励是领导工作的重要方面。组织是由具有不同需求和欲望的个人组成的，因而组织成员的个人目标与组织目标不可能完全一致。领导者的责任就是将组织目标与满足个人需要统一起来，创造一种组织环境使员工加强对组织目标的认同感，从而提高员工的积极性。作为组织的领导者，要根据每个员工的具体情况，采用适当的激励方式，使员工始终保持旺盛的工作热情，最大限度地调动他们的工作积极性，努力实现组织目标。

三、领导者的影响力

领导的本质就是影响力。领导的影响力，是指领导者有效地影响和改变被领导者的心理和行为的能力。领导的过程就是通过人与人之间的相互作用的关系和过程，使下属义无反顾地追随领导者前进，并把自己的全部力量奉献给组织，使得组织目标有效实现。依据构成领导影响力的要素不同，将影响力分为权力性影响力和非权力性影响力。

（一）权力性影响力

权力性影响力是由组织的正式权力和权威所决定的，带有法定性、强制性和不可抗拒性，是以外推力形式发生作用的。在其作用下，被影响者的心理和行为主要表现为被动、服从，因此它对人的心理和行为的激励是有限的。权力包括法定的权力、强制的权力和奖励的权力三个方面。

法定的权力是个人在组织中的职位所赋予的影响力。被任命为某一职位的领导者，就顺理成章获得了相应的法定权力和权威地位。在授予的法定权力范围内，领导者有权给下级下达命令和任务，下属必须服从，如总经理拥有最终的人事任免权等。

强制的权力是通过威胁或惩罚迫使人们服从的权力。它主要体现为由领导者职位权力而产生的权威，它往往表现出对下属的要求、命令的强迫性和不可抗拒性。

奖励的权力是指领导者对于能圆满完成工作任务、遵守组织规则、自己比较赏识的下属具有奖励的权力，如表扬、认同、称赞、给予尊重和重要的工作职务等精神奖励，或加薪、提拔、增加报酬等物质奖励，以提高组织成员的积极性。

权力性影响力主要由以下三个因素构成：

1. 传统观念因素

几千年来的社会传统使人们认为领导者不同于普通人这种观念逐步成为某种形式的社会规范，产生了对领导者的敬畏感和服从感，影响着每个人的思想，从而使领导者的言行增加了影响力。这种由传统观念所产生的影响力存在于领导者的言行之间，是传统附加给领导者的力量。

2. 职位因素

领导者在组织中的职位会使被领导者产生敬畏感。领导者职位越高，权力越大，被领导者对他的敬畏感也越强，他的影响力也越大。

3. 资历因素

资历是指一个人的资格和经历，反映了领导者的个人生活阅历和经验。人们往往对资历较深、阅历和经验丰富的领导者比较敬重，自愿追随。

由传统观念因素、职位因素、资历因素所构成的影响力，是通过正式渠道发挥作用的，它对下级的影响带有强制性和不可抗性。其中职位因素是首要因素，一旦失去职位，权力性影响力便随之消失。

（二）非权力性影响力

非权力性影响力是与权力性影响力相对应的，是与组织的职位无关的权力。它是靠领导者自身的威信和以身作则的行为来影响他人的。非权力性影响力产生的基础比权力性影响力产生的基础广泛得多。

非权力性影响力包括专家权力、参照权力等。

专家权力是指领导者由于具有某些适合本组织任务需要的专业知识、特殊技能、管理创新能力等，赢得同事、下级的尊重和服从的影响力。如医院里医术精湛的医生、大学里知识渊博的学者、实验室里解决"卡脖子"问题的科学家、企业里拥有某种专长的工程师、研发专家等，只要在某个领域里拥有某种专长，都有一定的专家影响力。

参照权力主要来自个人魅力，建立在下级对领导者信任与认可的基础上。领导者具有良好的品德、作风、能力、人格、声誉等，受到下级的敬佩和赞誉，并愿意模仿、拥护和跟从。拥有个人影响力的领导者，能够较大程度地激发员工的工作热情和忠诚。

非权力性影响力主要由以下几个因素构成：

1. 品格因素

优秀的品格会给领导者带来巨大的感召力、动员力和说服力，使人产生敬爱感，而且能吸引人、引导人，如无私工作、开拓进取、公正清廉、关心爱护下属等品质，自然吸引大量追随者。

2. 能力因素

如果领导者能力强，对被领导者来讲自然而然就形成一种影响力，使他们产生敬佩和仰慕心理，便于领导者带领他们完成组织任务。

3. 知识因素

知识是能力的基础。只有具备广博的知识和合理的知识结构，才能提高自己观察与分析事物、判断是非的能力，从而确保决策的正确性，更好地协调组织成员的关系，才能获得被领导者的信赖和佩服。

4. 情感因素

领导者对被领导者工作和生活体恤关怀，做到尊重人、理解人、关心人，使被领导者产生亲切感和敬重感，从而增加领导者对被领导者施加影响的能力。

一个成功的领导者，既要能够正确运用权力性影响力，又要重视增强和充分发挥非权力性影响力的作用，提高领导效能。

榜样的力量

亚科卡就任美国克莱斯勒公司经理时，公司正处于一盘散沙状态。他认为经营管理人员的全部职责就是动员员工来振兴公司。在公司最困难的日子里，亚科卡主动把自己的年薪由 100 万美元降到 1 000 美元。这 100 万美元与 1 000 美元的差距，使亚科卡超乎寻常的牺牲精神在员工面前闪闪发光。榜样的力量是无穷的，很多员工因此感动得流泪，也都像亚科卡一样，不计报酬，团结一致，自觉为公司勤奋工作。不到半年，克莱斯勒公司就发展成了拥有亿万美元资产的跨国公司。

一个公司处在困境中，老板要挺住，下属也要挺住，只有这样，公司才能走出困境。如果老板自己就先乱了阵脚，手足无措，可想而知，你的下属能不打退堂鼓吗？

行为有时比语言更重要。领导的力量，很多时候往往不是由语言，而是由行为动作体现出来的。聪明的领导者尤其如此。

请思考：亚科卡运用了领导哪方面的影响力？

四、领导者与管理者

在现实生活中，很多人都会认为，领导 = 管理，似乎管理者就是领导者，领导过程就是管理过程，然而实际上管理者和领导者是两个不同的概念，二者既有联系，又有区别。

（一）领导者与管理者的联系

领导者和管理者都是在组织中拥有权力的个体，在组织中处在举足轻重的位置，他们工作的最终目标都是实现组织发展，他们的工作对组织的发展产生重大影响，二者之间没有根本的利益冲突，只有二者亲密合作，才能使组织更好地发展，理想情况下，管理者应该同时就是领导者。

（二）领导者和管理者的区别

一个人可能是领导者但不是管理者。领导者既可以是任命的，也可能是在非正式组织中产生或由非正式组织成员公认的。其对组织成员的影响可能建立在合法的、有报酬的和强制性的权力基础上，也可能建立在个人影响力和专长权以及模仿作用的基础上。

管理者的职权是通过组织的正式任命获得的，其对下属命令行为是建立在合法的、有报酬的和强制性权力基础上的。领导者与管理者的区别具体表现在：

1. 职能工作

领导者需要从宏观上把握组织的发展方向，为组织制定长期规划。领导者要解决的是本组织发展中的根本性问题，同时还要对组织的未来进行一定程度的预见。总的来说，其工作要具有概括性、创新性、前瞻性。

管理者则需要在已有规划指导下做好细部工作，为组织日常工作做出贡献。管理者要研究的不是变革，而是如何维持目前良好状态并使之稳定保持。总体来说，其工作具有具体性、重复性、现实性。

2. 权力基础

在组织活动中，领导者主要运用其非权力性影响力，通过个人魅力影响其下属，使下属自愿追随，带领下属共同实现组织目标。

而管理者更倾向于运用组织上赋予的权力去做事，管理者用权力树立威严，通过职责强化、流程管控、资源配置，使下属按其指示去做事。

3. 工作行为

虽然两者都对效率和效益有追求，但手段不同。领导者关注的重点是人，倾向于运用激励，调动组织成员积极性来达成目的。管理者关注生产，倾向于运用控制，按照给定条件和预定目标，对下属施加主动影响。

领导者与管理者的区别如表 5-1 所示。

表 5-1 领导者与管理者的区别

职能	领导者	管理者
对象	以人为主	以事为主
决策	宏观、重大、非规范性的决策	微观、普通、规范性的决策
计划	审定	制定、落实
组织	机构设置与调整，负责人聘用	各种资源的具体配置
指挥	总体任务布置，工作指导	分配具体任务、下达指令
控制	以事前控制、事后控制为主	以事中（过程）控制为主

续表

职能	领导者	管理者
协调	以人事和人际关系的协调为主	以事务性的协调为主
激励	对经理人员的激励为主	对普通员工的激励为主

职场与管理

领导者与管理者

一位真正的领导者必须同时是两种截然不同的大师：他是思想大师，善于进行高度抽象的逻辑思维，又是行动大师，善于处理最精细的实际事务。

张瑞敏说，海尔要想实现国际化的远大目标，就必须"用牢固的基础管理保证战略管理的实施"。这句话的含义可以这样来理解：海尔在向世界一流公司迈进的过程中，既需要精细的管理，又需要强有力的领导。

多年来，在海尔不断进行的企业变革中，张瑞敏就扮演着上述领导的角色。他从不事必躬亲，从不亲自抓生产、抓建设、抓销售；他抓管理工作从不抓具体管理，而只做一件事，那就是抓管理之魂：管理体制和管理文化的建构与拓展。他不是一个管家，而是一个洞察现实与预测未来的战略策划者，是一个具有哲学家素养的设计者。

张瑞敏的工作是勾勒公司远景、拟订公司的新策略，各部门经理则是有效的策略执行者。海尔集团的事业发展中，从无到有的责任属于张瑞敏，而把既有的做大，从有到更有则属于各部门经理的工作。

请思考：

1. 从上述案例中归纳出领导者和管理者的区别。

2. 张瑞敏作为一个领导者，为什么是成功的？

资料来源：蒋永忠. 管理学基础. 2 版. 北京：清华大学出版社，2012.

第二节 领导特质理论

自 20 世纪 40 年代以来，西方组织行为学家、心理学家从不同角度对领导问题进行了大量研究。主要以影响领导有效性的因素以及如何提高领导的有效性为研究重点，以期解决怎样有效领导的问题。这些领导理论的研究成果可分为三个方面，即领导特质理论、领导行为理论和领导权变理论。

领导特质理论是一种较早对领导现象进行体系化研究的理论。该理论以领导者为中心，探讨领导者不同于其他人的特质，主要研究领导者的个性，以期预测什么样的人适合做领导。根据对领导特性来源所做的不同解释，可分为传统特质理论和现代特质理论。

一、传统特质理论

传统特质理论认为，领导者的品质是生来就有的，且领导者只有具备这些特质才能成为有效的领导者，不具备领导特质的人就不能当领导。它强调领导者自身具有的一定数量的、独特的并且能与他人区别开来的品质与特质对领导有效性的影响。但是经过几十年的研究与实践，人们发现传统特质理论存在许多自相矛盾之处。在分析领导者和被领导者、成功领导者和不成功领导者的差别时发现，他们之间并没有质的差别，而在工作中，许多具备领导特质的人实际上也并不在领导的岗位上。因此，这种遗传决定论的观点带有片面性，也忽视了被领导者及其他情境因素对领导有效性的影响。

二、现代特质理论

现代特质理论认为：领导者的特性和品质并非全是与生俱来的，而可以在领导实践中形成，也可以通过训练和培养的方式予以造就。主张现代特质理论的学者提出了不少富有见地的观点。本节选择几个有代表性观点加以介绍。

（一）十项条件论

美国普林斯顿大学教授威廉·杰克·鲍莫尔（William Jack Baumol）从满足实际工作需要和胜任领导工作的要求出发，提出了企业领导者应具备的十项条件：

① 合作精神；② 决策能力；③ 组织能力；④ 精于授权；⑤ 善于应变；⑥ 勇于负责；⑦ 勇于求新；⑧ 敢担风险；⑨ 尊重他人；⑩ 品德超人。

（二）20 种品质和能力

在 20 世纪 70 年代，美国管理协会对在事业上取得成功的 1 812 名领导者进行了调查研究，发现成功领导者一般具有以下 20 种品质和能力：① 工作效率高；② 有主动进取精神；③ 善于分析问题；④ 有概括能力；⑤ 有很强的判断能力；⑥ 有自信心；⑦ 能帮助别人提高工作的能力；⑧ 能以自己的行为影响别人；⑨ 善于用权；⑩ 善于调动他人的积极性；⑪ 善于利用谈心做工作；⑫ 热情关心别人；⑬ 能使别人积极而乐观地工作；⑭ 能实行集体领导；⑮ 能自我克制；⑯ 能自主做出决策；⑰ 能客观地听取各方面的意见；⑱ 对自己有正确评价，能以他人之长补自己之短；⑲ 勤俭；⑳ 具有管理领域的专业技能和管理知识。

管理故事

子 贱 放 权

　　孔子的学生子贱有一次奉命担任某地方的官吏。他到任以后，却时常弹琴自娱，不管政事，但是他所管辖的地方却治理得井井有条，民兴业旺。这使那位卸任的官吏百思不得其解，因为他每一天即使起早摸黑，从早忙到晚，也没有把地方治理好。于是他请教子贱："为什么你能治理得这么好？"子贱回答说："你只靠自己的力量去进行，所以十分辛苦，而我是借助别人的力量来完成任务。"

　　有些现代企业中的领导人，喜欢把一切事揽在身上，事必躬亲，管这管那，从来不放心把一件事交给手下人去做，这样，使得他整天忙忙碌碌不说，还会被公司的大小事务搞得焦头烂额。

　　其实，一个聪明的领导人，应该正确地利用部属的力量，发挥团队协作精神。这样不仅能使团队很快成熟起来，同时，也能减轻领导者的负担。

　　在公司的管理方面，要相信少就是多的道理：你抓得少些，反而收获就多了。

　　请思考：子贱的领导方式体现了领导者怎样的行为特点？

（三）区分领导者和非领导者的六项特质

美国著名的管理学家斯蒂芬·P.罗宾斯提出了六项关于区分领导者和非领导者的特质，如表5-2所示。

表5-2　区分领导者和非领导者的六项特质

特质	具体表现
进取心	领导者表现出高努力水平，拥有较高的成就渴望；他们进取心强，精力充沛，对自己所从事的活动坚持不懈，并有高度的主动精神
领导愿望	领导者有强烈的愿望去影响和领导别人，表现为乐于承担责任
诚实与正直	领导者通过真诚与无欺以及言行高度一致而与下属之间建立相互信赖的关系

续表

特质	具体表现
自信	为了使下属相信他的目标和决策的正确性，必须表现出高度的自信
智慧	领导者需要具备足够的智慧来收集、整理和解释大量的信息，并能够确立目标、解决问题和作出正确的决策
工作相关知识	有效的领导者对于公司、行业和技术事项拥有广博的知识，能够使他们作出富有远见的决策，并能理解这种决策的意义

　　领导特质理论通过呈现领导者具备某些特殊的能力和素质以区别于非领导者，由此解释领导行为的有效性，有一定的代表性。毕竟成功领导者的身上可能存在某些共同的特质，比如有一定的才干、自信心和进取精神，重视人才等，但每个领导者在上述特性方面，发展不可能完全均衡，往往形成了领导者各自的个性和领导风格。

　　随着管理实践的丰富和领导理论的研究发展，人们发现，领导特质理论单纯从领导的特质来解释领导者的行为有效与否具有片面性。一方面忽视下属的需要，除了领导者本身，被领导者即下属的特质也是不容忽视的；另一方面忽视了情境因素，不同领导情景下的领导素质要求也许是不同的。具备恰当的特质只能使个体更有可能成为有效的领导者，但他还必须采取正确的领导行为，然而在一定的领导环境中正确的领导行为，在另一环境下却未必正确。

职场与管理

天生的领导者

　　老章是一位车间主任，一天，当他从办公室向外观望时不由得赞叹："费方真是一个天生的领导者。"

　　费方是某铸件公司运输部门木工间的管理员。他身高1.8米，体重90千克，嗓音洪亮。他那高大的身躯、坚定而又刚毅的黑眼睛，和他随和的脾气简直无法相称。他很少与人发生冲突，对待下属很有耐心，且富有同情心。他和6位组员负责制造装运铸件的木箱，销售部门每天都要运送出厂。这种工作虽然技术性不强，但木工间却是该厂的一个重要部门。

　　在费方就任之前，木工间是个老大难部门，经常耽误运输，有时甚至达数日之久，即使调换工人也无济于事，似乎该部门的木工家庭问题也特别多。

　　费方就任后，情况立刻发生了变化，数天之内工作大为改观，耽误运输的事不再发生了。木工们也都很高兴。

有一天费方正在计划次日所需的木箱，他想："我得和其他人一样努力工作，只能多干不能少干。在和新来的副手朱建强一起巡视车间前，我还得问问他家新生婴儿的情况，昨天他是在干完了本职工作后请假提前回家的。"

　　请思考：1. 费方是一个天生的领导者吗？请解释。

　　　　　　2. 你认为木工间为什么能成功？请说明理由。

第三节　领导行为理论

从 20 世纪 40 年代开始，许多研究者寄希望于通过研究领导者所表现的行为，来解释领导的有效性问题，因而被称为领导行为理论。领导行为理论主要研究领导者应该做什么和怎样做才能使工作更有效，并认为有效的领导行为与无效的领导行为有很大的区别，有效的领导行为在任何环境下都是有效的。

在这些研究成果当中，比较有代表性的研究有勒温的领导作风理论、俄亥俄州立大学的四分图理论及布莱克和莫顿的管理方格理论。

一、领导作风理论

库尔特·勒温是美国著名心理学家。勒温及其同事们从 20 世纪 30 年代起就进行关于团队气氛和领导风格的研究。他们研究发现，团队的领导并不是以同样的方式表现他们的领导角色，领导者们通常使用不同的领导风格，而不同的领导风格对团队成员的工作绩效和满意度有不同的影响。他们把领导者在领导过程中所表现出来的极端的工作作风分为三种类型，即专制型领导作风、民主型领导作风和放任型领导作风。

1. 专制型领导作风

这种类型的领导者只关心工作任务和工作效率，领导者个人决定一切，布置下属执行。他要求下属绝对服从，无权参与，决策是自己一个人的事情。领导者权威主要靠行政命令、纪律约束等手段来维护，团队中缺乏创新与合作精神。

2. 民主型领导作风

民主型领导者讲求民主，善于营造一种民主与平等的工作氛围，在采取行动方案或做出决策前会主动听取下级意见，下属有较大的自主权。领导者的权威主要靠个人的权力和威信树立，成员自己决定工作的方式和进度，工作效率比较高。

3. 放任型领导作风

放任型领导者的主要特点是极少运用自己的权力影响下属，对工作成员的需要都不重视，下属有高度的自主权，领导者置身于团队工作之外，只起到一种被动服务的作用；在决策制定方面，主要由下属和群体决定，领导者不参与，是一种无政府主义的领导方式。

勒温等人试图通过实验决定哪种领导风格是最有效的领导风格。实验结果表明：放任型领导工作效率最低，所领导的群体没有达到工作目标，产品数量和质量都很差，但人们心情舒畅，组织成员之间的关系融洽；民主型领导工作效率最高，组织成员关系融洽，工作积极主动，有创造性；专制型领导的工作效率较高，但组织气氛压抑，组织成员之间的关系紧张，士气低落，缺乏主动性。

勒温能够注意到领导者的风格对组织氛围和工作绩效的影响，区分出领导者的不同风格和特性并以实验的方式加以验证，这对实际管理工作有一定的指导作用。但这一理论仅仅注重了领导者本身的风格，没有充分考虑到领导者实际所处的情境因素。领导者的行为是否有效，不仅仅取决于其自身的领导风格，还受到被领导者和周边的环境因素影响。

职场与管理

王经理的不同领导风格

王经理是一位资深的经理人，有着在不同类型企业管理的经验。接任制造企业A公司时，公司处于危机之中，其销售额与利润在不断下滑。王经理通过专制型的领导风格，下达明晰的指令，建立健全的规章制度，对组织机构、产品类型进行大刀阔斧的改革，成功地将公司带出了危机。

在担任业绩良好、处于平稳上升期的传媒业B公司经理时，王经理鼓励下属参与决策，注重对下属的激励和关心，给予下属较多的工作主动权和创新空间，员工的工作效率与积极性得到大幅提高。

请思考：为什么王经理采取两种完全不同的领导风格且都取得了不错的效果？

资料来源：孙卫东，鲁铭. 管理学基础. 2版. 南京：东南大学出版社，2014.

二、四分图理论

四分图理论是由美国俄亥俄州立大学的领导行为研究者们于1945年提出来的。他们在调查的基础上，收集了 1 790 个具体描述领导行为特征的项目因素并进行逐步筛选，最后通过高度概括，将领导行为归纳为两个方面：关心组织和关心人。

关心组织的领导行为是以完成工作任务为目的，注意工作是否有效地完成，重视组织设计、权责关系、工作效率，是一种重视组织任务和组织目标实现的领导行为。

关心人的领导行为强调以人为中心，注重与下属的友谊，相互信任，尊重下属，倾听下级意见和关怀员工的利益和需求，是一种重视人际关系的领导行为。

根据上述两类因素，他们认为领导行为是两种行为的具体结合，即可以用二维空间的四分图来表示，故将这种理论称为四分图理论，如图 5-1 所示。

图 5-1　领导行为四分图理论

由图 5-1 可看出领导者可以分为四种类型：

（1）高关系＋低工作的领导者：重视人际关系，相互信任，尊重下属，是参与式管理。

（2）高关系＋高工作的领导者：对工作、对人都较为关心。一般来说，这种领导方式效果较好。

（3）低关系＋低工作的领导者：对组织、对人都漠不关心。一般来说，这种领导方式效果较差。

（4）低关系＋高工作的领导者：重视工作和组织目标的完成，不太关心下属的需要，是一种命令式的领导。

以上四种领导行为中，究竟哪种最好呢？结论是不肯定的，要视具体情况而定。例如，有人认为在生产部门中效率与关心组织之间的关系成正比，而与关心人的关系成反比，而在非生产部门中情况恰恰相反。一般来说，高工作与低关系带来更多的旷工、事故和抱怨。许多其他的研究证实了上述结论，但也有人提供了相反的证据。出现这种情况的原因是他们只考虑了"组织"和"人"两个方面，而没有考虑领导所面临的环境。

管理素养

宋太宗"忘事"

要治理好天下，务必要有雅量。比如宋太宗，在这方面表现得就很突出。《宋史》记载，有一天，宋太宗在北碚园与两个重臣一起喝酒，边喝边聊，两臣喝醉了，竟在皇帝面前相互比起功劳来，他们越比越来劲，干脆斗起嘴来，完全忘了在皇帝面前应有的君臣礼节。侍卫在旁看着实在不像话，便奏请宋太宗，要将这两人抓起来送吏部治罪。宋太宗没有同意只是草草撤了酒宴，派人分别把他俩送回了家。第二天上午他俩都从宿醉中醒来，想起昨日的事，惶恐万分，连忙进宫请罪。宋太宗看着他们战战兢兢的样貌，便轻描淡写地说："昨日我也喝醉了，记不起这件事了。"

宽容友善是做人的美德。作为领导，都难免遇到下属冲撞自己的时候。宋太宗既不处罚，也不表态，装装糊涂，行行宽容。这样做，既体现了领导的仁厚，又展现了领导的睿智；既不失领导的尊严，又保全了下属的面子。以后，上下相处也不会尴尬，下属更会感激在心，努力工作。

一个优秀的企业通常都有着一位心胸宽广的领导者。但宽容并不等于做"好好先生"，不得罪人，而是设身处地地替下属着想，这样的领导称得上是一个修养颇高的领导者。

★**素养提升**：宽容友善是一个领导者的美德。出色的领导者胸怀宽广，对人宽容友善，善于尊重和关爱下属，善于考虑别人的难处和利益，也往往易于形成良好的人际关系，让下属更积极、主动工作，从而形成良好的团队氛围。

三、管理方格理论

管理方格理论是由美国得克萨斯大学的管理学家罗伯特·布莱克（Robert R. Blake）和简·莫顿（Jane S. Mouton）在 1964 年出版的《管理方格》一书中提出的。管理方格图在四分图理论的基础上，指出在对生产关心和对人关心的两种领导方式之间，可以进行不同程度的互相结合。

管理方格理论采用一张九等分的方格图来说明不同的领导方式，横坐标表示领导者对生产（工作）的关心程度，纵坐标表示领导者对人的关心程度。整个方格图共有 81 个小方格，分别代表 81 种不同的领导方式。如图 5-2 所示。

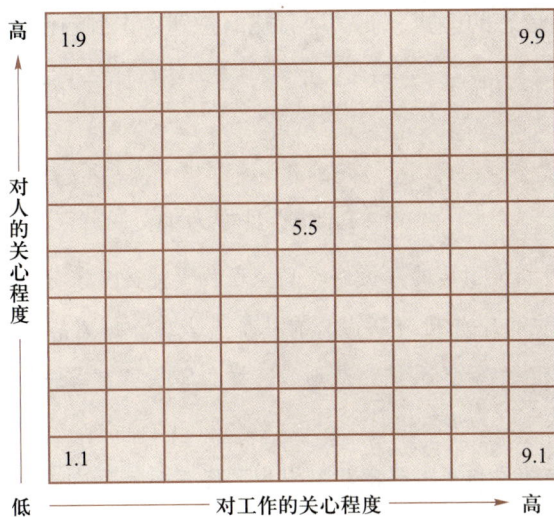

图 5-2　管理方格理论

对生产的关心表示主管者对各种事务所持的态度，例如，政策决定的质量与过程，研究的创造性，工作效率及产品产量、政策、规章制度的执行情况等。对人的关心的含义也很广泛，例如工作环境状况、人际关系、信息沟通情况、员工工作满意度等。

布莱克和莫顿在管理方格中列出了五种典型的领导方式，见图 5-2。

（1）1.1 贫乏型：领导者对员工和生产都不关心。这是一种放任自流的管理方式，既不利于完成工作，也不利于处理上下级之间的关系。

（2）9.1 任务型：领导者的注意力集中在完成任务的效率，但不关心人的因素，对员工的士气和能力发展很少注意。

（3）5.5 中间型：也叫中庸型或中游型。领导者对人和生产都关心，能够维持一般的工作效率和令人满意的士气，追求平衡，但不追求卓越。

（4）1.9 乡村俱乐部型：领导者关心下属，但是对工作本身的关注度不高，能够营造宽松、友好的工作环境，重视员工情绪但对任务效率和规章制度、指挥监督等很少注意。

（5）9.9 协调型：也叫战斗集体型。领导者对员工、生产都极为关心，和组织目标最有效地结合，在完成工作任务的同时也实现员工的自身价值。

在这五种典型的领导风格中，9.9 协调型效果最好，其次是 5.5 中间型。因此，领导者在工作中既要关心人，也要关心生产，在满足 5.5 中间型合格领导的基础上向 9.9 协调型努力，以实现最高的效率。布莱克和莫顿认为应根据环境的变化确定领导风格，以能获得最好的工作效果的类型为标准。

管理方格理论在识别和区分领导者管理作风方面是一个有用的工具。它提供了一个衡量管理者所处领导形态的模式，使管理者能清楚地认识到自己的领导方式并找到改进的方向。

职场与管理

李经理的领导方式

李经理是某便利连锁店的片区经理，全面负责片区 7 家分店的经营管理。这些店 24 小时营业，在每个轮班时间内只有一个人当班。每家店的销售现金都存放在保险柜中，等下周一的时候再统一清点。这样，周一早上当班的店员就要花费较多的时间来清点现金。

公司规定，当清空店里的保险柜时，片区经理必须同店员一起清点，而且店员必须将钱分成 1 000 元一捆置于棕色袋中，标记后让经理再次核实数额。

小王在这家店当店员，他想提高工作效率，预先将现金清点好。有一天店里生意忙碌，小王在为顾客打包时不慎将一袋现金放在顾客的购物车中。随后，李经理来了，复核中发现问题。幸运的是，过了几天，顾客主动将钱送回。公司有规定，任何人违背了清点的程序，必须解雇。

小王非常伤心，说他妻子病了，需要大笔医药费，他很需要这份工作。李经理提醒说："你是知道公司政策的。"小王说："我知道错了，但是只要你不解雇我，我会保证比其他店员做得更好。"

在小王招呼一位顾客的时候，李经理向总部汇报情况，经过总部的批准，李经理决定不解雇小王。

请思考：运用管理方格理论，说明李经理的领导方式。

资料来源：孙卫东，鲁铭. 管理学基础. 2 版. 南京：东南大学出版社，2014.

第四节　领导权变理论

如前所述，领导特质理论和领导行为理论分别从不同角度探讨了有效领导问题，但这两种理论都解释不了为什么具有同样特征或采用相同领导方式的领导者会导致不同的结果。20 世纪 60 年代之后，研究者们开始探讨情境因素是怎样影响领导者特征及领导者行为与领导成效的关系，这就是领导权变理论研究的开始。

领导权变理论认为领导行为的有效性不单取决于领导者个人的行为，并没有固定的有效领导类型，应当根据具体情境和场合（情势）不同而采取不同的领导方式。即领导是一种动态的过程，其有效性将随着被领导者的特点和环境的变化而异。下面介绍几种有代表性的领导权变理论。

一、费德勒模型理论

美国管理学家弗雷德·费德勒（Fred Fiedler）在进行大量研究的基础上提出了"有效领导的权变模式"，即费德勒模式。费德勒认为，普遍适用于各种情境的领导模式并不存在，任何领导方式均可能有效，其有效性完全取决于领导方式与所处的环境是否适应，即有效的群体绩效取决于下属相互作用、领导者风格、情境以及下属状况对领导者的影响程度等。

费德勒将影响领导有效性的情境因素分为三个方面：职位权力、任务结构、领导者与被领导者的关系。

1. 职位权力

职位权力指组织赋予领导者正式地位所拥有的权力。职权是否明确、充分，在上级和整个组织中所得到的支持是否有力，直接影响领导的有效性。一个领导者对其下属的雇用、工作分配、报酬、提升等的直接决定权越大，其对下属的影响力也越大，领导情境就越好。

2. 任务结构

任务结构指工作任务的明确程度和下属对任务的负责程度。任务越明确，下属责任心越强，则领导情境越好。

3. 领导者与被领导者的关系

领导者与被领导者的关系指领导者与其组织成员的关系，即下属乐于追随的程度。领导与被领导者的关系越好，对领导情境越有利。

根据这三个因素的情况，费德勒把领导所处情境从最有利到最不利，共分为8种类型。他认为，三个条件都具备的是领导者最有利的情境，三者有一项或两项具备是领导者的一般情境，三者都缺的是最不利的情境。费德勒通过对1 200个团队进行调查分析得出结论，如图5-3所示。

费特勒的研究结果表明：

（1）当情境非常有利或非常不利时，采取任务导向型的指令性领导方式是比较合适的。

（2）在各方面因素交织在一起且情境有利程度适中时，采取关系导向型的领导方式更为有效。

149

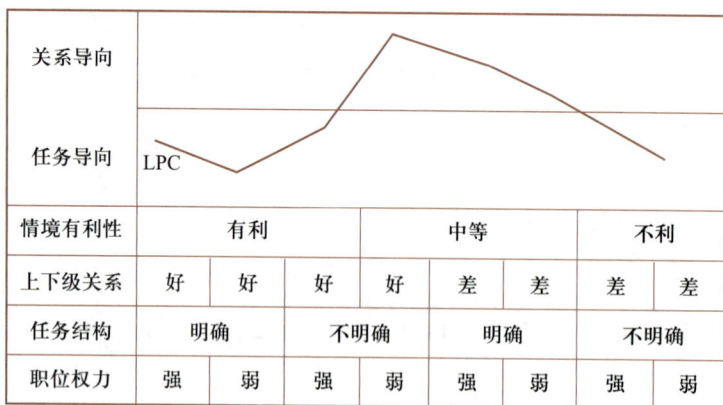

图 5-3　费德勒模型

注：LPC 是指费德勒研究领导者领导风格和倾向时，开发的问卷，即（Least Preferred Co-worker Questionnaire）的缩写，简称 LPC。分为以任务导向的领导风格（低 LPC）；以关系导向的领导风格（高 LPC）。

根据费德勒的领导权变理论，要提高领导的有效性，要么改变领导者的领导方式，要么改变领导者所处的情境。通过更换领导者改变领导方式以适应环境，或在有可能的条件下设法改变领导工作所面临的组织环境。如果一个组织的环境因素最好或最坏，就要选择"关心工作"的任务导向型领导；反之，应选择"关心人"的关系导向型领导。

数字化 + 管理

李宁的数智化转型：更"懂"消费者

当谈及中国体育品牌的崛起时，李宁无疑是一个备受瞩目的名字。李宁品牌正式诞生于 1990 年。那年亚运会，李宁先生穿着"李宁牌"运动服出现在电视画面里，这是"LI-NING"第一次出现在大众的视野里。

在 30 多年的发展过程中，李宁曾经在国内外市场创造过数次高光时刻，但也经历了多次挑战和低谷时刻。回顾 2010—2014 年，李宁公司连年亏损，库存积压严重，累计亏损超过 31 亿元。进入数字经济时代，李宁便积极主动地转型，它不仅要做一个体育品牌，更要做"源自中国并被世界认可的，具有时尚性的专业运动品牌"。数字化转型成为这一变革的驱动力之一。

在产品创新方面，李宁通过融合前沿科技，成功推出了一系列智能运动装备。这些创新产品不仅优化了运动性能，还通过实时追踪和数据分析，为消费者带来了个性化的健康和运动建议，极大地丰富了用户的互动体验。李宁推出的个性化定制服务，依托大数据精准分析和用户反馈，捕捉设计灵感，实现从设计到生产的快速转换，满足市场对定制化产品日益增长的需求。

在运营管理上，李宁借助数字化实现破局，以门店为核心，各渠道全面持续拥抱数字化，不断提升精细化运营水平。在线下门店，李宁用数字化手段持续打造"李宁式体验价值"。不仅可提供实时商品信息和个性化搭配方案，更从产品、购物、运动等全方位着力，将消费者体验感拉满。同时，数字化运营还体现在依托于门店热力动线轨迹记录，通过数据分析合理优化门店陈列布局，提高全店商品透出频次，增加门店销售机会，赋能零售门店运营。而在综合门店基础数据、会员数据、门店销量、人群标签和精细化消费者画像后，李宁可构建智能算法驱动门店分群，通过大数据模型来帮助业务做出更科学更专业的决策。

截至2023年，李宁全渠道数字化门店超过1 300家，通过全渠道运营带来额外约5%增长，会员数量增长达到1 000万人。

数字化思维：李宁的数字化转型战略是一项全面计划，除上文所述产品创新、运营管理外，还体现供应链管理、客户管理、营销管理、内部管理等领域。从曾经的库存积压、连年亏损，到如今李宁的财报高效，数字化转型是一次机会也是一次挑战，李宁正努力打破传统束缚，寻找新的成长空间。

（资料来源：《行知数字中国》，引文有删减）

二、路径—目标理论

20世纪70年代，多伦多大学教授罗伯特·豪斯（Robert J. House）在期望理论和管理四分图理论的基础上提出了路径—目标理论。罗伯特·豪斯认为，领导者的工作是帮助下属达到他们的目标，并提供必要的指导和支持，以确保各自的目标和群体或组织的总目标一致，因此称之为路径—目标理论。

与以往的领导理论观点不同的是，路径—目标理论立足于下属，而不是立足于领导者。

豪斯认为，领导是激励下属的过程，有效领导者通过明确指明实现工作目标的途径来帮助下属，并为下属清理各项障碍和危险，从而使下属更为容易地开展工作。具体地说：

（1）领导方式必须以下属乐于接受为前提，只有能给下属带来利益和满足的方式，他们才乐于接受。

（2）领导方式必须具有激励性。激励的基本思路是以绩效为依据，同时以对下属的帮助和支持来促成绩效提升。

路径—目标理论认为，领导者选择哪种领导方式取决于员工的人格特性和环境因素。根据以上两个因素，提出四种领导方式：

1. 指令型领导

领导者发布指令，明确告诉下属做什么、怎样做，下属不参与领导的决策。

2. 支持型领导

领导者对下属友善关心，关注下属的福利和需求，平等对待下属，从各方面给予下属真诚的帮助和支持。

3. 参与型领导

领导者与下属分享信息，邀请下属参与决策并征求、采纳下属的建议。

4. 激励型领导

领导者给下属提出具有挑战性的目标，相信下属有能力制定并达成目标，加强成就激励。

豪斯主张领导方式的可变性。他认为，领导方式是有弹性的，这四种领导方式可能在同一个领导者身上出现，因此领导者可以根据不同的情况在实践中采用最适合于下属特征和工作需要的领导风格。豪斯强调，领导者的责任就是根据不同的环境因素来选择不同的领导方式。如果强行用某一种领导方式在所有环境条件下实施领导行为，必然会导致领导活动失败，如表5-3所示。

表5-3 路径—目标理论的领导风格

权变因素	领导风格			
	指令型	支持型	参与型	激励型
员工因素	能力较低，权力主义导向	缺乏信心	具有较强的独立性和控制欲	能力较强
组织因素	任务不明确，组织规章和程序不清晰	机械重复性和没有挑战性的工作	任务不明确	模棱两可的任务

三、领导生命周期理论

领导生命周期理论也称领导寿命循环理论，是由美国心理学家卡曼（A.Korman）首

专业微课：
你知道虚拟
组织吗？

先提出的，后来由赫塞（Paul Hersey）和布兰查德（Kenneth Blanchard）加以发展形成。领导生命周期理论以领导的四分图理论和管理方格理论为基础，同时结合了阿吉瑞斯的不成熟—成熟理论，形成了一个由工作行为、关系行为和成熟程度组成的三维结构。

领导生命周期理论认为，领导的有效性取决于工作行为、关系行为和下属成熟度的结合。领导有效性研究之所以重视下属，是因为不管领导者做什么，其有效性都取决于下属的行为，是下属决定接受还是拒绝领导者。而很多领导理论都忽视或低估了这一因素的重要性。从这一点来看，该理论是一个重视下属的权变理论。

成熟度是指人们完成某项具体任务的能力和意愿的大小。它包括两个内容：工作成熟度和心理成熟度。工作成熟度是指下属完成任务时具有的相关技能和技术知识水平，如果下属无须别人的指点就能胜任其工作，那么他的工作成熟度较高，反之则较低。心理成熟度是下属做事的愿望或动机的大小。如果下属有能力又有信心做好某件工作，则无须外部的激励，他的心理成熟度就较高，反之亦然。

根据以上两个维度，可以把下属的成熟度分为四种类型：① M_1：无能力且没意愿；② M_2：没能力有意愿；③ M_3：有能力没意愿；④ M_4：有能力有意愿。

领导生命周期理论是在领导者的工作行为、关系行为的基础上引入了下属成熟度，并通过三者之间的曲线变化关系来研究领导方式的。由于下属成熟度不是一成不变的，当下属成熟度提高时，领导行为也需相应地变化，从以工作为主逐渐转变为以关系为主，领导行为应从命令型向说服型、参与型、授权型逐步推移，如图5-4所示。

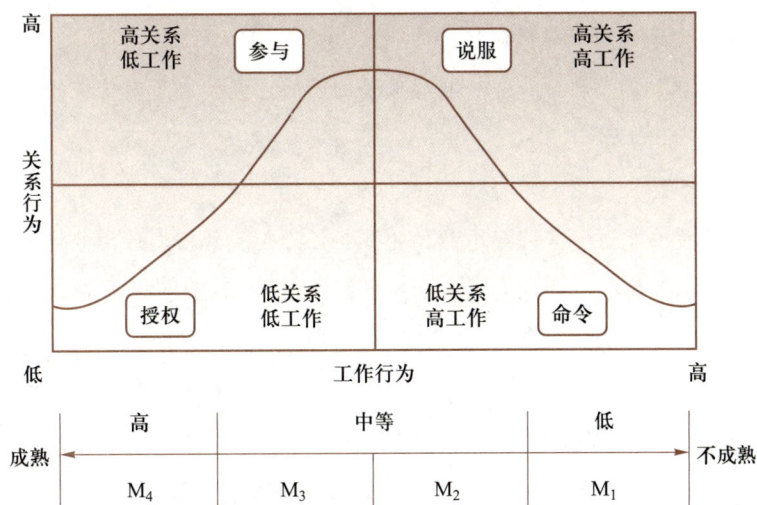

图 5-4　领导生命周期理论

根据工作行为、关系行为和下属成熟度三个维度可以把领导方式分为四种类型。

（1）命令式（高工作低关系）。适用于下属成熟度低的情况。领导者需对下属的工作进行详细、具体的指导，强调直接指挥和控制。

（2）说服式（高工作高关系）。适用于下属较不成熟的情况。领导者既给下属以一定的工作指导，同时又要关心下属，注意采用激励手段调动下属积极性。

（3）参与式（低工作高关系）。适用于下属比较成熟的情况。下属基本能胜任本工作，但不喜欢领导者过多的指示和约束。领导者与下属共同参与决策，同时采用激励手段发挥下属积极性。

（4）授权式（低工作低关系）。适用于下属高度成熟的情况。领导者提供极少的指导或支持，授予下属一定的权力，由下属自己独立地开展工作、完成任务。

总之，对于不同成熟程度的下属，领导者应该采用不同的领导方式，以获得最有效的领导效果。

知识测试

【判断正误】

1. 传统领导特质理论也称"伟人说"，认为领导者的品质是与生俱来的，与后天的历练、培养和实践没有关系。（　　　）

2. 当代的领导理论研究表明，理想的有效领导行为是对人和生产都高度关心。（　　　）

3. 按费德勒模型，在情境有利或最为不利时，任务导向型领导方式较为有效。（　　　）

4. 专家权力来自组织等级制度中的职位。（　　　）

5. 领导并非真的不可缺少——自我管理的团队已经构成了对传统领导理论的另一个挑战。（　　　）

【单项选择】

1. 于先生受命前往一家多年亏损的企业担任厂长。到任之后，他待人热情，早上早早地站在工厂的门口迎候大家，如果有的员工迟到，他并不是批评和指责，而是询问原因，主动帮助员工解决实际困难。一周下来，大家看到厂长每天都提前到厂，而且又待人热情，原来习惯于迟到的员工也不迟到了。从这件事情看，是（　　　）使于厂长产生了如此大的影响力。

　A. 个人影响力　　　　　　　　B. 专家权

　C. 法定权　　　　　　　　　　D. A 和 C

第五章交互式测验及参考答案

2. 王厂长退居二线了，但他在群众中仍有很高的威信，他的威信主要来自（   ）。

    A. 强制权　　　　　　　　　　B. 法定权

    C. 奖励权　　　　　　　　　　D. 专家权

3. 某企业多年来生产任务完成一直都不太好，员工收入也不算很高，但经理与员工的关系很好，员工也没有对领导表示不满。该领导很可能是管理方格中所说的（   ）。

    A. 贫乏型　　　　　　　　　　B. 乡村俱乐部型

    C. 任务型　　　　　　　　　　D. 中间型

4. "士为知己者死"这一古训反映了有效的领导始于（   ）。

    A. 上下级之间的友情　　　　　B. 为下属设定崇高的目标

    C. 为下属的利益不惜牺牲自己　D. 了解下属的欲望和需要

5. 下列领导理论中，不属于领导权变理论的是（   ）。

    A. 管理方格理论　　　　　　　B. 菲德勒权变理论

    C. 路径—目标理论　　　　　　D. 领导生命周期理论

6. 某管理者行伍出身，注重强化规章制度和工作完成情况，尽管有些技术人员反映其做法过于生硬，但几年下来还是得到很大的发展。依管理方格理论，这位管理者的作风最接近于（   ）。

    A. 1.1 贫乏型　　　　　　　　B. 9.1 任务型

    C. 1.9 乡村俱乐部型　　　　　D. 5.5 中间型

7. 俄亥俄州立大学对领导方式的研究发现，（   ）的领导者一般更能使下属取得高绩效和高满意度。

    A. 高关系—高工作　　　　　　B. 高关系—低工作

    C. 低关系—高工作　　　　　　D. 低关怀—高工作

8. 上级在其职权范围内可以决定或影响下级的薪水、晋升、提拔、奖金、表扬，或分配有利可图的任务、职位，或给予下属所希望得到的其他物质或精神上的奖励，这种权力来源于（   ）。

    A. 法定性权力　　　　　　　　B. 奖赏性权力

    C. 惩罚性权力　　　　　　　　D. 专长性权力

9. 领导者的风格应当适应其下属的风格，领导的行为应当随着下属"成熟"程度的不同作出相应的调整。这一观点出于（   ）理论。

    A. 领导行为连续统一体理论　　B. 随机制宜领导理论

C. 路径—目标理论　　　　　　　D. 领导生命周期理论

10. 按照领导生命周期理论，对于已经比较成熟的中年骨干职工，领导风格宜采取：（　　）

A. 命令式　　　　　　　　　　B. 说服式

C. 参与式　　　　　　　　　　D. 授权式

【讨论与分析】

1. 领导的本质是什么？你认为领导者应该具备什么素质？

2. 领导者的素质是天生的？还是后天实践养成的？谈谈你的看法。

3. 你比较倾向于哪种领导理论？为什么？

管理工具

KT 决策法：决策方法思维地图

KT 决策法是最负盛名的决策模型，由查尔斯·H. 凯普纳（Charles H. Kepner）和本杰明·B. 特雷高（Benjamin B. Tregoe）二人共同创建。KT 决策法用清晰理性的系统性方法。KT 决策法已经被翻译成 17 种语言，并被全世界许多国家成千上万企业员工和经理人们所使用，影响至今。

KT 决策法的分析包括以下 5 个步骤：

（1）制定决策目标。明确"必要目标"（必须要完成的目标）和"理想目标"（最好能够完成，但不是最主要的目标），然后根据两者之间的关系衡量"理想目标"的重要性（如：用 1—10 分进行打分）。

（2）分析原因。通过准确查明差距的真相及其发生的时间和地点，以便分析问题和界定问题，如图 5-5 所示。KT 决策法查找问题分析原因一般分为三个步骤：一是要从变化与差距中寻找原因；二是要对推断原因作出必要的验证；三是对于构成因果链的情况要从表面原因入手查到找出终极原因为止。

（3）方案评估。制定备选方案并进行评估。分析的过程中，必须找出相关事项，分割成可以管理的部分，进而设定优先级，有效率管理许多同时进行的活动。如果备选不能满足"必要目的"则将其删除。

根据各个标准进行评分，汇总每种备选方案的最终得分。得分最高的方案将被确定为尝试性选择，考虑尝试性选择实施过程中的潜在风险。如果风险过高，则放弃此项尝试性选择，转而考虑下一个得分最高的备选方案。

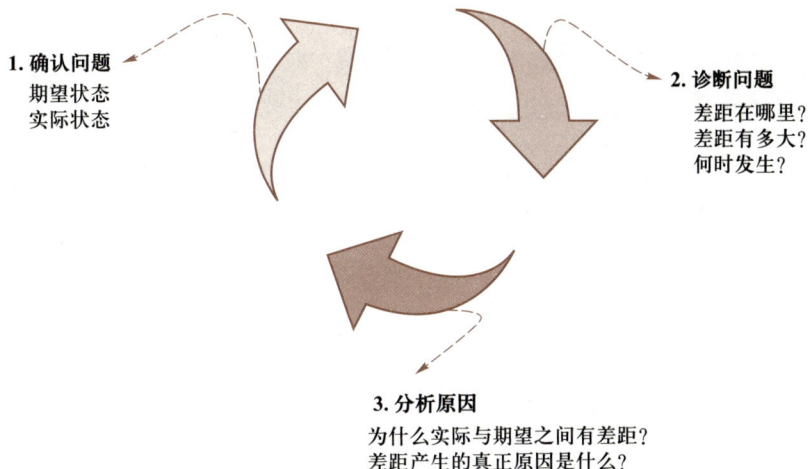

图 5-5 KT 决策法——问题的分析与界定

（4）潜在问题分析。很多问题的解决可能带来相关问题的产生，企业决策中的大多数问题之间是有相关关系的，好的决策不仅要解决目前的问题，还要考虑潜在的问题。

（5）根据上述评估结果，选择决策并执行决策。

KT 决策法作为一项管理工具，根据清晰明确的目标对各选择方案进行逐项评估，从而优化最终决策结果，能够有效限制误导决策的各项故意的或无意的偏见。这一决策方法可以广泛应用于各个领域，如产品、市场、选址等。

【工具运用】某公司为扩大营业空间并节省房租，计划半年后，从原来市中心区搬至郊区。消息公布一周，有 30% 的员工提出辞职。该如何利用 KT 决策法来解决这一问题呢？请为该公司制定搬迁的 KT 决策方案。

（注：可采用列表的形式，从问题分析、评估状况、决策分析和潜在问题分析四个方面结合实际进行具体分析。）

管理实训

● 自我评估训练

你是什么类型的领导者？

费德勒的 LPC 量表								
快乐——	8	7	6	5	4	3	2	1	——不快乐

费德勒的 LPC 量表									
友善——	8	7	6	5	4	3	2	1	——不友善
拒绝——	1	2	3	4	5	6	7	8	——接纳
有益——	8	7	6	5	4	3	2	1	——无益
不热情——	1	2	3	4	5	6	7	8	——热情
紧张——	1	2	3	4	5	6	7	8	——轻松
疏远——	1	2	3	4	5	6	7	8	——亲密
冷漠——	1	2	3	4	5	6	7	8	——热心
合作——	8	7	6	5	4	3	2	1	——不合作
助人——	8	7	6	5	4	3	2	1	——敌意
无聊——	1	2	3	4	5	6	7	8	——有趣
好胜——	1	2	3	4	5	6	7	8	——融洽
自信——	8	7	6	5	4	3	2	1	——犹豫
高效——	8	7	6	5	4	3	2	1	——低效
郁闷——	1	2	3	4	5	6	7	8	——开朗
开放——	8	7	6	5	4	3	2	1	——防备

提示：回想一下你自己最难共事的一个同事（同学），他（她）可以是正与你共事的，也可以是过去与你共事的。他（她）不一定是你最不喜欢的人，只不过是你在工作中相处最困难的人。用上面 16 组形容词来描述他（她），在你认为最准确描述他（她）的数字等级上打钩。不要空下任何一组形容词。

将 16 项所选择的数字累加，所得的数字就是你的 LPC 量表的得分。算算你得了多少分，看看自己是什么类型的领导者。

如果以相对积极的词汇描述最不喜欢的同事（LPC 得分高），则作答者很乐于与同事形成良好的人际关系，就是关系取向型。相反，如果对最不喜欢的同事看法很消极，则说明作答者更关注生产，就称为任务取向型。LPC<57 分为任务导向型；LPC>64 分为关系导向型。

● 项目实训

项目内容：分析与探讨：杰出领导者的特质。

实训目的：

1. 强化学生对领导者以及领导理论的认识；

2. 提高学生分析领导者在领导中所体现的领导特质的能力；

3. 让学生自觉养成一些良好的领导特质。

实训内容：凭直觉挑选出三位你认为是优秀成功的领导者（如朋友、亲属、政府官员和知名公众人物等），分析与探讨你觉得这些人是优秀成功领导者的原因。

要求：

1. 对挑选出的三位杰出领导者，分别列举出你认为他们优秀的原因，列表记录。

2. 将三个人的列表进行比较，如果有的话，哪些特质是三个人共同具备的？

3. 老师将引导学生针对相应列表展开关于领导特质的讨论。

4. 学生讲出自己的看法，老师将其记录于黑板上，引导学生思考要想成为一名杰出的领导者，该如何培养一些良好的特质。

成果及评价：

列表内容记录结束后，组织一次课堂讨论，最后教师根据学生表现评估打分。

● 实战实训

大成公司是一家高技术企业，近年来，随着市场竞争日趋激烈，公司经营效益开始下滑。为此，公司聘请何健担任总经理，负责公司的全面工作。

何健来自一家传统的老牌企业，他照章办事，工作作风较为古板，与大成公司的风格相去甚远。为此，公司管理人员对他一时难以接受。

在何健首次主持召开的高层管理会议上，有人竟然迟到了半个小时。何健非常不满，严厉地说："我强调，公司所有的日常例会必须准时开始，谁做不到，就请他走人。从现在开始一切事情由我全权负责。"

随后，何健对大成公司的管理进行了一系列改革。一是鉴于公司一些部门没有明确的工作职责和目标，何健首先颁布了几项指令性规定，使现有的工作有章可循；二是在详细审查了公司的工资制度后，决定将全体高层主管的工资削减10%，这引起一些主管的强烈不满。也有一些主管有一定程度认可。研究部主任说："我不喜欢这种做法，但也不想马上走，因为这里的工作对我来说太有挑战性了。"生产部经理说："不能说我很喜欢何健，不过至少他给生产部设立了明确的目标和奖惩制度，使我们的工作更有动力。"

随着时间的流逝，大成公司在何健的领导下逐渐步入正轨。何健也渐渐地改变了领导方式，下放了一些权力，如让技术部门自主研发，同时他加强了与各层管理人员的联系，逐渐得到了大家的认可。

问题： 何健刚开始采取了何种领导方式？当大成公司发展步入正轨后，其领导方式有何改变？

☞依据领导的相关理论，结合大成公司的实际情景，设计何健领导方式演进图。

第六章
沟通

★ 素养目标

⊙ 巧妙运用沟通技巧，学会有效沟通，提高与人和谐共处的能力

⊙ 培育并践行新时代符合社会主义核心价值观的沟通素养与人际交往能力

★ 知识目标

⊙ 理解沟通的实质及其重要性

⊙ 掌握沟通的种类和各种类的特点

⊙ 理解组织沟通的障碍及改善途径

⊙ 掌握有效沟通的基本技巧

★ 技能目标

⊙ 能够培养积极倾听的技巧

⊙ 能够灵活运用多媒体手段进行有效沟通

⊙ 能够有意识地开展沟通的反思和实践，积极培养自身的职业沟通能力

思维导图

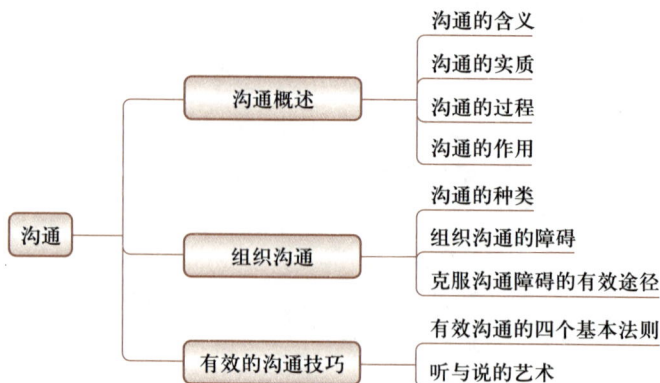

两种不同的沟通成本

A和M是一对好朋友，她们都负责各自公司的市场推广工作。不同的是，A所处的是医疗行业，而M所处的是竞争激烈的金融行业。A和M聊到她们各自负责的一个项目的费用情况。

M说她刚完成一个高端的产品推荐会，向公司的300位高端客户推荐最新的"家庭保障理财计划"。为了这个会，M已经连续工作了2个多月了，工作辛苦点也就罢了，最让M头疼的是：推荐会的活动预算非常紧张。根据客户的定位，会议地点安排在北京一家5星级的酒店；部分客户还是外地飞过来的，机票和酒店的费用高昂；为了调动现场的气氛，M还颇费心思地请了一位有名的主持人过来；为了接待好这300位客户，上海、广州、深圳等地的市场销售人员将近有20人到北京，这个出差费用……M诉苦说公司为这个推荐会准备的预算已经不少了，但是怎么算都不够。怎么办？M最后决定让同事们辛苦一下住经济型的酒店、坐经济型航空公司的班机往返，同事们都非常支持M的决定。值得M欣慰的是，推荐会最后的效果很好，有近40%的客户对M公司新推荐的产品有兴趣。

A告诉M，她最近也在计划做一场产品说明会，但是公司给到她的预算只有3万元。M一听连忙摇头，直呼这简直是不可能完成的任务！但是A很轻松地说自己的计划已经做好了3万元的预算，她计划邀请320位客户参加。

A说通过互联网沟通工具，所有的会前邀请、注册，会中的演示、提问回答、问卷调查，会后的问卷分析、数据统计都可以完成。更重要的是，因为所有的来宾都是通过线上方式参加，节省了酒店住宿、往返机票等一系列费用。支付互联网平台使用费和人工服务费，3万元的费用帮她解决了以上所有问题。

讨论题：

1. 同是产品推介会，A和M所使用的项目费用为何有这么大的差别？

2. 如果是你，你会选择哪种沟通方式？说说你的理由。

第一节 沟 通 概 述

一、沟通的含义

沟通，是人与人之间信息交流的过程。从组织管理的角度出发，可以把沟通定义为：为了特定目的，在活动过程中通过某种途径和方式，将一定的信息从发送者传递给接收者并获取理解的过程。

一个完整的沟通过程，包括以下四个方面的要素：

（1）信息源，又称信息沟通的发起者，是沟通过程中信息的主动发送者。

（2）信息内容，即沟通的内容。组织中沟通的信息内容是多种多样的。它既包括正式沟通中的内容，也包括非正式沟通中的内容；既包括书面的，也包括口头的，以及肢体语言。选择什么样的语言进行沟通，对沟通效果有直接的影响。

（3）信息接收者，即沟通过程中被动地接收信息的一方。在沟通的不断循环过程中，信息发送者与信息接收者的身份会不断改变，特别是在双向沟通中尤为明显。

（4）沟通渠道，即信息交流的通道，如口头、书面、社交媒体、远程在线沟通工具等。不同沟通渠道的沟通效率是不一样的。

二、沟通的实质

沟通，是意义的传递和理解。即沟通首先是意义的传递，信息不仅要被传递，还要被充分地理解。有效的沟通必须具备信息的传递与理解两个基本条件。其实质体现在：

（1）沟通是一种社会活动。沟通是人与人的沟通，而人是具有社会性的。由于每个人生存于一定的社会环境中，沟通成了每个人一种自然而然的、必需的、无所不在的活动。

（2）沟通是信息的传递。沟通用通俗的文字表达实现信息交流，是主体将某一种信息传递给客体，并期望客体能做出相应反应的过程。

（3）沟通要达到一定的效果。首先，沟通不能缺乏任何一个要素，包括信息发起者、媒介和接收者，否则就不可能传递尤其是正确地传递信息。其次，信息本身对接收者而言要有意义。

管理故事

秀 才 买 柴

话说大唐末年，正值兵荒马乱之时，物资奇缺。隆冬时节，有一秀才去买柴。他对卖柴的人说："荷薪者过来！"卖柴的人虽然听不懂"荷薪者"（担柴的人）三个字，但是听得懂"过来"两个字，于是把柴担到秀才前面。

秀才开口便问："其价如何？"卖柴的人听不太懂这句话，但是听得懂"价"这个字，于是就告诉秀才价钱。秀才接着说："外实而内虚，烟多而焰少，请损之。"（你的木柴外表是干的，里头却是湿的，燃烧起来，会浓烟多而火焰小，请减些价钱吧。）

卖柴的人愣了半天，还是听不懂秀才的话，于是担着柴就走了。

寒风中等柴烧的秀才也是好不郁闷啊。

请思考：

1. 为什么卖柴人听不懂秀才的话？
2. 听不懂秀才的话是卖柴人一人的问题吗？

动画：
秀才买柴

三、沟通的过程

简单地说，沟通就是传递信息的过程。在这个过程中至少存在一个发起者和一个接收者，即发出信息一方和接收信息一方。信息在二者之间的传递过程，一般经历以下几个环节，如图 6-1 所示。

（1）信息源。发起者需要向接收者传递信息或者需要接收者提供信息。这里所说的信息是一个广义的概念，包括观点、想法、资料、图片、符号等内容。

（2）编码。发起者将所要发送的信息译成接收者能够理解的一系列符号，如语言、文字、手势等。为了有效地进行沟通，这些符号必须适应媒体的需要。例如，如果媒体是书面报告，符号的形式应选择文字、图表或照片；如果媒体是讲座，就应选择语言、板书、手势等。

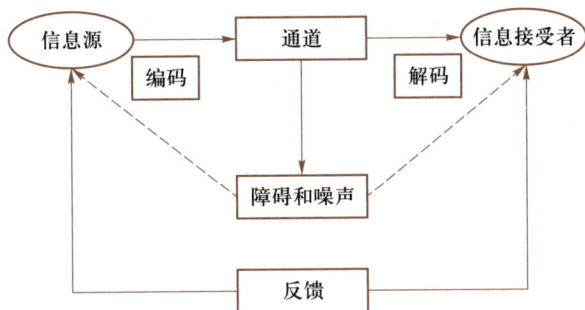

图 6-1　沟通过程

（3）媒体。将发送的符号传递给接收者。由于选择的符号种类不同，传递的方式也不同。传递的方式可以是书面的，如信、备忘录等，也可以是口头的，如交谈、演讲、电话等，甚至还可以通过身体动作来表述，如手势、面部表情、姿态等。

（4）接收。接收者根据发送来的符号的传递方式，选择相应的接收方式。例如，如果发送来的符号是口头传递的，接收者就必须仔细地听；否则，符号就会丢失。

（5）译码。接收者将接收到的符号译成可以理解的形式。发送者进行编码和接收者进行译码都受到个人的知识、经验、文化背景的影响。

（6）噪声，也叫障碍。人们在沟通中经常会发生障碍，在沟通过程中，任何环节出现问题，都会造成沟通障碍，如信息不明确、没有表达清楚、信息没有被正确转换成可以沟通的符号、错用沟通方式等。

（7）反馈。反馈是沟通的最后一个环节，是指接收者把信息返回给发起者，并对信息是否被理解进行检查，以纠正某些可能发生的偏差。整个过程受到噪声的影响。噪声就是对那些信息的传送、接收或反馈造成干扰的因素，会影响沟通的有效性。

管理故事

语言，是有温度的

人们常说，要从一言一行中了解一个人，而这个"言"就是语言。一句善意的话能够给人鼓励、力量和信心；一句恶意的话，会让人伤心，失去勇气和力量，让人心寒。暖心或寒心的话往往只在一词之差。语言，是有温度的。

有一天，俄国著名作家屠格涅夫在街上走着，一个乞丐向他伸出手，想讨些钱。屠格涅夫搜索自己身上所有的口袋，既没有钱包，也没有怀表，甚至连一块手帕都没有。但是乞丐等着，他伸出的手微微颤抖着。

屠格涅夫一时间惘然无措，竟紧紧握了握这只肮脏、发抖的手。"别见怪，兄弟！我什么都没有带，兄弟。"乞丐那对红肿的眼睛凝视着屠格涅夫，他发青的嘴唇微笑了一下，接着，他也紧紧握住了屠格涅夫的手指："哪里的话，兄弟。"他吃力地说道，"这也应当谢谢啦……你是第一个管我叫兄弟的人。"

乞丐已微笑着泪流满面。

请思考：故事中的乞丐为何泪流满面？

第二节 组 织 沟 通

一、沟通的种类

作为管理活动中的一个职能，沟通已经被越来越多的企业管理者重视，其带来的影响也越来越大。人们开始关注如何合理地利用各种沟通渠道，采用多种沟通技巧，尽可能地与员工进行全方位的交流。

沟通的方式多种多样，按照不同的分类标准，有不同的分类结果。常见的分类标准如表6-1所示。

表6-1 人际沟通方式

分类标准	方式
组织管理系统和沟通体制的规范程度	正式沟通、非正式沟通
信息流动方向	下行沟通、上行沟通 平行沟通、越级沟通
所使用的媒介	语言沟通、非语言沟通
沟通渠道所形成的网络	单向沟通、双向沟通
所使用工具的先进性	传统沟通、现代沟通

（一）按组织管理系统和沟通体制的规范程度分类

1. 正式沟通

正式沟通是指通过组织管理渠道进行信息传递和交流。正式沟通是组织内部信息传递的主要方式，大量的信息都是通过正式沟通渠道传递的，如公函、内部文件、会议、上下级之间定期的情报交换等。另外，团体所组织的参观访问、技术交流、市场调查等也属于正式沟通。

正式沟通的优点是约束力强，较严肃，权威性高，保密性强，可以使公共关系保持权威性。缺点是信息需要经过层层传递，缺乏灵活性，效率较低。

2. 非正式沟通

非正式沟通是指在正式渠道之外，通过非正式的沟通渠道或网络进行信息交流，如组织成员私下交换看法、朋友聚会、传播谣言和小道消息等都属于非正式沟通。

非正式沟通的优点是沟通形式不拘，直接明了，容易及时了解正式沟通难以提供的"内幕新闻"。缺点是难以控制，传递的信息不确切，易于失真、曲解，甚至可能导致小集团、小圈子的产生，影响组织稳定和降低团体的凝聚力。

（二）按信息流动方向分类

1. 下行沟通

下行沟通是指信息从较高的组织层次流向较低的组织层次，主要方式包括命令、指示、谈话、会议、电话、邮件等。下行沟通是组织中最重要的沟通方式。

2. 上行沟通

上行沟通是指信息从较低的组织层次流向较高的组织层次。主要方式包括下属正式或口头的报告、请示、汇报、建议等。这种沟通方式提倡员工参与和民主领导。

3. 平行沟通

平行沟通也叫横向沟通，是指同一组织层次的人和部门之间的沟通。多用于各部门的协调合作工作。据一项对企业内部沟通的研究发现，来自领导层的信息只有20%~25%被团队成员知道并正确理解，而上行沟通反馈的信息则不超过10%，但平行沟通的效率可达90%以上。此外，做好平行沟通，有利于及时协调部门之间的工作步调，减少矛盾。这在规模较大、层次较多的组织中尤为重要。

4. 越级沟通

越级沟通是指组织内部无直接隶属关系的不同层次的部门或个人之间的信息交流。研究表明，管理人员的信息沟通中只有1/3是纵向流动的，有2/3是平行流动的。

职场与管理

"走动式管理"：开通非正式沟通渠道

"走动式管理"源于《追求卓越》一书。书中提到，高层主管应该有一半以上的时间要走出办公室，实际了解员工的工作状况。"走动式管理"也是针对那些习惯于待在封闭式的办公室等候部属的报告，或躺在舒适的靠背椅上指手画脚的管理者，建议多走出办公室，加强与员工的沟通和联系，从而发现问题，提高士气。

"走动式管理"的实施，成就了很多企业的辉煌。华为任正非就鼓励中层走出办公室，去听听一线员工和市场的声音。据说，任正非还曾经给华为的某些干部送皮鞋，因为他不满某些管理者不愿走到一线和市场中，讥笑他们吝啬自己的皮鞋，而他自己每年都要去海外代表处看望员工。

克罗克的管理时期的麦当劳，也曾经历过一段严重亏损的危机，克罗克发现其中最重要的一个原因在于各个职能部门官僚主义严重，一些部门领导习惯坐在办公室对于下属员工提出一些建议，而通常这些建议浮于表面，并不能解决当下真正的问题。于是建议即把部门领导办公室的座位椅背都拆掉，很多经理开始走出办公室，及时去了解现状，走到现场解决问题，最终帮助麦当劳扭亏转盈。

"走动式管理"的背后是管理者需要放下阶层观念，创造与员工面对面沟通交流的机会。走动管理不是到各个部门走走而已，而是要搜集最直接的信息，以弥补正式沟通管道的不足。

请思考：除了"走动式管理"，你还能想到其他有利于组织沟通的方法或渠道吗？

（三）按沟通使用的媒介分类

1. 语言沟通

语言沟通是指以语言、文字、图形、表格、数字等形式进行的信息沟通。语言沟通包括口头沟通、书面沟通、电子邮件沟通等。它能对词语进行控制，是结构化的，并且是被正式教授的。语言交流是生活中的主要沟通方式。

2. 非语言沟通

非语言沟通是通过动作、表情、语调、手势等语音以外的形式进行信息沟通，常见的非语言沟通主要有手势、面部表情、目光控制、肢体动作、语气语调、身体距离、服饰、体态等等。绝大多数的非语言是习惯性和无意识的，很大程度上是无结构的，并且是模仿学到的。

事实上，非语言沟通越来越被重视，这是因为在语言沟通的同时，伴随一些非语言沟通效果会更佳。除特殊环境、特殊原因，一般语言沟通都伴随非语言沟通，而非语言沟通很少伴随语言沟通。非语言沟通能起到语言沟通无法达到的效果。

（四）按沟通渠道所形成的网络分类

1. 单向沟通

单向沟通是指信息仅从发起者流向接收者。在这种沟通中，不存在信息反馈。其优点是沟通比较有秩序，速度较快。缺点是接收者不能进行信息反馈，容易降低沟通效果。

2. 双向沟通

双向沟通是指发起者和接收者两者之间的位置不断交换，且发起者是以协商和讨论的姿态面对接收者，信息发出以后还需及时听取反馈意见，必要时双方可进行多次重复商谈，直到双方共同明确和满意为止，如交谈、协商等。双向沟通的准确性较高，有更高的自我效能感，但一般比较费时，人际压力较大，容易受到干扰。

（五）按沟通使用工具的先进性分类

1. 传统沟通

传统沟通指的是运用传统手段的沟通方法，如口头交谈、书面文件、会议等进行沟通。

2. 现代沟通

现代沟通指的是运用现代信息网络，如多媒体、QQ、微信、视频会议等数字化沟通媒介进行沟通。

二、组织沟通的障碍

沟通在企业内部无处不在，无时不有，但沟通渠道不畅通是大多数企业都存在的通病。企业的结构越是复杂，其沟通越是困难。信息在层层传递过程中就越容易失真，不但浪费大量的时间，还影响信息的及时性。据统计，如果信息在高层管理者那里的正确性是100%，到了信息的接收者手里可能只剩下 20% 的正确性。此外，部门之间职责不清、分工不明等也会对沟通形成障碍。组织的沟通障碍表现在以下几点。

（一）等级观念的影响

等级观念的影响所造成的组织成员心理的沟通障碍，在组织上下级之间非常明显。一般来说，组织成员在向上沟通过程中，常常带有担心说错、怕承担责任和焦虑的心理，导致沟通常常不是在宽松而流畅的氛围中进行的，从而形成沟通障碍。而在向下沟通的过程中，主动沟通的是上级，但毕竟上级有时会居高临下，造成下级的压迫感和紧张感，从而影响沟通的效果。总之，组织中因为等级、资历、职称的高低等引发的心理障碍，会造成沟通不畅。

（二）任务因素和环境因素

沟通的时机、所使用的媒介和通道的特点，对于沟通质量的影响很大。同时，任务特征是决定沟通网络模式的关键因素：任务是决策还是执行，决定了不同沟通模式的选择。此外，时间压力也是沟通的重要障碍之一。例如，时间压力会导致思考"短路"、短时内信息超载等。群体成员的工作环境也会对沟通的频次和互动类型产生巨大的影响，这些因素包括工作场所、地理位置、办公地点等。

（三）准备不足

沟通前要先做好必要的准备，比如信息的收集、资料的整理、人员的参与、地点的选择，做到有备无患。这是在一个任何场合都适用的原则。沟通前要做好充分的收集信息的工作，要做到信息畅通，首要的是信息要充分、准确。只有做好充足的准备，才能保证沟通有效和成功。

（四）组织成员间相互不信任或缺乏尊重

在面对面的沟通中，有 65% 是以非语言信息如语气、眼神、姿态等传递的，而这些非语言信息恰恰代表了人的本能，可以反映一个人的真实想法。而在缺乏诚意的沟通中，管理者可能出现语言信息与非语言信息不一致、说话的语气语调令人不安等现象。有效的信息沟通要以相互信任为前提，这样才能使向上级反映的情况得到重视，向下级传达的决策迅速实施。管理者在进行信息沟通时，应该不带成见地听取意见，鼓励下级充分阐明自己的见解，这样才能接收到全面可靠的情报，才能做出明智的判断与决策。

职场与管理

华为的内部沟通"三原则"

在华为，善于沟通不仅是项目管理的重要手段之一，而且是每个华为人的基本职业技能。为避免在工作过程中出现沟通障碍，华为要求员工在项目工作开始之前就做好沟通，在适当的时间、将适当的信息、通过合适的渠道，发送给适当的相关方，体现华为的"沟通三原则"。

1. 及时沟通

沟通及时是华为员工要遵守的首要原则。信息是有时效性的，华为要求员工将必要的信息在第一时间向相关方传达，以保证上下、平行沟通渠道的顺畅。

2. 准确沟通

信息准确是沟通的第二原则。不论是书面沟通还是口头沟通，华为员工都会准确地传达信息。为了保证沟通信息的准确性，华为员工会借助金字塔思维工具。在金字塔顶端的是综述，即要表达的观点、问题、看法和结论。接着会针对上一级的内容一层一层地展开，直到信息足够准确为止。

3. 有效沟通

严格控制沟通信息传递量，这是沟通要遵守的第三个基本原则。信息过多倾听者容易忘记，信息过少、不完整会降低沟通效率。一般信息传递都遵守 7±2 原理，这是因为年轻人的记忆广度大约为 7 个单位（阿拉伯数字、字母、单词或其他单位），称为组块。过多或偏少都不适宜。

为了确保信息沟通工作的顺利进行，华为要求所有的工作人员在沟通中必须提前制订沟通计划，明确信息沟通的相关人、信息沟通形式、信息发放时间和发放方式等内容，并制定出详细的信息发送日程表。

请思考：华为的"沟通三原则"能否有效促进工作开展？为什么？

三、克服沟通障碍的有效途径

合理的组织结构有利于信息的沟通。有效的沟通还需要根据管理目标、情景和对象等要素进行精心设计，并在沟通过程中，不断克服障碍，寻求最佳沟通途径，进而改善沟通效果。从组织的角度，解决组织沟通障碍可从这几个方面来着手：

（一）减少沟通环节，优化沟通渠道

沟通环节过多，沟通渠道过长，一方面会影响沟通的及时性，另一方面，由于沟通过程中存在噪声干扰，沟通环节越多，则可能产生的干扰越多，信息就越容易失真。这就是为什么很多现代企业提倡减少沟通层次的"扁平化组织"或"无边界组织"。因此，在实际工作中应注意减少沟通环节，简化沟通流程。

（二）创造一个相互信任、有利于沟通的环境

在组织中，无论下行沟通还是上行沟通，沟通双方应该先控制情绪，真实地传递信息和正确地判断信息，避免因思想偏激而歪曲信息。管理者应激发员工自下而上沟通，注重创造一个相互信任、有利于沟通的环境，改进沟通技巧，充分利用主动倾听，并以平等的心态倾听下属的呼声，尊重他们的想法，让他们参与决策，做到真正与员工交心。

（三）加强平行沟通，促进横向交流

在进行信息沟通的时候，除了下行沟通外，也应该多加强平行沟通。一方面可以一

定程度上避免因为等级观念、地位差异的影响造成的沟通障碍；另一方面，横向沟通可以调动组织成员的参与积极性，组织内部应强化横向合作，如定期举行部门之间的会议、进行员工面谈等。

（四）发挥非正式组织、非正式沟通的积极作用

组织内部不可避免地存在非正式组织。组织成员往往会通过非正式渠道获取和反馈大量信息。领导者要对非正式组织和非正式沟通渠道加以合理利用和引导，帮助组织成员获得相关信息，在达成理解的同时解决潜在的问题，从而最大限度地提升组织凝聚力，发挥整体效应。管理者要允许甚至鼓励非正式组织的存在，引导其向良性方向发展。

（五）注意信息的反馈

有效的反馈是提高沟通效果的重要方面。管理者在沟通中要注意信息接收者的反馈。这些反馈，有些是通过语言表达的，而有些是通过非语言方式表现出来的。对此，管理者应高度重视，并注意自身的反馈。同时，反馈要求是双向的。如下级主管部门要向上级领导提供信息，同时接受上级领导的信息查询；上级领导要经常向下级提供信息，同时对下级提供的信息进行反馈，从而形成一种信息闭环，以有利于提高团队士气，调动员工参与管理的积极性。

总之，沟通无处不在，沟通障碍亦无处不在，因而每一个人都要学会如何去应对沟通障碍。沟通双方都应当积极应对沟通障碍，且要选择恰当的沟通渠道。

数字化 + 管理

智能沟通，引领中国传统银行业数字化变革

伴随着 5G、AI、大数据、云计算等新科技的发展，越来越多的银行业金融机构开始选择用 AI 机器人代替传统的人工服务。以智能客服为例，智能客服将替代超过 70% 的金融机构人力，而外呼电销业务中的部分工作也开始由 AI 机器人这个"数字员工"接替。

当前，银行金融行业普遍面临着线下流量见顶、渠道获客成本高、人工客服效率低、普惠金融覆盖率不足等诸多难题。比如，在传统业务模式下，银行客户经理对客户直接沟通，进行理财产品推荐，人工成本高，效率低。后来移动互联网的诞生拓宽了用户触达渠道，但对用户的个性化推荐及复杂业务场景下的应变性仍需加强。想对现有存量客户的价值进行挖掘，但由于缺乏完整数据而束手无策。

　　在数字化转型背景下，传统银行开始应用 AI 机器人客户呼叫中心、大数据中心等数字化工具，从信用卡业务推荐、贷款类营销外呼、智能催收提醒等多个场景切入，精准触达转化目标客群。同时，还将围绕各用户生命周期进行洞察分析，为每个阶段的客户匹配定制化的外呼策略，全面助力银行机构提效降本。

　　以银行的贷款业务为例。众所周知，贷款业务是银行的最重要收益来源，但贷款逾期催缴一直是个难题。问题原因一般包括：银行呼叫中心上千名座席，一天打 10 万多个通催缴电话，而真正可接通的有效电话数量极为有限；由于人工座席组人员流动性大，且需要经过专业培训才能上岗，这无疑也是一笔巨大的人力成本支出。而 AI "智能外呼"可以提供各类场景下的 AI 话术模板。由智能外呼机器人针对不同的客户在不同时间，灵活运用不同的催收话术，同时支持定时呼叫、智能统计分析、服务评价等功能，最终实现了"千人千面"的智能沟通。在催收还款率上，与原先的人工催收方式效果相当，但对应的人工成本下降了超过 60%。在每次任务结束后，系统后台会自动生成客户分析数据，包括电话接通率、平均通话时长、通话状态等指标。借此，银行可以快速发现问题所在，不断优化催收策略。

　　在数据分析基础上，AI 机器人自动筛选出高意向等级客户，其中 A 类客户意向转化率高达 58% 以上，直接带动业绩提升。同时，AI 机器人判断出意向客户后，立即无缝切换到人工接听。在合适的时机下，AI 机器人还能够化身"金牌客服"，引导客户自助办理业务。比方说，当客户提出没钱还款时，AI 机器人可以体谅客户暂时出现的资金周转困难，提供可行性较强的解决方案，比如指导客户办理"分期付款"。

　　据预测，到 2025 年，超过 80% 的银行都将部署数字人，承担 90% 的客服和理财咨询服务。随着大模型的落地应用，"数字员工""看懂文字、听懂语言、做懂业务"将成为常态。例如，浦发银行是最早"聘用""数字员工"的银行。3D "数字员工""小蒲"已经在 20 多个岗位"任职"，包括财富规划师、文档审核员、大堂经理、电话客服等。姣姣和小姣是交通银行的"数字员工""姐妹花"。她们既能为客户答疑解惑，还成为科技品牌名片。

　　数字化思维：智能沟通终将成为数字化变革下的企业常见的沟通工具。数字员工的本质目的不是替代人，而是做人的智能助理，做重复枯燥的工作，让人做更有创意的工作。当然，"数字员工"也有其不足，比如缺乏共情能力，这或将有损用户体验，企业有必要给予引导和重视。

第三节　有效的沟通技巧

批评的艺术

一位企业家来到他的工厂车间，看到几个工人正在抽烟，而他们的头顶上就挂着一块大牌子，上面写着"禁止吸烟"。他没有怒斥他们："你们没看见这块牌子吗？"而是朝他们走过去，递给每人一根香烟，说："诸位，如果你能到外面去抽烟，我会很感激你们的，好吗？"工人们立刻认识到了自己的错误。此后，车间里吸烟的现象逐渐消失了。

当发现几个工人违规抽烟，这个企业家没有对他们进行恶毒的批评，而是用悦耳的声音与他们交流，并送给他们每人一根香烟，既维护了他们的自尊，又让他们深刻地认识到了自己的错误。

在语言沟通中，巧妙的批评有很多种，比如，"肯定＋批评＋鼓励"模式、"润滑式批评"模式、含蓄式批评模式、信任式批评模式、责己式批评模式等。毫无疑问，这些批评方式远远胜于当面的斥责可能引发的下属的反感，甚至强烈的抵触情绪。作为管理者，需要认识到，批评的形式多种多样，并不局限于严厉的斥责。当你怒不可遏的时候，不妨改变一下批评的方式，用真诚、和蔼的语气去批评下属，这样往往更能让下属信服。

请思考：这位企业家的沟通方式为什么能产生效果？这是属于哪种批评模式？

沟通无处不在，无时不有。无论是日常生活中还是组织管理活动中，沟通对每个人来说都是非常重要的一项活动。正因为沟通的普遍性与重要性，每个人都要学会有效沟通。有效沟通，是通过听、说、读、写等手段，通过会见、对话、讨论、信件等方式，将思维准确、恰当地表达出来，以促使对方更好地接受。

一、有效沟通的四个基本法则

美国管理学家彼得·德鲁克，在考察企业时发现了一些影响企业沟通的问题。为了提高沟通效率，他提出了有名的四项基本沟通法则。

（一）沟通使受众能感觉到的信息内涵

有效的沟通取决于接收者如何理解。因此，无论使用什么样的渠道，沟通的第一个问题必须是：这一信息是否在接收者的接收范围之内？他能否收得到？他如何理解？

接收者的认知取决于他的教育背景、过去的经历以及他的情绪。如果沟通者没有意识到这些问题的话，发起者与他的沟通将会是无效的。因此，与他人说话时必须依据对方的经验。如谈话时试图向对方解释自己常用的专门用语并无益处，因为这些用语已超出对方的认知范围。另外，晦涩的语句就意味着杂乱的思路，所以，沟通的关键不是语句，而是语句背后想要表达的看法。

（二）沟通使受众的期望得到满足

人们习惯于听取他们想听的，而对不熟悉的或威胁性的内容具有排斥情绪。因此，沟通要有一个循序渐进的过程。对管理者来说，在进行沟通之前，了解接收者的期待是什么尤为重要。只有这样，才可以知道是否能利用接收者的期望来进行沟通。

如一位经理安排下属主管去管理某个生产车间，但是这位主管认为，管理该车间这样混乱的部门是件费力不讨好的事。经理于是开始了解主管的期望，如果这位主管是一位积极进取的人，经理就应该告诉他，管理生产车间更能锻炼和反映他的能力，今后还可能得到进一步提升；相反，如果这位主管只是得过且过，经理就应该告诉他，由于公司的业务重组，他必须去车间，否则只有离开公司。

（三）沟通要能激发听众的需要

一个人一般不会做不必要的沟通。沟通都是为了达到某种目的，例如发号施令、指导、斥责等。沟通总会产生要求，总是要求接收者要成为某人、完成某事、相信某种理念。换言之，如果沟通能够符合接收者的渴望、价值与目的的话，它就具有说服力。假如沟通违背了接收者的渴望、价值与动机，就可能完全不会被接受，或者最坏的情况是受到抗拒，最后，沟通的信息无法为人所接受。

如一家公司员工因为工作压力大、待遇低而产生不满情绪，纷纷怠工或准备另谋高就。这时，公司管理层反而提出口号"今天工作不努力，明天努力找工作"，则更加招致员工反感。

（四）所提供的信息必须是有价值的

信息过多或不相关都会使沟通达不到预期效果。沟通是在人与人之间进行的，沟通的背后都隐藏着目的。尽管信息对于沟通来说必不可少，但信息过多也会阻碍沟通，让人无所适从，影响沟通的效果。

德鲁克提出的四个看似简单实质意义深刻的法则，可以作为管理者和个人进行沟通的自我检测：一个人必须知道说什么；一个人必须知道什么时候说；一个人必须知道对谁说；一个人必须知道怎么说。

管理素养

讲好中国故事，传播好中国声音

2023年暑期，以传统文化为主题的国产动画电影《长安三万里》吸引了不少观众的目光。在这部充满文化底蕴的电影中，大唐群星闪耀、唐风唐韵诗词歌赋、音乐绘画、舞蹈书法陆续呈现，给观众带来一场灿烂夺目的传统文化盛宴。央视新闻、新华网、人民日报等多家主流媒体都轮番为其点赞推荐。《长安三万里》不仅是一部电影，也不仅是一堂文学史课，更是"讲好中国故事"的典型例证。

《长安三万里》以唐代诗人李白和高适的人生际遇为背景，带领观众深入盛世大唐中传世诗歌背后的故事，旨在以动画电影的形式再现中华优秀传统文化中的重要人物和经典作品，展现中华文化在当代的自信和力量。故事力求依据史实，做到"大事不虚，小事不拘"。为此，主创团队进行了大量的文献研读、实地采风和专家意见研讨。同时，一些历史空白也为故事创作提供了空间，并通过史料进行合理推断，丰富故事情节，完善人物塑造。

《长安三万里》点燃"唐诗热"，片中共提及48首经典唐诗，李白、杜甫、王维、孟浩然、贺知章……众多著名诗人，伴随着脍炙人口的诗句，一一登场。电影以168分钟的时长带出一段璀璨繁华、风云激荡的大唐诗史，让中华儿女在千年文脉中感受文化自信。

文化自信源于历史传承与创新发展。博大精深的中华文化早已融入中国人的血脉，成为心灵深处的文化基因。近年来，越来越多古老的优秀传统文化在文艺作品中重获新生。大众对优秀传统文化的热爱，实则是文化自信的充分呈现。赓续千年、具有深厚内蕴和恒久生命力的中华文脉，正是对优秀传统文化不断进行创新表达的自信之源。

★**素养提升**：讲好中国故事，传播好优秀传统文化，对于当代的年轻人及世界各国了解中国提升中国的文化影响力具有重要作用。希望更多的优质作品展现文化自信、文化自觉，唤起国内外对中国传统文化发自内心的尊敬、自豪和信任，主动肩负起对传统文化的创造性转化与创新性发展，守正创新、返本开新。

二、听与说的艺术

管理故事

倾听的艺术

一个电视节目中，主持人问一名小朋友：

"你长大后想要做什么呀？"

小朋友天真地回答："我要当飞机的驾驶员！"主持人接着问："如果有一天，你的飞机飞到太平洋上空所有引擎都熄火了，你会怎么办？"

小朋友想了想说："我会告诉坐在飞机上的人绑好安全带，然后我挂上我的降落伞跳出去。"

当现场的观众笑得东倒西歪时，没想到，孩子的两行热泪夺眶而出，其悲悯之情远非笔墨所能形容。

于是，主持人问他说："为什么要这么做呢？"

小孩的答案透露出一个孩子真挚的想法："我要去拿燃料，我还要回来！"

全场没有人再笑了，顿时静默下来。

请思考：案例中的现象说明人们在沟通中存在什么问题？

沟通是一门技能，更是一门艺术。在生活中简单地向对方表达自己的意思并不难，但是要让对方理解你的情感，给出积极的回应并不容易。造成沟通过程不顺畅或不满意的关键原因，是人们常常忽视沟通过程中的听与说。一般来说，听与说的技巧体现在以下几个方面。

（一）学会倾听

要想与人进行有效的沟通，首先要学会倾听。倾听不是被动的活动，而是积极地对对方传达的全部信息做反应的过程。因此，不光要听，还需要给予适当的反应。不管你是否运用关注技巧、鼓励、释义或概述，都必须全神贯注地投入到会谈过程中去。在倾听过程中，非必要时不要轻易打断别人，要耐心等待别人把话讲完。此外，要注意观察对方的非语言信息，通过观察对方的表情、动作、姿势等来判断对方的态度、情绪等，并听出弦外之音，懂得对方的心意。

（二）巧用语言的艺术

德鲁克认为，人们喜欢听他们想听的话。他们排斥不熟悉和具有威胁性的语言。因此，语言的艺术非常重要。说话，不仅在于你说什么，更在于你是怎样说的。沟通能力强，就是说话说得让对方听得进去，让对方乐于接受，能够引起对方的共鸣，进而引发共同的行为。比如，说某些方面存在不足时，说其"欠缺"不如说其"还有提升空间"让人更容易接受。

职场与管理

霍桑效应：给员工的不满留个出口

霍桑效应来自人际关系学说创始人梅奥的霍桑实验。在实验阶段的访谈实验中，研究者耐心听取工人对管理的意见和抱怨，多听少说，让他们将不满尽情地宣泄出来。结果，霍桑工厂的工作效率大大提高。这种奇妙的现象就被称作"霍桑效应"，也就是所谓"宣泄效应"。

霍桑效应的发现对各国的企业管理带来了启发。比如，日本许多企业建立了职工发泄室，美国许多公司建立了谈心部，我国也逐步建立起有关缓解员工压力的措施，使员工物质与精神的压力得以及时释放。

一家代理销售的大公司，其总经理王蓉认为，公司得以健康发展关键在于管理层门重视倾听员工的心声，鼓励员工发泄内心的不良情绪。为此，公司特意建立了员工宣泄渠道。每当公司来了新员工，王蓉都会向新员工作自我介绍，在不侵犯私生活的领域内与员工畅谈，积极加深彼此的印象。她还经常和下属谈论彼此的家乡、爱好和特长，努力找到双方共同的话题。这种做法很好地取得了员工的信任。

有一位地区销售的女主管有段时间接连犯低级错误，经常魂不守舍的样子。王蓉一开始并不知情，等她知情时，女主管已经把写好的辞呈交给了她。王蓉没有接受她的辞呈，而约她第二天一起喝咖啡。

在喝咖啡的时候，女主管向王蓉谈起了自己的家庭问题。由于王蓉对这位下属本身也不是特别了解，所以，她没办法给她建议。她能做的唯一的事情就是耐心地倾听，不时点头问女主管："你觉得怎么做最好呢？"在听女主管诉苦的过程中，王蓉多次问她是怎么想的，而每次女主管都会告诉王蓉她的想法。

第二天，王蓉收到了那位女主管的信息，字条上写着感激的话语，还说希望收回辞呈，她想用一个月的时间来改变现状。后来，这位女主管所管理的部门一跃成为全公司业绩最好的部门。

抱怨无非是一种发泄。作为管理者的责任，需要做的是创造一种积极的谈话氛围，耐心地倾听，并积极作出回应，让员工知道你非常重视他说的每句话，很关注他的心理感受，这样会给员工带去巨大的精神振奋，释放压力的同时对未来充满动力。

请思考：本案例中的王蓉采用了沟通过程的哪方面的技巧？

（三）语言要精练、清晰、有条理

想要表达得好，最有效的方法就是在开口前先把话想好，将要表达的内容浓缩成几个要点，用简洁、精练的语言表达出来；少讲些模棱两可的话，多讲些语意明确的话，要言之有物；条理要清楚，逻辑要严谨，可以采用"总述、分条阐述、总结"的方式；措辞得当，不滥用辞藻，不讲空话、套话；在进行非专业性沟通时，少用专业性术语。

（四）重视非语言信息的应用

德鲁克认为，人无法靠一句话来沟通，总是得靠整个人来沟通。在人际沟通中，约有65%是运用非语言交流技巧进行的，只有35%是运用语言沟通技巧进行的。因此，要非常注重非语言信息的表达，如眼神、声调、面部表情、身体姿势、手势等。比如，用友好的眼神，诚恳而又坚定地看着对方，面带微笑，声音亲和，并辅以大方、自信的手势进行沟通。倾听时身体前倾，以表示诚恳和专注，有利于沟通顺利开展。

（五）用同理心去解码

由于人与人之间的差异，如教育背景、文化、经验、阅历、立场、价值观、性格、性别等的差异，不同人的大脑接收到同样的信息会产生不同的反应。同理心指的就是以心换心、换位思考，设身处地地去感受、体谅他人。只有转换角色，真诚地为别人着想，才能从对方的角度分析出问题所在，你的话语才能让对方感同身受，才能打动对方的心，才能最终实现沟通的目的。

知识测试

【判断正误】

1. 人们常常会说"那不是我的意思"或者"我还以为是这样"。这些话反映了错误地发出和接收信息在沟通中经常出现。（　　　）

2. 非语言沟通主要包括身体语言和语气语调等。非语言沟通之所以受到重视，是因为身体语言等非语言方式能够令人信服地表达人的真情实感。（　　　）

3. 组织中层次多了，更利于上下间的沟通。（　　　）

4. 口头沟通虽然比较精准，但是耗时较多，同样时间内所表达的信息远远不能与书面沟通相比。（　　　）

5. 情绪异常影响人们的有效沟通，使信息的传递严重受阻。所以，当管理者情绪波动比较大时，最明智的做法是停止沟通。但是，由于管理者是沟通的主体，因此如果沟通的对象情绪不稳定，则不需要停止沟通。（　　　）

第六章交互式测验及参考答案

【单项选择】

1. 下级不愿意向上级传递坏消息，怕被上级认为自己无能；上级也可能没有注意到下级的贡献，把下级的贡献归到自己头上，引起下级不满。这种引起沟通组织障碍的原因是（ ）。

    A. 地位差异   B. 目标差异

    C. 缺乏正式沟通渠道   D. 协调不够

2. 假设你召集下属开会，研究解决领导所布置的一项紧急任务，结果有位比较啰唆的人在会场大讲特讲与主题无关的理论，耽误了很多时间。你认为应对这种情况的最好方式为（ ）。

    A. 任其讲下去，让其他与会者群起而攻之

    B. 不客气地打断其说话，让别人发言

    C. 有策略地打断其讲话，指出时间很宝贵，还有很多工作要做

    D. 允许其畅所欲言，以表示广开言路

3. 许多企业和研究院（所）都设有免费咖啡厅，这一设置的主要目的是（ ）。

    A. 增强企业凝聚力   B. 促进信息沟通

    C. 形成非正式组织   D. 给员工一个放松的场所

4. 信息沟通经常受到噪声的干扰，这里的噪声可能是指（ ）。

    A. 由于使用模棱两可的符号可能造成编码错误

    B. 因漫不经心而造成的错误

    C. 各种成见可能妨碍理解

    D. 以上三项都是

5. 独裁主义气氛比较浓厚的组织中信息沟通的主要方式可能是（ ）。

    A. 自上而下   B. 自下而上   C. 横向交叉   D. 非正式沟通

6. 电视广告采用的沟通方式一般是（ ）。

    A. 单向沟通   B. 双向沟通   C. 非语言沟通   D. 非正式沟通

7. 按照组织管理系统和沟通体制的规范程度划分，沟通可以分为（ ）。

    A. 工具式沟通和感情式沟通   B. 个体间沟通和群体间沟通

    C. 正式沟通和非正式沟通   D. 上行沟通和下行沟通

8. 如果一个组织中小道消息很多，而正式沟通的信息较少，这意味着该组织（ ）。

    A. 非正式沟通渠道中信息传递顺畅，运作良好

    B. 有相当多的人好搬弄是非，传播小道消息

C. 充分发挥了非正式沟通通道的作用，促进了信息交流

D. 正式沟通通道中信息传递存在问题，需要调整

9. 各人有各人的动机，每人的动机各不相同，要管理好企业，还要了解员工的动机，以便进行管理，这就要求管理人员进行（　　）。

A. 沟通　　　　　B. 授权　　　　　C. 人员配备　　　　D. 激励

10. 下列情况中适合采用非正式沟通方式的是（　　）。

A. 领导看望生病的员工　　　　　B. 重要文件和消息的传达

C. 组织决策的贯彻　　　　　D. 管理者评价下属的工作业绩

【讨论与分析】

1. 为什么说倾听是一门艺术？你觉得你是一个会倾听的人吗？

2. 你如何看待组织中存在的"小道消息"？

3. 沟通有什么作用？用你的实际经历或亲身体会谈谈沟通的重要性。

管理工具

FAB 原则：快速学会销售技巧

在表达观点的时候，有一个非常重要的原则，就是 FAB 原则。FAB 是 Feature（特性）、Advantage（优势）和 Benefit（利益）三个英文单词的首字母组合。FAB 原则是一种常用的销售技巧和沟通工具，用于产品介绍、销售政策（采购政策）、销售细节等表述，即详细介绍所销售的产品如何满足客户的需求，如何给客户带来利益的技巧。

（1）特性（Feature）。它要求在介绍产品或服务时，首先明确产品的属性，即产品所具有的具体特征或客观现实，如产品的材质、设计等，也就是区别于竞争对手的地方。

（2）优势（Advantage）。它要求强调这些特性所带来的优势，即产品如何满足客户需求或解决问题，说明产品优势的时候，一要说得客观准确，二要能够提供某种证明或证据，以使顾客信服。

（3）利益（Benefit）。强调通过该优势能够给客户带来的利益，即产品如何帮助客户实现其目标或获得实际的好处。

FAB 原则通过把一个产品分别从产品的特性、优点、利益三个层次加以分析，清晰呈现产品的特点，不但使顾客深刻了解该产品，而且激发起他对产品的购买兴趣。

比如，一个汽车销售员在向客户介绍汽车某一部分的功能时，采用 FAB 法即按照"因为，所以，对您而言"的话术模式："因为我们这个车采用的是投射式大灯，在大灯

前加了透镜。所以，它照射距离更远、亮度更高。对您而言，夜间行车的时候更加安全。"FAB 的话术模式如图 6-2 所示。

特性(Feature) ➡ 优势(Advantage) ➡ 利益(Benefit)

它是什么　　　　它能做什么　　　　它能为顾客带来什么利益

（因为……）　　（所以……）　　　　（对您而言……）

图 6-2　FAB 销售话术

【工具应用】请选择一个与专业相关的产品，根据产品的某一特性或功能，基于 FAB 的话术模式，清晰完整地完成该产品的销售介绍。

管理实训

● 自我评估训练

沟通能力测试

回答以下问题并计分。评分规则为：第 1—5 题——"经常"1 分；"有时"2 分；"很少"3 分。第 6—12 题——"经常"3 分；"有时"2 分；"很少"3 分。

问题
1. 别人曾误解你的意思吗？
2. 与别人谈话时你经常离开话题的本意而跳到别的话题上吗？
3. 有人曾让你进一步确认你要表达的意思吗？
4. 你嘲笑过他人吗？
5. 你总是尽量避免与他人面对面交流吗？
6. 你总是尽量表达你的意思，并以你认为最合适的方式与他人交谈吗？
7. 交谈时，你注视着对方的眼睛吗？
8. 谈话结束时，你是否询问别人明白了你的意思吗？
9. 你总是找一个合适的时间和地点与他人交谈吗？
10. 你总是把事情的前因后果澄清给别人吗？
11. 如果你要表达的意思复杂，令人难以明白，你会事先考虑吗？
12. 你征求过别人的观点吗？

测试结果如下：

32 分以上，具备很强的口头交流能力，但在某些方面或许还有提高的余地。

26～32 分，具备一定的口头交流技能，但有待进一步提高。

26 分以下，口头交流技能有待全面提高。

● 项目实训

项目内容：积极倾听。

实训目的：

1. 对比被动倾听与积极倾听；

2. 练习复述技能；

3. 深刻理解倾听在与人沟通过程中的重要性。

实训内容：复述其他人话的技能。

时间要求：15 分钟左右。

要求：

很多人并不是好听众，这可能是因为对积极倾听的要求十分严格。这个实训的设计是为了表明积极倾听和准备复述听到的信息是多么不容易，同时也反映出情绪是如何干扰信息沟通的。

将学生按两人一组分组，每组中，A 组成员选择一个当今热点话题，诸如商业道德、金钱激励的有效性、大学生择业取向、忧心的食品安全看法等。B 组成员选择一种见解，A 组成员必须持相反观点。现在两组开始辩论。

但是，请不要急于求成，每个人在陈述自己观点之前，必须先在不做任何记录的情况下用自己的语言概括别人所说的话。如果概括不能令对方满意，则必须修正直到对方满意为止。

成果及评价：

教师根据每个复述的内容质量评定成绩。

● 实战实训

制造部门林经理的苦恼

林溪毕业于某名校管理学专业，出任某大型企业的制造部门经理。林溪一上任，就对制造部门进行改造。林溪发现生产现场的数据很难及时反馈上来，于是决定从生产报表上开始改造。借鉴跨国公司的生产报表，林溪设计了一份自认为非常完美的生产报表，从报表中可以看出生产中的任何一个细节。每天早上，所有的生产数据都会及时地放在林溪的桌子上，林溪很高兴，认为他拿到了生产的第一手数据。但是没有过几天，出现了一次大的品质事故，而报表上根本没有反映出来，林溪这才知道，报表的数据都是随意填写上去的。

为了这件事情，林溪多次开会强调认真填写报表的重要性，但每次开会，在开始几天可以起到一定的效果，而过不了几天又返回了原来的状态。林溪怎么也想不通。

问题：林溪跟生产现场的沟通是否存在问题？林溪如何做才能有效把握产品质量？

☞从沟通的内涵和实质寻求问题的本质，进而为林溪设计一份有效沟通的方案。

第七章
激励

★ **素养目标**

- ⊙ 学会正确认识自我，提高自我激励和自我管理的能力
- ⊙ 培育并践行自信自强、守正创新、踔厉奋发、勇毅前行的精神，做新时代管理者

★ **知识目标**

- ⊙ 理解激励的概念和作用
- ⊙ 理解激励的心理过程
- ⊙ 掌握内容型激励理论的基本观点
- ⊙ 掌握过程型激励理论的基本观点
- ⊙ 理解激励理论的适用条件和在管理实践中的运用原理

★ **技能目标**

- ⊙ 掌握运用合适的激励理论调动人的积极性的技能
- ⊙ 能够灵活地将激励理论和管理实际相结合，解决企业的激励问题

思维导图

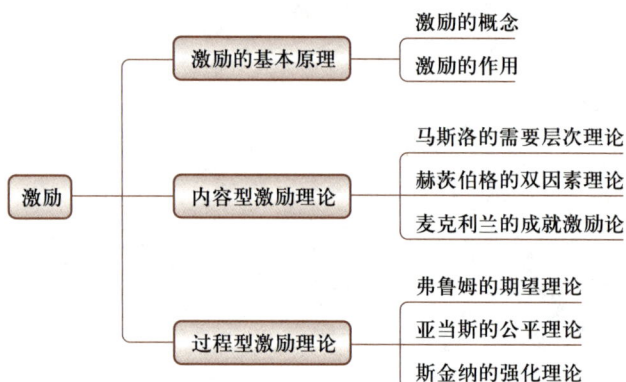

案例导引

华为的用人之道

2023年，任正非在高端人才使用工作组对标会上谈及华为的人才管理，表达了华为在选人、用人、育人、留人方面的主张和做法。

在选人上，华为认为应不拘一格获取优秀人才，但在招聘时要讲清楚公司的业务边界，允许在边界内研究探索。招聘的时候，首先要划定一个业务边界，讲清楚华为的理想是什么、边界是什么。不是这个边界内专业的人员，是否愿意从事在边界内的工作？如果愿意，华为可以允许转行。

在用人上，任正非指出，对优秀人才的激励，最主要是让他们能找到自己热爱的工作岗位。物质激励不是最主要的，更重要的应该是员工能找到自己热爱的岗位。当员工热爱工作时，就会踏实工作。若是自己的兴趣爱好与工作机会相结合了，他就会无怨无悔。因此，华为认为要重视人才在工作岗位的发挥，同时也要用员工的贡献价值去评价员工的付出。

在育人上，华为通过建立高端人才储备库，培育优秀人才。只要是优秀人才都可以进来，非边界内专业的人才也可以来工作，朝着预定的方向，不断探索，不断储备人才。当然，华为认为，专业人才和管理人才的成长路径应该有所不同。管理类的干部走垂直循环、在实践中逐步成长的道路，需要层层实践，只有积累成功经验，才有被破格提拔的可能。对于专业人才，华为认为不应该给高级专家担负太多管理的责任，不要搞"拉郎配"，要给专家们足够的自由度，让他们尽可能发挥自己的专业能量。

在留人上，任正非主张公司要创造人才成长宽容的环境，让大家畅所欲言，"炸开"思想，让优秀人才涌现，英雄辈出，应尽可能创造宽容开放的环境。华为公司一直贯彻选拔制，认为人才不是靠培养，而是自我成长，公司能做的就是要创造人才成长的环境。对于员工关系管理，任正非倡导设立一个高端投诉平台，大家有问题就写邮件到这个平台，人力资源去听员工倾诉，做成纪要报送给有关部门帮助他们调整。同时，可以安排一些人际理解力强、熟悉华为流程、善于沟通、擅长人际关系的老员工，到导师部去听员工的声音，调节矛盾，疏解员工不良情绪。

请思考：华为对员工的管理采取怎样的激励策略？

（资料来源：任正非在高端技术人才使用工作组对标会上的讲话，引文有删改）

第一节　激励的基本原理

一、激励的概念

（一）激励的含义

"激励"一词来源于心理学，是指激发人的行为的心理过程。激励这个概念用于管理，是指激发和鼓励。它是管理过程中不可或缺的环节和活动，是指激发员工的工作动机，也就是说，用各种有效的方法去调动员工的积极性和创造性，使员工努力去完成组织的任务，实现组织的目标。

美国哈佛大学的威廉·詹姆士教授在对职工的激励的研究中发现，按时计酬的职工仅能发挥其能力的20%~30%，而如果受到充分的激励，则职工的能力可以发挥到80%~90%，其中50%~60%的差距系激励工作所致。

也就是说，同样一个人在通过充分激励后所发挥的能力相当于激励前的3~4倍。如果激励制度能促进员工的创造性、奉献精神和主动提高自身素质，激励对工作绩效的影响就更大了。

（二）激励的实质

激励是满足需要的过程。每一个人都有需要，如食物、房子、成就等。当一个人对某一需要产生渴望时，内心就会产生驱动力，在驱动力的作用下，就会采取一系列行动来实现自己的需求。如果这些行为适当，就会得到回报，即需要得到满足。如果行为不适当，需要不能得到满足，就会调整自己的行为，再次努力去得到自己所需。

需要、动机和行为三者的关系是，需要产生动机，动机是引起行为的直接原因。

1. 需要

需要是人们由于缺乏某种东西而产生的生理或心理上的不平衡状态。构成需要必须具备两个条件：一是感到缺乏某种东西；二是期望得到这种东西。这两个条件缺一不可。需要是形成动机的源泉，动机的产生支配了人的行为活动。人的需要是随着时间、环境的不断变化而反复出现的。同时，需要的标准也在不断提高。例如，对住房的需要，当参加工作时，收入水平有限，希望租到一间宿舍就满足了；而当工作若干年后，有了一定的积蓄，就希望拥有一套属于自己的房子。

2. 动机与行为

动机是指驱动和诱导人们去从事某种活动的动因。内在需要是动机产生的基础，但只有需要而没有满足需要的外在目标时，也构不成动机，只有外界具有满足需要的目标和条件时，需要才进一步转化为动机，并推动人进行有目的的行动。比如，一个人在旷野中行走，突然下起大雨，此时他有避雨的需求，但如果放眼望去四周没有可以遮雨的地方，他就不可能有寻找避雨地方的动机。只有眼前出现一处可以避雨的棚子时，才会产生向棚子跑去的动机。由此可以看出，动机的形成是内在需求与外部条件相互作用的结果。良好的结果会强化动机，从而使该行为得到巩固或重复出现；反之，不好的行为结果会使动机削弱或消失，从而使该行为逐渐消失，不再出现。当然，并非每一个动机都能引发行为，只有强烈的动机才会引起行为。

3. 需要、动机与行为

一切行为都是受到激励而产生的。也就是说，激励是从人们的某种需要出发，加强、激发、推动人的希望、欲望、动力等内心奋发状态的过程。人们做任何事情都有其目的性，而这种有目的的行为又总是离不开满足人们需求的欲望，需求是产生行为的原动力。因此，未被满足的需求是激励的起点，它引起个人内心（生理上或心理上）的驱动力，推动个人从事满足需求的某种行为（寻求某种办法），从而缓和激奋心理。目标达到了，需求满足了，激励过程也就完成了，如图7-1所示。

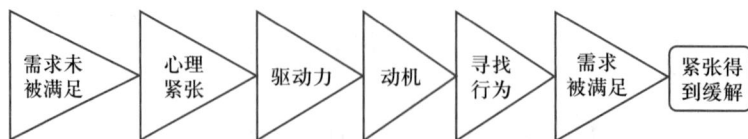

```
┌────────┐  ┌────────┐  ┌────────┐  ┌────────┐  ┌────────┐  ┌────────┐  ┌────────┐
│ 需求未 │→ │ 心理   │→ │ 驱动力 │→ │ 动机   │→ │ 寻找   │→ │ 需求   │→ │ 紧张得 │
│ 被满足 │  │ 紧张   │  │        │  │        │  │ 行为   │  │ 被满足 │  │ 到缓解 │
└────────┘  └────────┘  └────────┘  └────────┘  └────────┘  └────────┘  └────────┘
```

图7-1　个体激励过程示意图

值得注意的是，人们的需求是不断变化和提高的。当某种需求或低一级需求满足了，激励就消失了，未满足的另一种或高一级的需求又会产生，从而导致新需求所驱使的行为，并为满足这种新需求而努力，这样形成了一个连续不断的循环的激励过程。

二、激励的作用

激励的核心在于如何满足人的各种需要、调动人的积极性。从组织管理的角度，激励的最主要作用在于激发和调动员工的工作积极性与创造性，增强凝聚力，取得更大的工作绩效。对一个企业来说，科学的激励制度至少具有以下四个方面的作用。

（一）激发和调动员工的主动性、积极性

组织就是在激发组织成员工作积极性及提高组织效率的不断运动中向前迈进的。一般来说，组织中的每个成员，都会为了个人的利益和目标而工作。如果个人的利益和目标与组织的利益是一致的，员工的自觉性、主动性和积极性就能得到充分的发挥；当组织成员的个人利益和目标和组织利益和目标不一致时，就要通过做思想工作、制度规定等途径，使成员自觉地服从组织的规划与管理，为组织目标努力，这一转变提高的过程要通过激励来实现。

（二）开发员工的潜在能力，提高工作绩效

一个人在组织中的工作绩效是员工能力和受激励程度的函数，用公式表示即：绩效 = F（能力 × 激励）。能力是取得成绩的基本保证，但是不管能力有多强，如果激励水平低，就难以保证取得较高的成绩。而且，在一定的条件下，一个人能力的提高并不是短时间可以办到的。因此，提高工作绩效的最有效办法，就是提高激励水平。

（三）造就良性的竞争环境

科学的激励制度应包含一种竞争精神，能够创造出一种良性的竞争环境，进而形成良性的竞争机制。在具有竞争性的环境中，组织成员就会感受到环境的压力，这种压力将转变为员工努力工作的动力。正如麦格雷戈所说："个人与个人之间的竞争，才是激励的主要来源之一。"在一个良好的激励环境中，员工工作的动力和积极性成了自然而然的事情。

（四）留住优秀人才

优秀的员工一般都有自己明确的职业发展规划，他们正是通过职业规划来实现个人目标的。如果企业本身就没有制定长远的战略发展规划，势必造成优秀人才无法充分发挥自身优势，个人的发展空间受到极大的限制，看不到光明的未来，容易产生跳槽的倾向。而一个充满激励机制的企业，善于为员工建立系统、科学合理的职业发展规划，善于创造富有激情和动力的组织环境，员工乐于积极努力地工作去追求未来的发展以及个人价值的实现，自然就不离开企业了。

职场与管理

S 公司的人才流失

S 公司是省内一家大型的外贸集团公司，历经 20 余年的创业，由原先的几张办公桌发展到今天的拥有 400 名固定员工、上亿元的固定资产，被同行广泛认可。

而现在，越来越多的业内人都戏称 S 公司为"人才培训学校"。5 年前，S 公司的进出口总额已达到骄人的业绩，但是，似乎至此 S 公司再也未能在业绩上有较大的突破。而且，一批又一批随同 S 公司共同成长的骨干员工纷纷离开 S 公司。这些昔日的创业者，S 公司的功臣们，在离开 S 公司后都多多少少带走了一些 S 公司的老客户。

S 公司的门槛高在业内是出了名的。每一位应聘候选人都必须具备名牌大学本科以上的学历、良好的人际沟通能力、出色的外语应用能力、完备的知识结构……事实上每一位被聘用的 S 公司员工都具备了相当好的个人素质，这也是 S 公司在行业内颇具盛名的原因之一。

一批又一批的新手被充实到各个业务岗位，新手们随即满怀热情、冲劲十足地投入工作，并且在工作中逐渐成长起来，逐渐弥补了由于老客户流失而造成的损失。与此同时，新手们也逐渐成熟为"老手"，而这些成长起来的"老手"们似乎失去了当初的那股劲头，开始有了烦恼……

现在 S 公司面临的是这样的一个难题：S 公司的吸引力对于这些逐渐成熟的业务骨干似乎显得越来越弱，相当部分的骨干们不满足于现状，并产生越来越强烈的跳槽倾向。S 公司越来越像一所高级人才培训学校。人才在公司得到培养以后，还没等到做出大的贡献，就"毕业"离开 S 公司这所"学校"了。

请思考：

1. S 公司人才流失的原因是什么？

2. 如何解决这些人才流失的问题？

第二节　内容型激励理论

内容型激励理论着重研究激发动机的因素，围绕着如何从满足人们生理和心理上的需要来激励员工，故又称需要理论。它着眼于满足人们需要的内容，即：人们需要什么就满足什么，从而激发人们的动机。内容型激励理论主要有马斯洛的需要层次理论、赫茨伯格的双因素理论、麦克利兰的成就需要论等。

一、马斯洛的需要层次理论

（一）需要层次理论概述

需要层次理论是由美国心理学家亚伯拉罕·马斯洛（Abraham H. Maslow）1943 年提出来的，是提出最早、影响最大的一种激励理论。

马斯洛的需要层次理论基于两个基本假设：人是有需要的动物，其需要取决于他已经得到了什么，还缺少什么，只有尚未满足的需要才能够影响行为。也就是说，已经满足的需要对个体不再起激励作用；人的需要是分层次的，只有当某一层次的需要得到满足后，下一层次的需要才会出现。

由此，马斯洛将人类纷繁复杂的需要由低到高分为五个层次：

（1）生理需要，是指人类生存所必需的、最基本的需要，如食物、水、睡眠、住所等。

（2）安全需要，是指人们寻求人身安全、生活稳定而免遭痛苦、威胁或疾病等的需要。这种安全需要体现在社会生活中是多方面的，如生命安全、劳动安全、职业保障、心理安全、身体健康，希望有一个和平、安定、良好的社会或生活有所保障等。

（3）社交需要，也称爱与归属的需要。是指人们寻求友谊、爱情、归属、信任与接纳的需要，如人际交往、良好的同事关系，爱情，对某个群体或家庭的依赖等。

（4）尊重需要，包括自尊和受到别人尊重两方面。自尊是指自己的自尊心，工作努力不甘落后，有充分的自信心，获得成就后的自豪感。受人尊重是指自己的工作成绩、社会地位能得到他人的认可，也就是自尊心、自信心、威望、荣誉、地位等方面的需要。

（5）自我实现需要，是指个人成长与发展，发挥自身潜能、实现理想的需要。即人希望能够充分发挥自己的潜能，希望自己越来越成为自己所期望的人，完成与自己的能力相称的一切事情。自我实现需要是最高层次的需要。

这五个层次的需要是由低到高逐步形成和发展起来的，如图 7-2 所示。

马斯洛给出了需要各层次间的相互关系：

（1）这五种需要像阶梯一样从低到高，逐层上升。

（2）只有低一级层次的需要相对满足了，才会向高一层次发展。这五种需要不可能完全满足，越到上层，满足的程度越小。例如，一个平常人在生理需要方面可能满足了 85%，安全需要方面满足了 70%，社交需要方面满足了 50%，尊重需要方面满足了 40%，而自我实现需要只满足了 10%。新的需要产生是一个循序渐进的过程，如当前需要 A 只满足了 10%，那么根本不会产生下一层级 B 的需要，当需要 A 满足了 75%，那么需要 B 可能会产生，需要如此上升。

图 7-2　马斯洛的需要层次理论

（3）不同层次的需要不可能在同一时期内同时发生作用，在某一特定的时期内总有某一层次的需要在起着主导作用。因为人的行为是受多种需要支配的，所以同一时期内，可能存在几种需要。但是，每一时期内总有一种需要是占支配地位的。任何一种需要并不因为下一个高层次需要的发展而消失，各层次的需要相互依赖、相互重叠，高层次的需要发展后，低层次的需要仍然存在，只是对行为影响的比重减小了。

（4）需要满足了就不再是一种激励力量。马斯洛还认为，生理需要与安全需要为低级需要，而社交需要、尊重需要与自我实现需要为较高级的需要。低级需要主要是从外部使人得到满足，而高级需要是从人的内心使人得到满足。对一般人来说，低级需要的满足是有限的，高级需要的满足是无限的，因而高级需要具有比低级需要更持久的激励力量。

马斯洛的需要层次理论简单明了，易于理解，具有内在逻辑性，得到了普遍认可。但其存在的缺陷是，在实际中，人的需要发展趋势并不一定严格按照马斯洛的五个需要层次逐层递增，可能某一低层次的需要未能得到满足时，另一较高层次的需要反而会占据主导地位。

（二）需要层次理论在企业管理中的应用

从马斯洛的需要层次理论，可以得到启示：如果要激励员工，就要了解员工目前所处的需要层次，然后通过给予适当的协助，帮助他们满足这一层次或更高层次的需要，在此过程中不断激励他们的士气和热忱。

根据所掌握的员工的需要层次，满足员工不同层次的需要，其管理措施具体如表 7-1 所示。

动画：
民营老板的
激励

表 7–1　需要层次理论与管理措施

需要的层次	一般激励因素	管理措施
1. 生理需要	食物、住所、薪酬等	基本的工作、身体保健、住宅设施、福利设施等
2. 安全需要	职位的保障、意外的防止	安全的工作条件、稳定的职业、退休金制度、健康保险、意外保险
3. 社交需要	友谊、爱、团体的接纳、组织的归属	和谐的工作小组、同事的友谊、团体活动制度、互助制度、娱乐制度、教育培训制度
4. 尊重需要	地位、权力、责任、尊重、认可	考核制度、晋升制度、奖金制度、选拔进修制度、委员会参与制度
5. 自我实现需要	成长与发展、挑战性的工作	挑战性工作、创造性工作、工作成就、相应决策参与制度

职场与管理

张健的转变

40 多岁的张健在一家银行做经理助理，已经 11 年了。长期以来，张健的工作成绩平平，以致没有一个分行经理愿意要他当助理，银行总经理经常把他安排到新开的分行。所以，他 11 年来换了 8 个分行。张健被调到第九个分行做经理助手时，分行经理很快了解了他以前的工作档案，尽管这位经理不情愿接收他，但还是愿意尝试一下对他实行激励。张健这个人经济上没有压力，他已继承了一套舒适的住宅，妻子是全职太太，孩子已大学毕业并有了收入不错的职业。所以，物质上他是满足的。

这位经理在与张健相处的一段时间里，两次都想解聘他。有时候，张健表现得干劲十足，但过不了多久，便旧态复萌，依然故我。这位经理对他进行了全面分析后认为：虽然张健对物质方面没有要求，但对精神鼓励，如承认和赞赏倒可能作出反应。于是，经理就琢磨着在这方面想办法。比如，经理趁分行成立一周年之际，举行了一个全体员工集会，预先制作了一个很大的蛋糕，特意把张健管辖下的重要财务数据，以及他为组织创造的效益写在蛋糕上。这一次，张健被大家给予他的褒扬深深打动了。从此以后，他像换了一个人，不到两年的时间成了另一家分行的优秀经理。

请思考：第九分行的经理对张健的激励是成功的吗？为什么？

二、赫茨伯格的双因素理论

（一）双因素理论的内容

双因素激励理论，又叫"激励—保健理论"，是美国的行为科学家弗雷德里克·赫茨伯格（Fredrick Herzberg）于1959年提出来的。20世纪50年代末期，赫茨伯格和他的助手们在美国匹兹堡地区对11个工商机构的近2 000名工作者进行了工作满意度的调查访问。结果发现，使员工不满的因素与使员工感到满意的因素是截然不同的。

赫茨伯格认为员工非常不满意的原因，大都属于工作环境或工作关系方面的，如公司的政策、行政管理、员工与上级之间的关系、工资、工作安全、工作环境等；能够使员工感到非常满意的因素，大都属于工作内容和工作本身三方面的，如工作的成就感、工作成绩得到上司的认可、工作本身具有挑战性。前者叫作保健因素，后者叫作激励因素，这就是双因素理论，如图7-3所示。

图 7-3　双因素理论

赫茨伯格的这个观点打破了传统的满意—不满意的观点（认为满意的对立面是不满意）。赫茨伯格认为满意的对立面是没有满意，而不是不满意；不满意的对立面是没有不满意，而不是满意，如图7-4所示。

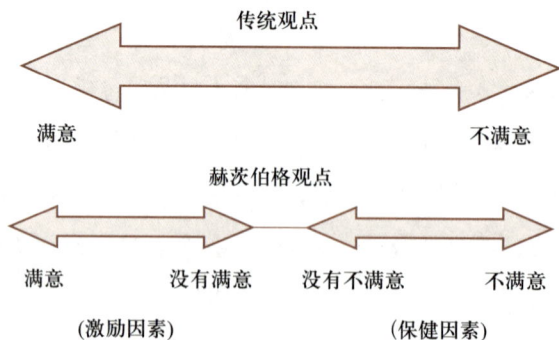

图 7-4　满意—不满意观点的对比

赫茨伯格进一步指出，保健因素如果达不到职工可接受的最低水平，就会引发职工的不满情绪，而满足了也并不能使职工感到激励，但会起到防止人们对工作产生不满情

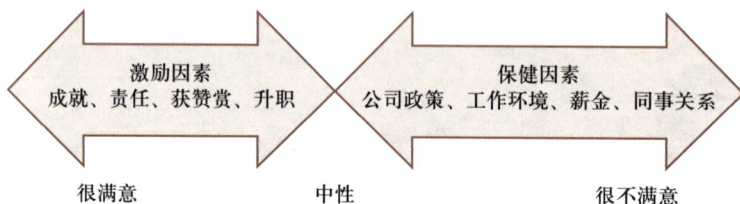

绪的作用。就像饭前洗手一样能防止人们生病，但不能提高身体素质，因此也叫保持因素；激励因素的改善，能够激发职工的热情和积极性，提高工作效率。激励因素像人们锻炼身体一样，可以提高身体素质，增进健康，因此赫茨伯格把这一因素称为激励因素。

职场与管理

士为"赞赏"者死

某大型公司的一个清洁工，本来是一个最被人忽视、最被人看不起的角色，但就是这样一个人，却在一天晚上公司保险箱被窃时，与小偷进行了殊死搏斗。

事后，有人为他请功并问他的动机时，答案却出人意料。他说：当公司的总经理从他身旁经过时，总会不时地赞美他"你扫的地真干净"。

你看，就这么一句简简单单的话，使这个员工受到了感动，并"以身相许"。这也正合了中国的一句老话"士为知己者死"。

金钱在调动下属们的用心方面不是万能的，而赞美却恰好能够弥补它的不足。因为生活中的每一个人，都有较强的自尊心和荣誉感。你对他们真诚地表扬与赞同，就是对他价值的最大认可和重视。而能真诚赞美下属的领导，能使员工们的心灵需求得到满足，并能激发他们潜在的才能。

打动人最好的方式就是真诚的欣赏和善意的赞许。

请思考：我们是否学会了真诚的赞赏呢？

（二）双因素理论在管理中的应用

双因素理论揭示了内在激励的作用，对管理者如何更好地激励员工提供了新的思路，如管理者在管理实践中应注意以下几方面：

（1）注重对员工的内在激励。管理者若想更有效、更持久地激励员工，就必须注重工作本身对职工的激励。管理者可以通过工作再设计，使员工的工作内容丰富化，从而使员工能在工作中得到责任、成长和成就感等高层次需求的满足。同时，对员工的成就及时给予肯定、表扬，使其感到自己受到重视和信任。

（2）在对员工的激励中，不应忽视保健因素。保健因素可以防止员工不满，减少离职倾向。

（3）管理者还要善于把保健因素转化为激励因素。保健因素和激励因素是可以转化的，不是一成不变的。例如，员工的工资、奖金，如果同个人工作业绩相联系，就会产生激励作用，变为激励因素。如果两者没有联系，奖金发得再多也构不成激励。因此，有效的管理者既要注意保健因素，以消除员工的不满，又要努力使保健因素变为激励因素。

三、麦克利兰的成就需要理论

成就需要理论是由美国管理学家戴维·麦克利兰（David McClelland）于 20 世纪 50 年代提出的。麦克利兰通过对人的需要和动机进行研究，把人的高层次需要归纳为对成就、权力和友谊三种需要。

（1）成就需要，是指一个人追求卓越，争取成功的内驱力。具有高成就需要的人会经常考虑个人事业的前途及发展问题，喜欢把事情做得比竞争者更好，并且敢冒商业风险。在工作上喜欢设立具有适度挑战性的目标，追求提高工作效率、努力奋斗的乐趣，以及成功之后的个人的成就感，他们并不看重成功所带来的物质奖励。

（2）权力需要，是指渴望影响或控制他人，为他人负责以及拥有高于他人的职权的权威。权力需要较高的人喜欢支配、影响他人，喜欢对别人发号施令，注重争取地位和影响力，他们喜欢具有竞争性和能体现较高地位的场合或情境。很多研究表明，在一定的组织环境中，尤其是规模较大的企业或组织机构中，领导人的权力欲望是有效管理的必要条件。

（3）友谊需要，是指渴望寻求他人的接纳、回避冲突以及建立友谊的需要。高友谊需要者渴望友谊，喜欢合作而不是竞争的工作环境，希望彼此间的沟通和理解，他们对环境中的人际关系更为敏感，如在一个要求与人协作甚至高度配合的工作岗位，安排一个具有高度友谊需要的人，将会大大提高工作效率。

麦克利兰认为，在人的生存需要基本得到满足的前提下，成就需要、权力需要和友谊需要是人的最主要的三种需要。成就需要的高低对一个人、一个企业发展得好坏起着特别重要的作用。麦克利兰对上述三种需要，特别是成就需要的特点和作用进行了长期的研究，因而他的理论被称为成就需要理论。主要观点是：

（1）有着强烈成就需要的人，是那些倾向于成为企业家的人。有着强烈权力需要的人，更有可能随着时间的推移而逐步晋升。相比之下，有强烈的成就需要、但没有强烈的权力需要的人，容易登上职业生涯的顶峰，只不过职位的组织层次较低。究其原因，成就需要可以通过任务本身得到满足，而权力的需要，只有通过上升到某种具有高于他人的权力层次才能得到满足。

（2）成就需要和组织甚至国家的发展状况密切相关。一个公司如果有很多具有成就需要的人，那么，公司就会发展很快；一个国家如果有很多这样的公司，整个国家的经济发展速度就会高于世界平均水平。

（3）麦克利兰的成就需要理论在企业管理中很有应用价值。首先，在人员的选拔和安置上，测量和评价一个人动机体系的特征对于如何分派工作和安排职位有重要的意义。其次，由于具有不同需要的人需要不同的激励方式，了解员工的需要与动机有利于合理建立激励机制。

（4）麦克利兰认为动机是可以训练和激发的，因此可以训练和提高员工的成就动机，以提高生产率。

数字化＋管理

腾讯的"游戏化"激励

在中国，互联网行业仍然属于年轻的行业，但业务的发展无比迅速，这同时也对行业人才提出了更高的要求。技术驱动时代企业的竞争力来自研发，在这种情况下，如何更快速并有效地培养人才是当前互联网公司面临的最大挑战。

腾讯作为一家互联网企业，已经发生过几次重大的组织结构的调整。与组织结构调整相适应的是对于研发人才的管理。腾讯特别关注员工个人能力的成长，投入了大量的人力和其他资源，经过多年的发展和实践，优化出一套行之有效的"游戏化"员工激励和晋升体系。

1. 为每位员工提供一个看得见的上升通道

按职业定位和专业通道划分为 TPMS 通道，其中 T 是技术通道，P 是产品／项目通道，M 是市场通道，S 是专业职能通道。腾讯为员工设置多元化的细分通道，为每个专业领域的员工提供清晰的职业发展路径，保证公平而不用跨专业、跨等级。还会不断根据岗位和技术的市场变化，设置不同类型的上升通道，与时俱进地给每位员工清晰的职业定位和职业规划。

2. 级别晋升与业务绩效双管齐下

为了提升研发人员的自主性，腾讯故意弱化内部员工的级别与薪酬的相关性，让业务绩效在整体收入中占的比重较大，所以重"利"的员工可以通过提升业务能力和业绩表现来获得高薪酬。在这样的激励和晋升体系下，员工成长不再完全信赖领导，而更注重个人对自己的培养和进步。腾讯强矩阵式的独立业务单元往往忽略员工的成长，而晋级体系就可以弥补这块短板。

正因为在这几次关键时间点所做的战略调整，腾讯成功从一家社交媒体变身为互联网创新平台，路越走越宽。事业部制让每个研发团队成员清晰了解团队目标和个人角色，"游戏化"激励让年轻的研发人员对个人成长有更多自主性，脑力震荡下各种新游戏、新应用层出不穷。在连续几年的全球游戏收入排名中，腾讯稳居全球前列。

3. 变管理为经营的激励方式

科技进步催生了各种商业模式的不断创新，商业环境变化不仅影响未来业务发展路径与组织运作模式，而且潜移默化地改变着人员需求和成长动力。对于技术驱动时代的企业家和企业高管而言，要把握未来业务增长点，就要转变思路，从人员管理到人才经营，从外在激励到内在驱动，将以往考虑如何管理好研发人员，转变为如何培养好他们，让研发人员自发地工作。

数字化思维：跟随产业的变化和调整，互联网时代腾讯员工的培养要靠"自驱动"的人才培养。通过建立全员创新激励机制，激活全员创新的能量细胞，降低门槛，激发全员积极参与企业经营管理，变被动听指挥为自主创业，促进效率和成本改善，实现组织与个人的双赢。

第三节　过程型激励理论

过程型激励理论着重研究人从动机产生到采取行动的心理过程。它的主要任务是找出对积极性行为起决定作用的某些关键因素，弄清它们之间的关系。其代表理论包括弗鲁姆的期望理论、亚当斯的公平理论和斯金纳的强化理论。

一、弗鲁姆的期望理论

（一）期望理论的内容

期望理论是由美国心理学家维克托·弗鲁姆（Victor H. Vroom）于 1964 年在其《工作与激励》一书中提出的。他认为，只有当人们预期到某一行为能给个人带来既定结果，并且这种结果对个人是非常有吸引力的时候，个人才会采取特定的行为。从激励的角度看，这一理论可用下列公式表示：

$$激励力 = 效价 \times 期望值$$

$$M = \sum V \times E$$

式中：M——激励力；

V——效价；

E——期望值。

专业微课：
了解你的激励力

效价是指激励对象对所要达到目标的价值大小的主观评价。在实际生活中，对同一目标，不同的人由于个人价值观不同，所处需求层次与阶段不同，对这一目标的效价也不同。如对于"升职"这一目标，有人希望通过努力工作得到更高的职位，"升职"这一目标在他心目中的效价就高；有人则对升职与否漠不关心，"升职"这一目标在他心目中的效价就低。

期望值是指激励对象对目标能够实现的可能性大小的估计，是一种主观概率。这种主观概率受个人因素的影响。期望值的大小在 0 和 1 之间，如认为完全可能实现，则期望值为 1；若认为完全不可能实现，则期望值为 0。

期望理论的公式表明，一种因素的激励力大小取决于其效价和期望值两个因素。效价和期望值二者结合，共同决定了激励作用的大小。激励力的效果直接表现为人们的积极性。激励力越大，积极性就越高；激励力越小，积极性越低。

怎样使激励力达到最高值，弗鲁姆提出了人的期望模式，如图 7-5 所示。

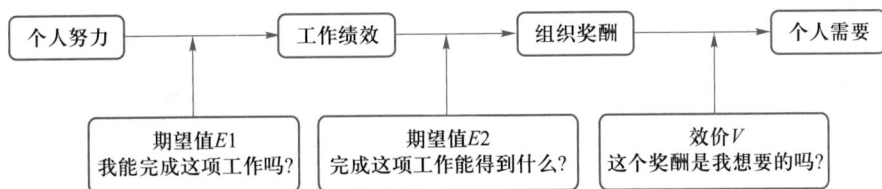

图 7-5　弗鲁姆的期望理论模型

在这个期望模式中，需要兼顾以下几个方面的关系。

（1）个人努力和工作绩效的关系。这两者的关系取决于个体对目标的期望值，即："我能完成这项工作吗？"期望值又取决于目标是否适合个人的认识、态度、信仰等个性倾向，以及个人的社会地位、别人对他的期望等社会因素，即由目标本身和个人的主客观条件决定。

（2）工作绩效与组织奖酬的关系。人们总是期望在达到预期成绩后，能够得到适当的合理奖酬，即："完成这项工作我能得到什么？"如奖金、晋升、提级、表扬等。达成目标后，如果没有相应有效的物质和精神奖励来强化，时间一长，积极性就会消失。

（3）组织奖酬和个人需要的关系。奖励什么要适合各种人的不同需要，要考虑效价，即："这个奖酬是我想要的吗？"因此，采取多种形式的奖励，尽可能因人而异，奖人之需，最大限度地挖掘人的潜力，最有效地提高工作效率。

（4）个人需要的满足与新的行为动力之间的关系。当一个人的需要得到满足之后，他会产生新的需要并追求新的期望目标。因为需要得到满足的心理会促使他产生新的行为动力，并对实现新的期望目标产生更高的热情。

职场与管理

如何激励员工，留住人才

得育企业管理咨询有限公司是一家针对青少年户外活动拓展和企业团建的培训企业。主要经营项目有夏令营、冬令营（根据时间分不同项目）和公司团建。公司为促进销售，聘请若干招生顾问（客服）对接客户（家长），通过公众号和各平台推送活动信息以及招生顾问的联系方式。公司每个月会通过平台下发1 000元优惠券，以促成更多交易。

该企业在此类型项目有一定的运营历史，在同行中也有一定知名度。但在经营管理和员工激励方面存在许多让员工抱怨或不满的问题：

（1）关于招生顾问的工资及提成金额问题。跟所有销售人员一样，公司的薪酬包含底薪＋提成。提成以交易数量计算，无论下单金额多少（如夏令营7天和14天报名费分别为3 580元和5 580元），成功招生均获100元提成。

（2）对提成划分问题。由于平台在推送页面留下招生顾问（客服）联系方式，这可能出现一个家长先后添加不同招生顾问的情形。公司的提成划分为最先被添加的客服，但总会出现家长最后是跟后面添加的客服沟通较多并下单的情况。

（3）公司定价存在自由裁定空间。推送页面虽然有指定价格，但该企业却给招生顾问保留较大的砍价空间。如一个7天的夏令营报名费为3 580元，14天为5 580元。公司给招生顾问提供的底价分别为1 880元和3 380元。在此空间内招生顾问可以随意裁定，但最后成交的价格与提成无关。另外，在不同渠道报名价格差别非常大。

（4）无明确界定对培训过程中服务的职责问题。学生在培训过程中对接的服务，如饭堂、联系家长、收取家长快递、购买药品等工作没有明确界定，经常在招生顾问中出现因任务分配而产生的问题和矛盾。

请思考：如果你是该公司的管理人员，如何针对以上问题为该公司设计一套公平合理的激励制度。

（二）期望理论在管理中的应用

弗鲁姆认为，人们可以自觉地评价自己努力的结果和得到的报酬，且每个人对其从工作中得到报酬的评价（效价）是不同的。因此，管理者需要根据实际设计合理的激励机制：

（1）确定适当的目标，激发期望心理。人们的行为总是指向一定的目标，但需要注意的是，目标定得过高会令人生畏，目标定得过低会使人轻易达到，这都起不到激励作用。此外，不同的人对目标的看法不同：同一目标，有人觉得很重要，那么效价就高，激励作用大；有人觉得无所谓，那么效价就低，就起不到激励作用。所以，管理者要了解每个员工的需要，根据不同的需要制定不同的目标。

（2）帮助员工调整期望值，调动积极性。由于人们的经验、能力、自信心不同，因而对特定预期目标的期望值也不同。有的人期望值过高，盲目乐观，一旦实现不了，易产生心理挫折；有的人缺乏自信，期望值过低，易悲观失望，放松努力。因此，管理者要善于帮助职工调整期望值。

（3）正确处理努力与绩效之间的关系。一个人的行为能否取得绩效，主要取决于他的努力和能力。因此，管理者应提供相应培训以提高员工的工作能力，量才使用，使员工各得其位、人尽其才。

（4）正确处理绩效与奖励需要的关系。管理者应根据员工的工作绩效给予相应的奖励，同时应根据不同人需要的差异，变换相应奖励内容，投其所好，以提高奖励在员工心中的效价，这样才能使效价与期望值的乘积最大，获得持久的激励力。否则，干好干坏一个样、干与不干一个样，员工的工作积极性自然就会消退。

二、亚当斯的公平理论

（一）公平理论的主要内容

公平理论又称社会比较理论，是美国心理学家约翰·斯塔希·亚当斯（John Stacey Adams）于 20 世纪 60 年代提出的。公平理论是一种侧重于研究工作报酬的合理性、公平性对员工的工作积极性的影响的激励理论。

亚当斯通过大量的研究发现，员工对自己是否受到公平合理的待遇十分敏感。他们的工作态度不仅受到其所得报酬的绝对值的影响，更受到相对值的影响。具体来说，公平理论认为员工会通过横向和纵向的比较来确定自己的报酬是否合理。横向比较是比较自己与其他人的报酬，衡量双方的付出和报酬是否公平；纵向比较是比较自己过去和目前付出和回报的比值，以判断是否公平。

1. 横向比较

横向比较是将自己的付出和所得的报酬，与一个和自己条件相当的人的付出与所得的报酬进行比较，从而对此做出相应反应。下面用方程式来加以说明。

$$\frac{A\text{所得}}{A\text{付出}} = \frac{B\text{所得}}{B\text{付出}} \cdots\cdots\cdots\cdots\cdots\cdots\cdots\text{公平} \qquad (7\text{--}1)$$

$$\frac{A\text{所得}}{A\text{付出}} > \frac{B\text{所得}}{B\text{付出}} \cdots\cdots\cdots\cdots\text{不公平（报酬过高）} \qquad (7\text{--}2)$$

$$\frac{A\text{所得}}{A\text{付出}} < \frac{B\text{所得}}{B\text{付出}} \cdots\cdots\cdots\cdots\text{不公平（报酬过低）} \qquad (7\text{--}3)$$

A 代表某员工，B 代表参照对象。

"付出"是指每个人对自己（或他人）的努力、资历、知识、能力、经验及贡献的主观估计。

"所得"是指付出后所得到的报酬，如工资、奖金、福利待遇、晋升、进修机会等。

式 7-1 表示，当 A 通过和 B 的比较，觉得二人的付出与所得之比相等，感到公平，因而心情舒畅，努力工作；

式 7-2 表示，当 A 通过和 B 的比较，觉得自己的收付比高于对方，感到占了便宜，但也会产生内心不安；

式 7-3 表示，当 A 通过和 B 的比较，觉得自己的收付比低于对方，感到吃了亏而满心怨气。

2. 纵向比较

纵向比较是指个人对工作的付出与所得与过去进行比较，下面用公式加以说明。

$$\frac{A\text{现在所得}}{A\text{现在付出}} : \frac{A\text{过去所得}}{A\text{过去付出}}$$

比较的结果也有三种：

（1）现在的收付比等于过去，他会认为激励措施基本公平，积极性和努力程度可能保持不变。

（2）现在的收付比大于过去，他可能不会觉得报酬过高，因为他可能认为自己的能力和经验有了提高，因而工作积极性不会有大的提高。

（3）现在的收付比小于过去，他会认为不公平，工作积极性会下降。

综上所述，可以将公平理论归纳为以下几个观点：

员工对报酬的满意度是一个社会的比较过程；一个人对自己报酬是否满意，不仅受到报酬的绝对值影响，而且受到报酬的相对值的影响。员工的积极性不仅与个人实际报酬多少有关，而且与其对报酬的分配是否感到公平更为密切。公平感直接影响职工的工作动机和行为。只有产生公平感才会心情舒畅，努力工作；如果产生不公平感，会减少付出，满腔怨气、大发牢骚甚至放弃工作，做出破坏行为。

"安于贫而乐于道"

孔子是我国春秋战国时期著名的教育家，儒家学派创始人。相传孔子有学生三千余人，其中最出名的有七十二人，而颜回又是孔子最得意的门生之一。

孔子对颜回称赞最多，赞其好学仁人。有一次，孔子对学生们说："贤哉，回也！一箪食，一瓢饮，在陋巷，人不堪其忧，回也不改其乐。贤哉，回也！"意思是：颜回的品质是多么高尚啊！一竹篮饭，一瓢水，住在简陋的小巷子里，别人都忍受不了这种穷困清苦，可颜回却泰然处之，生活得很快乐、很满足。

孔子十分赞赏颜回的这种品质，后西汉经学家孔安国也评价颜回"安于贫而乐于道"。安贫乐道，即对清寒的生活泰然处之，坚定自己的人生信念。引申为一种人生态度、一种价值信念。

请思考：党的二十大报告指出："物质贫困不是社会主义，精神贫乏也不是社会主义。"在物质生活丰富的新时代，应如何理解"安贫乐道"呢？

（二）公平理论在管理中的应用

对于组织中的管理者来说，应该关注员工有关公平与不公平的社会比较过程，在激励机制上保证客观、公平：

（1）管理者要尽可能公平地对待每一个员工。管理者要一视同仁，特别是在工资、福利、职称等敏感问题上要公平合理。

（2）帮助他们树立正确的公平观，选择客观的公平标准。人们总是倾向于高估自己的付出，而低估自己的所得，对别人的付出与所得的估计则正好相反。因此，管理者除了在客观上公平地对待每一个下属，还应使他们正确地认识自己与他人的投入。

（3）注意对有不公平感的员工进行心理疏导。

（4）制定一个能够让员工感到公平并且乐于参与和保持的报酬分配制度。

你是胡萝卜，是鸡蛋，还是咖啡粉？

在父亲面前，女儿总是抱怨自己的生活，抱怨事事都那么艰难。她不知该如何应付生活，想要自暴自弃了。她已厌倦抗争和奋斗，好像一个问题刚解决，新的问题就又出现了。

思政微课：
你是胡萝卜、
鸡蛋，还是
咖啡粉？

她的父亲是位厨师，他把她带进厨房。他先往三只锅里倒入一些水，然后把它们放在旺火上烧。不久锅里的水烧开了。他往一只锅里放些胡萝卜，第二只锅里放些鸡蛋，最后一只锅里放入咖啡粉末。他将它们浸入开水中煮，一句话也没有说。女儿咂咂嘴，不耐烦地等待着，纳闷父亲在做什么。大约20分钟后，他把火关了，把胡萝卜捞出来放入一个碗内，把鸡蛋捞出来放入另一个碗内，然后又把咖啡舀到一个杯子里。做完这些后，他才转过身问女儿："亲爱的，你看见什么了？""胡萝卜、鸡蛋、咖啡。"她回答。

他让她靠近些并让她用手摸摸胡萝卜。她摸了摸，注意到它们变软了。父亲又让女儿拿一只鸡蛋并打破它。将壳剥掉后，她看到了一只煮熟的鸡蛋。最后，他让她喝了咖啡。品尝到香浓的咖啡，女儿笑了。她怯生生地问道："父亲，这意味着什么？"

他解释说，这三样东西面临同样的逆境——开水，但其反应各不相同。胡萝卜入锅之前是强壮的、结实的，毫不示弱，但进入开水之后，它变软了，变弱了。鸡蛋原来是易碎的，薄薄的外壳保护着蛋液，但是经开水一煮，它的"内脏"变硬了。而咖啡粉则很独特，进入沸水之后，它们改变了水。"哪个是你呢？"他问女儿，"当逆境找上门来时，你该如何反应？你是胡萝卜，是鸡蛋，还是咖啡粉？"

你呢？你是看似强硬，但遭遇痛苦和逆境后畏缩了，变软弱了，失去了力量的胡萝卜吗？你是内心原本可塑的鸡蛋吗？或者你像咖啡粉？咖啡粉改变了给它带来痛苦的开水，并在它达到高温时让自己散发出最佳的香味。水最烫时，它的味道反倒更好了。如果你像咖啡粉，你会在情况最糟糕时变得更有出息，并使周围的情况变好。问问自己是如何对付逆境的。你是胡萝卜，是鸡蛋，还是咖啡粉？

★**素养提升**：大部分人在一生中都不会一帆风顺，难免会遭受挫折和不幸。"失败了再爬起来"，看起来是一句鼓舞失败者最好的话，但是要真正实现起来，需要的是自我激励的品质和勇气。多给自己鼓励，让自己的心态更积极些，能够提升对快乐的感知，也能提升对幸福感的感知。

三、斯金纳的强化理论

（一）强化理论的主要内容

强化理论是由美国哈佛大学心理学家斯金纳（B. F. Skinner）提出的。强化理论认为，人的行为只是对外部环境刺激所做反应。如果这种刺激对他有利，则这种行为就会重复出现；若对他不利，则这种行为就会减弱直至消失。

强化的概念最早是由俄国生理学家巴普洛夫在研究条件反射时提出的。强化，是指对一种行为给予肯定或否定（奖励或惩罚），这种行为产生的结果可以在一定程度上影响或控制该行为重复出现与否。如工作经一定努力取得了较好的成果时给予一定的奖励，则员工可能进一步努力工作；员工因为迟到而被扣发工资时，迟到这种行为就会减少或消除。在这一过程中，凡对行为有强化作用的手段（如奖酬、惩罚）叫强化物。

按照强化理论，在企业实践中，常用的强化手段有正强化、负强化和自然消退三种。

（1）正强化，又叫积极强化，是采用某种具有吸引力的结果对某一行为进行鼓励和肯定，使其重现和加强。这种有吸引力的结果在管理中表现为奖酬，如认可、赞赏、增加工资、职位提升、高奖金、提供满意的工作条件等，这些奖酬可使员工的行为重现和加强。

（2）负强化，又叫消极强化，是指对那些不符合组织目标的行为给予否定或惩罚，使之减弱或消失，以防止类似的行为再度发生。在管理中，对不符合组织和社会期望的行为进行批评或惩罚，促使不良行为受到削弱或抑制。负强化的措施有批评和惩罚两种。批评又可分为公开批评、直接批评和间接批评。惩罚有警告、记过、降职、降薪、罚款、开除等。实施负强化的方式应与正强化有所差异，应以连续负强化为主，即对每一次不符合组织的行为都应及时予以负强化，消除人们的侥幸心理，减少这种行为重复出现的可能性。

（3）自然消退。自然消退有两种方式：一种是对某种行为不予理睬，以表示对该行为的轻视或某种程度上的否定使其自然消退；另一种是指原来用正强化手段鼓励的有利行为由于疏忽或情况改变，不再给予正强化，使其逐渐消失。研究表明，一种行为如果长期得不到正强化，就会逐渐消失。例如，对于那些喜欢打小报告的人，领导可以采取故意不理会的态度，以使这类人因自讨没趣而放弃这种不良行为。又如，企业原来对超额完成任务都给予较高的奖励，如不再有此项奖励，那么员工超额完成任务的积极性就会逐渐消退。

管理故事

红烧肉的故事

老板接到一桩业务，有一批货要搬到码头上去，必须在半天内完成。任务相当重，手下就那么十几个伙计。

这天一早，老板亲自下厨做饭。特地准备了一份色佳味美的红烧肉。

开饭时，老板给伙计们一一盛好，还亲手捧到他们每个人手里。伙计王接过饭碗、筷子，正要往嘴里扒，一股诱人的红烧肉浓香扑鼻而来，他急忙用筷子扒开一个小洞，三块油光发亮的红烧肉焐在米饭当中。他立即扭过身，一声不响地蹲在屋角，狼吞虎咽地吃起来。

这顿饭，伙计王吃得特别香。他边吃边想：老板看得起我，今天要多出点力。于是他把货装得满满的，一趟一趟，来回飞奔着，搬得汗流如雨……整个下午，其他伙计也都像他一样卖力，个个挑得汗流浃背。一天的活，一个上午就干完了。

中午，伙计王不解，偷偷问伙计张："你今天咋这么卖力？"张反问王："你不也干得起劲吗？"王说："不瞒你，早上老板在我碗里塞了三块红烧肉啊！我总要对得住他对我的关照嘛！"

"哦！"伙计张惊讶地瞪大了眼睛，说："我的碗底也有红烧肉哩！"两人又问了别的伙计，原来老板在大家碗里都放了肉。

请思考：工人们为什么都干得特别卖力？

（二）强化理论在管理中的应用

在管理实践中，管理者应了解每种强化手段的特点，根据实际，灵活运用：

（1）奖励与惩罚相结合。对正确的行为，对有成绩的个人或群体应及时给予适当的奖励。同时，对于不良行为，对于一切不利于组织工作的行为则要及时给予处罚。大量实践证明，奖惩结合的方法优于只奖不罚或只罚不奖的方法。

（2）以奖为主，以罚为辅。强调奖励与惩罚并用，并不等于奖励与惩罚并重，而是应以奖为主，以罚为辅，因为过多运用惩罚的方法会带来许多消极的后果，在运用时必须慎重。

（3）及时而正确强化。及时强化是指让人们尽快知道其行为结果的好坏或进展情况，并尽量地予以相应的奖惩。正确强化就是要赏罚分明，即当出现良好行为时就给予适当的奖励，当出现不良行为时就给予适当的惩罚。及时强化能给人们以鼓励，使其增强信心并迅速地激发工作热情，但这种积极性的效果是以正确强化为前提的；相反，乱赏乱罚绝不会产生激励效果。

（4）奖人所需，形式多样。要使奖励成为真正强化因素，就必须因人制宜地进行奖励。每个人都有自己的特点和个性，其需要也各不相同，因而他们对具体奖励的反应也会大不一样。所以奖励应尽量不搞一刀切，应该奖人所需，形式多样，只有这样才能起到激励的效果。

知识测试

【判断正误】

1. 成就需要理论认为主管人员的成就需要是可以培养的。（　　）

2. 表彰和奖励能起到激励的作用，批评和惩罚不能起到激励的作用。（　　）

3. 需要层次理论认为，如果管理者真正了解了员工的需要，依其需要来进行激励，则会产生很大的激励作用。（　　）

4. 根据公平理论，当获得相同结果时，员工会感到他们是被公平对待的。（　　）

5. 效价是指个人对通过某种行为会导致一个预期结果的可能性估计。（　　）

【单项选择】

1. 曹雪芹虽食不果腹，仍然坚持《红楼梦》的创作，是出于其（　　）。

    A. 自尊需要　　　　　　　　　　B. 情感需要

    C. 自我实现需要　　　　　　　　D. 以上都不是

2. 某企业经理为了激发下属员工的积极性，采用了以下措施：赋予工人更多的工作和责任，并且用表扬和赏识来激励下属。但是不幸的是，他的这些方法并没有取得预期的效果。可以最好地揭示这件事的原因的理论是（　　）。

    A. 期望理论　　　　　　　　　　B. 强化理论

    C. 需要层次理论　　　　　　　　D. 双因素理论

3. 某企业规定，员工上班迟到一次，扣发当月50%的奖金，自此规定出台之后，员工迟到现象基本消除，这是（　　）。

    A. 正强化　　　B. 负强化　　　C. 惩罚　　　D. 忽视

4. 在企业中，常常见到员工之间会在贡献和报酬上相互参照攀比。一般来说，你认为员工最有可能将（　　）作为自己的攀比对象。

    A. 企业的高层管理人员　　　　　B. 员工们的顶头上司

    C. 企业中其他部门的领导　　　　D. 与自己处于相近层次的人

5. 小张大学计算机专业毕业以后，到一家计算机软件公司工作。三年来，他工作积极，取得了一定的成绩。最近他作为项目小组的成员，与组内同事一道奋战了三个月，成功地开发了一个系统，公司领导对此十分满意。这天小张领到领导亲手发给他的红包，较丰厚的奖金令小张非常高兴，但当他随后在项目小组奖金表上签字时，目光在表上注视了一会儿后，脸便很快阴沉下来。对于这种情况，下列理论中可以较恰当地给予解释的是（　　）。

    A. 双因素理论　　B. 期望理论　　C. 公平理论　　D. 强化理论

第七章交互式测验及参考答案

6. 某企业对生产车间的安全设施进行了改善，这是为了更好地满足员工的（　　）。

  A. 生理的需要   B. 安全的需要

  C. 社交的需要   D. 尊重的需要

7. 根据期望理论，要达到使工作的分配出现所希望的激励效果，一项工作最好授予（　　）。

  A. 能力远远高于任务要求的人 B. 能力远远低于任务要求的人

  C. 能力略高于任务要求的人 D. 能力略低于任务要求的人

8. 关于强化理论，其说法正确的是（　　）。

  A. 美国心理学家马斯洛首先提出

  B. 所谓正强化就是惩罚那些不符合组织目标的行为，以使这些行为削弱甚至消失

  C. 连续的、固定的正强化能够使一切强化都起到较好的效果

  D. 实施负强化的方式与正强化有所差异，应以连续的负强化为主

9. 商鞅在秦国推行改革，他在城门口立了一根木棍，声称能将木棍从南门移到北门的，奖励五百金，但没有人去尝试。根据期望理论，这是由于（　　）。

  A. 五百金的效价太低   B. 居民对得到报酬的期望很低

  C. 枪打出头鸟，大家都不敢尝试 D. 以上说法都不正确

10. 在激励工作中，最为重要的是要发现职工的（　　）。

  A. 安全需求   B. 现实需求

  C. 主导需求   D. 自我实现的需求

【讨论与分析】

1. 马斯洛的需要层次理论的主要观点是什么？谈谈你的看法。

2. 应用双因素理论进行激励时，应该注意什么问题？

3. 请列举出你熟悉的企业的激励事例并应用激励理论对其进行分析评价。

管理工具

员工援助计划（EAP）：助力职业心理健康

  员工援助计划（Employee Assistance Program，EAP），又称员工心理援助项目、全员心理管理技术。它是由企业给员工设置的一套系统的、长期的福利与支持项目，通

过专业人员对组织的诊断、建议和对员工及其直系亲属提供的专业指导、培训和咨询，使员工从纷繁复杂的个人问题中得到解脱，管理和减轻员工的压力，维护其心理健康。

在当今竞争激烈的职场环境中，员工的职业心理健康问题日益凸显，越来越多的企业开始关注并重视员工的心理健康。经过几十年的发展，如今，EAP 已经发展成一项综合性的服务，内容包括压力管理、职业心理健康、裁员心理危机、灾难性事件、职业生涯发展、健康生活方式、家庭问题、情感问题、法律纠纷、理财问题、饮食习惯、减肥等各个方面。通过及时解决员工心理问题，企业能够建立更好的员工关系，提升员工的忠诚度和满意度，还可以降低企业的人力成本和员工流失率，从而增强企业的竞争力。

据统计，在世界 500 强企业中，有 80% 以上的企业都建立了 EAP 服务体系，而美国本土有近 1/4 企业的员工享受到 EAP 服务，员工人数在 100~490 人的企业 70% 以上有 EAP，并且这个数字正在不断增加。

在 EAP 的推广与实施步骤中，需要注意以下方面：

（1）实施 EAP 首先应该得到企业高层管理者的理解和支持，使他们意识到必要性及意义所在，如保证企业和谐稳定地发展，并最终得到更大的回报。

（2）建立一套清晰的、书面表述的政策和程序，说明 EAP 的目的及其在组织中如何运行，发挥什么作用，将 EAP 正式纳入企业的管理体系。

（3）要特别关注对于高层管理人员的培训，以提高他们辨识员工问题的能力。

（4）为了提高 EAP 在公司的普及率，应对员工进行宣传教育，以推广 EAP 服务。同时，要与社区服务机构中介加强联系，做好个案跟踪服务，确保员工信息的保密性，并建立基于项目评价目的的保存记录。

（5）要得到组织的经济支持，由公司的健康保险福利支付员工援助计划。

由于文化背景、员工的观念或意识等方面的差异，EAP 在中国的本土化显得相当漫长，直到近 10 年才有比较成熟的实施。在实施 EAP 中，要立足本土国情，充分认识EAP，避免陷入误区。EAP 是针对所有员工，包括管理层的一项工具，对于管理者来说，EAP 还包含如何提升他们情商等更多内容；EAP 不能与思想政治工作或简单的企业文化活动混为一谈；EAP 的效果不是立竿见影的，重在坚持。

【工具应用】某知名企业的客户服务中心因需要直接与客户沟通，导致客户专员承受了较大的心理压力，一系列的原因造成员工的流失率居高不下。因此，即使身为知名企业，且企业的福利待遇等都略高于同行业水平，但是员工的归属感与忠诚度仍普遍不高。请查阅相关企业的 EAP 项目，为该企业设计一套 EAP 服务方案。

管理实训

● 自我评估训练

激励及满意度测试

以下这些问题是用来测量你是否能够在工作中得到激励的。请给每一个问题打分数，1 表示非常不同意，2 表示不同意，3 表示一般，4 表示同意，5 表示非常同意。尽可能根据你现在正在从事或者过去从事过的工作环境来回答问题。否则，就按照你理想中的工作环境来回答问题。

问题
1. 我知道上司对我工作的期望是什么。
2. 我拥有开展工作所需的所有资源。
3. 在每天的工作中，我有机会做我最擅长的事情。
4. 在过去的 7 天中，我因为工作出色而受到表扬和认可。
5. 我的上司和同事都非常人性化地对待我。
6. 如果我进步了，就会获得鼓励。
7. 我的建议受到重视。
8. 我所在公司的愿景让我觉得自己的工作很有意义。
9. 我的同事对于工作质量的要求很高。
10. 我在工作中有最好的朋友。
11. 在过去的 6 个月中，有人和我讨论我在工作中的进步。
12. 在过去的一年中，我有机会取得进步。

说明：许多研究显示，对于这 12 个问题都回答"非常同意"的人比其他人多出 50% 的可能在一个低跳槽率的地方工作；比其他人多出 38% 的可能在一个生产率水平高的地方工作；比其他人多出 56% 的可能在一个客户高度忠诚的地方工作。

● 项目实训

项目内容：制定班级学习激励制度。

实训目的：

1. 强化学生学习的积极性；

2. 提高编制激励制度的能力；

3. 加强学生对如何提高激励有效性的运用和理解。

实训内容：编制出你所在班级对于学生学习的激励制度。

要求：

1. 根据学生的需求和提高激励有效性的措施编制班级学习激励制度；

2. 激励制度应符合学生的期望，保证可实施性；

3. 根据班级学生的实际情况编写促进学生学习积极性的激励制度。

成果及评价：

教师根据每份学习激励制度的编写质量评定成绩。

● 实战实训

某民营公司为了激励业务员更好地完成销售目标，发布了这样一项奖励措施：年终销售业绩前两名，奖励香格里拉双飞旅游一次。这项激励政策在小张、小李和老王三个人身上就产生了不同的反应。

小张刚刚大学毕业一年多，别说香格里拉就是出远门的机会都很少，而且更没有坐过飞机。

小李是一位工作了将近五年的业务员，全国各地跑了不少地方，飞机也坐过了，可是香格里拉却一直没有去过，香格里拉风景美丽他早就知道，也想着什么时候有机会去游览一番。

老王是一位老业务员，是三位中资历最老也是业绩最出色的一个业务员，全国各地几乎没有他没去过的地方，香格里拉已经去过两次，而且，他老婆刚刚动了一次大手术，花费了很大一笔医疗费，给他家庭造成了一定的经济压力。

☞结合激励力的计算公式，理解效价和期望值，分别为小张、小李和老王计算各自的激励值。

第八章
控制

思维导图

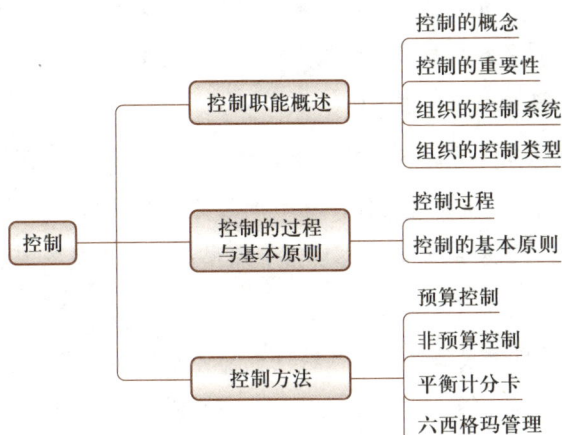

大疆公司的动态质量管理模式

随着数字经济时代的到来，科技领域在短短几十年内发生了天翻地覆的变化，无人机技术就是其中之一。大疆公司成立于 2006 年，经过多年的创新发展，目前，大疆公司已经成为无人机领域中全球最大的制造商和售后服务商，其市场占有率高达 80% 以上。大疆无人机的崛起源于其出色的技术和产品质量，而其卓越产品质量背后是大疆自身摸索的一套风险驱动的动态质量管理模式。

无人机作为一种高度集成的精密设备，需要所有的系统都正确地运行才能精准地悬停在空中，这使得无人机及相关产品的质量管理和商业服务的挑战都是巨大的，也使得大疆重新思考照搬市场上固有的质量管理体系是否可行。

"大疆开创了这个行业，我们没有借鉴的对象，那么在管理、运营上，大疆只能自己制定对行业有价值的标准，而且这样的标准框架必须适用于全球。"大疆创新总裁罗镇华如是说。大疆将质量风险管控作为驱动力，实施动态的质量监控，以智能制造信息化为纽带，实现产品全流程、全生命周期的质量管控，成功形成和实施"以风险驱动的动态质量管理模式"。

动态质量管理模式将涉及产品质量的法律法规风险、研发设计风险、制造质量风险以及售后服务质量风险等环节纳入管控。同时，加大质量信息系统建设力度，强化客诉、制程、来料异常收敛，系统性拉通执行标准，落实变更管控，实现了上下游质量数据在线化、智能化、协同化。动态质量管理模式不仅提升了大疆的制造效率和产品竞争力，也打通了用户与产品研发之间的通道。

经过多年的不断探索和实践，这一套质量管理模式在客户服务、生产管理、设计管理等多方面取得了积极成果，大疆公司的客户满意度提升了7.1%，制造效率提升了94%，制造合格率提升了31.5%。

如今，大疆无人机的每一颗螺丝的安装时间都可以追溯，点胶作业一旦出现不按规格执行的情况就会被及时叫停，每个产品都有自己的"身份证号码"和"档案"……正是凭借"风险驱动的动态质量管理模式"的质量管理能力和创新实践，大疆公司在市场开拓上越走越远。

请思考：大疆公司根据自身产品特性成功开发产品质量监控体系无疑是值得学习的。除了产品质量控制，控制的内容还有哪些？

第一节　控制职能概述

一、控制的概念

（一）控制与控制职能

"控制"一词最初来源于希腊语"掌舵术"，意指掌舵者通过发号施令将偏离航线的船只拉回到正常的轨道上。控制是指对各项活动进行监督，并纠正各种显著偏差，以保证各项行动按计划进行的过程。

从管理的角度看，控制是管理的一项重要职能。控制，就是指管理者为确保实际工作与组织计划相一致所采取的一切活动。它有三层含义：

（1）控制的目的是保证组织实现计划目标；

（2）控制是一个过程；

（3）控制通过监督和纠偏来实现。

（二）计划与控制

计划与控制存在紧密的联系。一方面，明确的目标和计划是组织开展控制工作的前提，计划的内容是控制的标准。为了保证组织的产出与计划相一致，控制到什么程度，怎么控制都取决于计划的要求。另一方面，有效的控制是实现计划和组织目标的基本保证。计划越明确、全面和完整，控制的效果就会越好；控制工作越是科学、有效，计划就越容易得到实施。计划与控制的关系如图 8-1 所示。

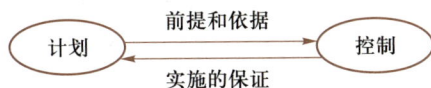

图 8-1 计划与控制的关系

控制是一种手段，贯穿于管理过程的始终。管理工作本质上是由计划、组织、领导、控制等职能有机地联系而构成的一个不断循环的过程。

二、控制的重要性

计划可以制定出来，组织结构可以调整使得目标达成，员工的积极性也可以有效地调动起来，但是这些仍然不能保证所有的行动都按计划执行，不能保证管理者和员工追求的目标一定能达到。控制很重要，这是因为它是管理职能环节中的最后一环。这是管理者知晓组织目标是否实现及没有实现的原因的唯一途径。任何组织、任何活动都需要进行控制，控制的重要性主要体现在：

（1）环境的不确定性。组织面对的不是一个完全静态的环境，而是一个不确定的、动态的世界，这种不确定性往往会导致组织原有计划在执行过程中出现种种偏差。这就要求组织对原有计划的实施进行控制。计划是组织为适应环境而做的准备，但由于环境在不断变化，计划会偏离目标，而通过控制活动，管理者可以及时了解环境变化的程度和原因，并进行实时纠正，从而采取有效的调整行动，在一定程度上可防止这种偏差扩大，使得组织与环境相适应，避免和减少管理失误造成的损失。

（2）权力的分散性。组织达到一定的规模后，会将权力分散到组织的各个部门和各个层次。组织分权程度越高，组织越需要控制。如果没有控制，管理人员就不能及时检查其下属的工作状况，将使滥用权力、工作不符合计划标准的现象出现的概率更高。

（3）能力的差异性。组织的目标是由组织成员共同完成的。由于组织员工是在不同的时空进行工作的，他们的认识能力不同，对计划要求的理解可能存在差异，因而需要对员工及其工作进行及时而全面的控制，以防止偏离计划要求的行为和活动出现。

职场与管理

车间工作岗位上的自我管理

张琪是格力电器石家庄有限公司总装二分厂 4A 班一名员工。张琪入职短短几年，就从一名普通的操作工成长为班组中流砥柱，从一名辅助工成长为技能人才。几年前刚开始作为学徒的他估计自己都不会想到几年之后自己可以取得如此优异的成绩。

刚到岗位的张琪，什么都不懂，师傅教什么，自己就做什么。但渐渐地他发现，如果仅仅是进行这种流水线一样的工作，自己并不能得到进步和提高。于是他开始主动出击，遇到不懂的问题就求教师傅和同事。稳重的性格让他能够沉下心来思考，也有毅力坚持。

中隔板的固定没有一定的岗位技能是不能胜任的，而且有可能出现被钣金件划伤的危险。技能不熟练，跟不上生产节奏，就会频繁出问题，这对于每一个位新员工来说都是不可避免的，而对于张琪来讲，将这个不适合时间缩减到最短，是他急需解决的难题。于是他就下班后向对班学习，去培训基地练习，对于每天要取得哪些进步，他都对自己制定了严格的要求。在自我追赶的过程中，张琪在操作技能上慢慢地变得更加得心应手。在实际生产过程中，张琪认真观察，实地研究，对于岗位操作摸索出属于自己的一套规律，使自己工作效率以及工作质量得到了飞跃。

当初默默无闻的张琪，如今成了在总装分厂人尽皆知的明星。凭借扎实的技能功底，他在分厂举办的"工匠精神"打螺钉技能大赛上一鸣惊人，还打破了纪录。

请思考：张琪在他的工作岗位上表现出来了哪些值得我们学习的精神品质？

（资料来源：工程青年岗位能手主要事迹，引文有删改）

三、组织的控制系统

控制系统是指由控制目标体系、控制主体、控制对象、控制的手段和工具等要素组成的具有自身目标和功能的管理组织系统。

（一）控制目标体系

任何控制活动都是有一定的目标取向的，无目标的控制是不存在的。要建立控制系统，除了要明确控制对象，还要明确控制目标体系，即要求控制在怎样的范围内。在一个组织中，控制应服从于组织发展的总体目标。在这个前提下，总目标所派生出来的分目标及各项计划的指标，也是控制的依据。

（二）控制主体

组织中控制系统的主体是各级管理者及其所属的职能部门。控制系统以各层次的管理者为主体，根据环境的变化有意识地调节自己的活动。在控制主体中，由于管理者所处的地位不同，其控制的任务也不同。一般而言，中低层管理者执行的主要是例行的、程序性的控制，而高层管理者主要进行的是例外的、非程序性的控制。控制主体控制水平的高低决定了控制系统发挥多大程度作用。

（三）控制对象

组织控制系统的控制对象应是整个组织的活动。控制对象可从不同的角度进行划分。从横向看，组织内的人、财、物、时间、信息等资源都是控制对象；从纵向看，组织中的各个层次，如车间、班组、各个岗位和环境都是控制对象；从控制的阶段看，组织内不同的业务阶段和业务内容，如研发、生产、采购、销售等都是控制对象；从控制的内容看，能力、行为、态度、业绩、思维等都可以成为控制对象。因此，组织的控制应该是全面的控制，控制系统的控制对象原则上是整个组织的各个方面。

（四）控制的手段和工具

为了解控制对象实际达到控制目标体系的程度，需要明确衡量控制对象实际状况与控制目标体系之间差距的手段和工具。控制的手段和工具主要包括控制的机构、控制的工具、管理信息系统三个方面。

（1）控制的机构。控制的机构从纵向看可分为各个不同管理层次的控制。从横向看可分为不同性质的专业控制，如生产控制、质量控制、成本控制等。

（2）控制的工具。控制的工具在现代主要是电子计算机、互联网、人工智能设备等。

（3）管理信息系统。管理信息系统是控制系统与控制活动的神经系统。没有信息，或者信息不准确、不及时，就无法实现正确而有效的控制。控制系统的活动是按照所获得的信息来进行的。随着当代科学技术的高速发展，组织及组织所处的环境变得越来越复杂，组织所面临的问题越来越多，信息量也日益增大。在这种情况下，组织的信息处理工作也自然形成一个管理信息系统。

管理故事

蝴 蝶 效 应

1979 年 12 月，洛伦兹在华盛顿的美国科学促进会的一次讲演中提出：一只蝴蝶在巴西扇动翅膀，有可能在美国的得克萨斯州引起一场龙卷风。他的演讲和结论给人们留下了极其深刻的印象。从此以后，"蝴蝶效应"之说就不胫而走、声名远扬了。

"蝴蝶效应"之所以令人着迷、令人激动、发人深省，不但在于其大胆的想象力和迷人的美学色彩，更在于其深刻的科学内涵和内在的哲学魅力。

从科学的角度来看，"蝴蝶效应"反映了混沌运动的一个重要特征：系统的长期行为对初始条件的敏感依赖性。经典动力学的传统观点认为：系统的长期行为对初始条件是不敏感的，即初始条件的微小变化对未来状态所造成的差别也是很微小的。可混沌理论向传统观点提出了挑战，混沌理论认为，在混沌系统中，初始条件的十分微小的变化经过不断放大，对其未来状态会造成巨大的差别。

请思考：蝴蝶效应与控制有何联系？

四、组织的控制类型

控制是多种多样的，从不同的标准可以将其划分为不同的控制类型，如表 8-1 所示。

表 8-1　控 制 类 型

划分标准	控制类型
按控制工作的专业划分	库存控制、进度控制、成本控制、质量控制
按控制点的位置划分	前馈控制、现场控制、反馈控制
按控制来源划分	正式组织控制、群体控制、自我控制
按控制的性质划分	预防性控制、纠正性控制
按照主管人员与控制对象的关系划分	直接控制、间接控制

下面介绍控制的一种最基本的分类方式，按照控制发生在一个完整的管理过程中的阶段性，即控制点的位置划分，分为前馈控制、现场控制与反馈控制。

（一）前馈控制

动画：
扁鹊行医

前馈控制也称预先控制或事前控制，是组织活动实际开始之前进行的控制。前馈控制以未来为导向，在工作之前对工作中可能产生的偏差进行预测和估计。前馈控制的目的是活动开始之前就将问题的隐患排除掉，做到防患于未然。比如，在正式生产过程开始前预测生产过程中可能发生的质量问题并采取预防措施，为保证产品质量对进厂原材料进行检验，对员工进行岗前培训，企业规章制度的制定，学校的入学考试，单位的干部选拔，各种计划、市场调查等，都属于前馈控制。

（二）现场控制

现场控制又称事中控制、过程控制，是指在某项活动或工作过程中，管理者在现场对正在进行的活动或行为给予必要的指导监督，以保证活动和行为按照规定的程序和要求进行的管理活动。现场控制是一种主要被基层主管人员采用的控制方法。因此，它的有效性主要取决于主管人员的个人素质。实施现场控制的目的是及时发现并纠正工作中出现的偏差。例如，生产制造活动的生产进度控制，每日情况的统计报表，学生的家庭作业和期中考试，每日对住院病人进行临床检查等。

（三）反馈控制

反馈控制又称成果控制或事后控制，是指在工作结束或行为发生之后进行的控制。这类控制把注意力集中在工作和行为的结果上，对已经形成的结果和控制标准进行比较、分析，发现已经发生或即将发生的偏差，分析其产生的原因和对未来的可能造成的影响，及时拟订纠正措施并予以实施，以防止偏差继续发展或防止其今后再次发生。在组织中应用最广泛的反馈控制方法有财务报告分析、标准成本分析、质量控制分析、工作人员成绩评定等。

管理故事

摆 梯 子

在某企业生产车间的一个角落，因工作原因，工人需要爬上爬下。因此，甲放置了一把梯子，以便上下。可由于多数工作时间并不需要上下，屡有工人被梯子羁绊，幸亏无人受伤。

于是管理者乙叫人将之改成一把活动梯子，用时就将梯子支上，不用时就把梯子合上并移到拐角处。由于梯子合上竖立太高，屡有工人碰倒梯子，还有人受伤。

为了防止梯子倒下砸着人，管理者丙在梯子旁写了一个小条幅：请留神梯子，注意安全。

一晃几年过去了，再也没有发生梯子倒下砸着人的事。一天，某专家来企业讲座，他注意到这个梯子和梯子旁的小条幅，驻足良久。最后，他提议将小条幅修改成这样：不用时，请将梯子横放。很快，梯子边的小条幅就改过来了。

请思考： 哪位管理者实施的是事前控制？控制效率最高的是谁？本案例给我们的最重要启示是什么？

（资料来源：孙卫东，鲁铭. 管理学基础. 南京：东南大学出版社，2014）

以上三种控制类型的主要区别一方面在于馈入信息不同，前馈控制是以系统的输入信息为馈入信息，反馈控制是以系统的输出信息为馈入信息，现场控制是以系统计划执行信息为馈入信息；另一方面是目的不同，前馈控制是对系统的输入控制，反馈控制是对系统的输出控制，现场控制是对系统的作业控制，如图 8-2 所示。

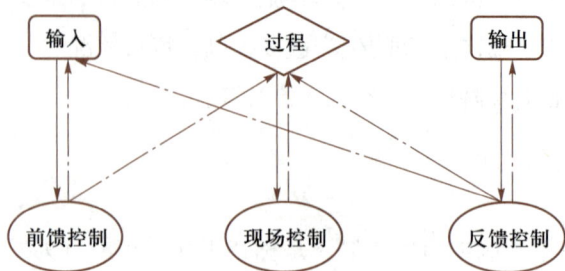

图 8-2　控制类型的区别

第二节　控制的过程与基本原则

一、控制过程

专业微课：
数字化时代
下的管理变
革

控制过程就是根据预定的目标或标准检查实际工作的偏差并予以纠正的过程。控制对象一般都是针对人员、财务、作业、信息及组织的总体绩效，无论针对哪种控制对象，其所采用的控制技术和控制系统实质上都是相同的。控制工作的程序基本是一致的，大致可以分为三个步骤：第一，确定控制标准；第二，衡量工作绩效；第三，采取纠偏措施。控制过程如图 8-3 所示。

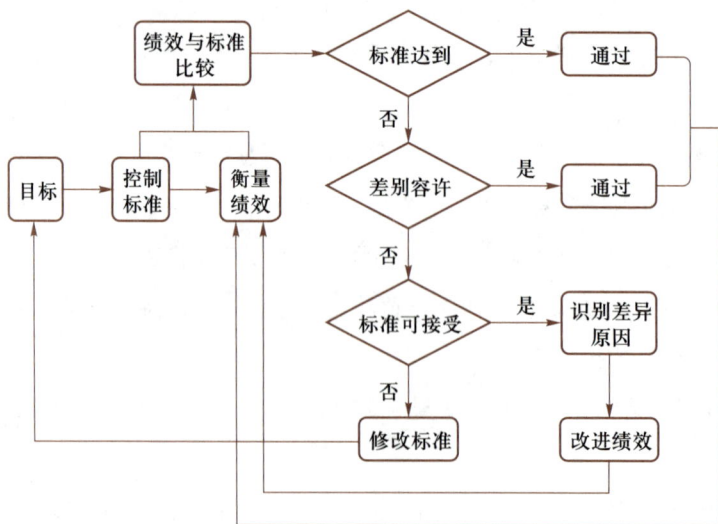

图 8-3　控制过程

（一）确定控制标准

1. 拟订标准

控制标准就是控制的依据。控制标准是指从整个计划方案中选出对工作成效进行控制的关键指标和关键点。建立控制标准是实施控制的前提。简单地说，标准是衡量工作绩效的尺度。离开了标准，控制工作就无从谈起。因此，控制标准制定得合理与否是能否有效进行控制的关键。没有科学、合理的标准，控制就可能流于形式。

标准的类型有很多，它的建立取决于所需衡量的绩效和成果领域。标准的表现形式很多，大致分为定性标准和定量标准两大类，后者如销售额、利润等，前者如观众看完广告后的印象等。

2. 制定标准的方法

制定标准的方法通常有以下几种：

（1）统计方法。是指利用统计方法来确定预期结果，以分析反映企业经营在各个历史时期状况的数据为基础为未来活动建立标准。标准选择的具体统计数字既可能是平均数，也可能是高于或低于中点的一个定点。这种方法常用于拟订与企业经济效益有关的标准，能较好地反映过去的平均或一般的水平或状态，为预期未来的行为提供了有益的依据。

（2）经验估计法。经验估计法就是根据经验和判断来估计预期结果，根据评估建立标准。人们有时缺乏对历史数据的积累，而管理人员的经验可能在一定程度上弥补这一不足。和前一种方法相比较，它更重视新的情况，能发挥管理人员的主观技能，但在应用时要注意利用各方面的管理人员的知识和经验，综合大家的判断，拟订一个相对先进合理的标准。

（3）工程方法。工程方法是通过对工作情况进行客观的分析，并以准确的技术参数和实测的数据为基础来制定标准。它既不利用现成的历史数据，也不依靠管理者的经验判断，而是对实际发生的活动进行测量，从而制定出符合实际的可靠标准。由于这种方法是建立在客观测量基础上的，因此它更客观、更科学。

（二）衡量工作绩效

控制过程的第二个步骤是衡量、对照及测定实际工作的成绩与标准之间的差异，即衡量工作绩效。衡量工作绩效就是依据标准检查工作的实际执行情况，并与预期的目标相比较。它是控制工作的中间环节，是发现问题的过程。衡量工作绩效的目的是给管理者提供有用的信息，为采取纠正措施提供依据。

这一阶段的具体内容包括：首先要确定衡量的手段和方法，落实进行衡量和检查的人员；其次，通过衡量—对比过程获得偏差信息，即确定实际业绩是否满足了预定或计划的标准。

衡量工作绩效经常采取的方法有个人的观察、统计报告、口头和书面汇报、抽样检查等。

职场与管理

某玩具厂的绩效考核

一家家具制造厂为一条组装流水线设定了如下工作标准：每天完成 500 件家具的生产，每星期（每周为五天、每天为八小时工作制）的人工成本是 4 000 元，次品率为 1.5%。本周所测出每天的产量是 480 件家具，人工成本是 3 800 元，而产品的次品率为 2%。次品原因是一台铆接机出了毛病。

在该例中，将实际结果与标准要求相比较，可以发现：

（1）日产量差距 = 480 - 500 = -20（件/日）

周产量差距 = -20 × 5 = -100（件）

（2）单位产品人工成本差距 = -0.017（元/件）

（3）次品率差距 = 2% - 1.5% = 0.5%

请思考：以上偏差问题表明了该家具制造厂存在什么问题？

（三）采取纠偏措施

采取纠偏措施是控制过程的最后一个阶段，也是控制过程的关键。采取纠偏措施就是在发现实际工作绩效与控制标准存在偏差的基础上，分析偏差产生的原因，制定并实施必要的纠正措施，以使管理回到正确轨道上来，从而保证预期目标的实现。

采取纠偏措施的过程要注意做好以下工作：

（1）分析偏差产生的主要原因；

（2）确定纠偏对象；

（3）采取纠偏措施。

上述控制过程的三个基本步骤构成了一个完整的控制系统，完成了一个控制周期。通过每一次循环，使偏差不断缩小，保证组织目标最有效地实现。

"黑天鹅"与"灰犀牛"

"黑天鹅"事件是指难以预测，但突然发生时会引起连锁反应、带来巨大负面影响的小概率事件。"黑天鹅"事件具有发生概率很小、高度不可预测、一旦发生会带来严重后果等特征。

"灰犀牛"事件主要指明显的、高概率出现的却又屡屡被人忽视、最终有可能酿成大危机的事件。此类事件在发酵之前往往不被重视，或者被当作一种正常现象被认可或接受，以致错失了处理或控制风险的最佳时机，最后可能导致极其严重的后果。

"黑天鹅"和"灰犀牛"事件都会对企业产生剧烈的影响，但两者的区别之处在于，前者不可预期，概率低，是不确定性风险；后者可预期，概率高，是确定性风险。按照惯性思维和传统理念进行管理、一成不变的流程、长期没有修正的制度和似乎一直很顺畅的业务板块，其实都可能潜藏着"灰犀牛"危机；对组织和管理足够自信，相信拥有规范、精细化的管理以及严谨、严密的组织结构，就像一台永远不会生锈的机器，但可能突然因为"黑天鹅"和"灰犀牛"事件的出现，使人措手不及，使组织停止运转，最后土崩瓦解。

那么，该如何有效预防"黑天鹅"和"灰犀牛"事件，对组织做到有效的控制呢？这首先需要组织及管理者具备足够的危机意识。

在中国企业界，论危机意识之强烈和对危机认识之深刻，华为无疑是其中的佼佼者。华为总部前面的湖里养着黑天鹅，意为国际市场是混沌不可预测的，要时刻警觉国际范围内的"黑天鹅"事件。一部华为发展史就是一部危机史，这不仅表达了企业的忧患意识，而且展示了数字经济时代企业面临的真正现实。

2001年，在全球互联网、高科技产业哀鸿遍野、进入寒冬之时，华为却靠着优异的海内外市场成绩登顶全国电子百强企业冠军位置，但此时的任正非没有飘飘然，反而危机意识更加强烈，在这一时期，他写就了著名的《华为的冬天》一文。任正非在文中强调："十年来我天天思考的都是失败，对成功视而不见，也没有什么荣誉感、自豪感，而是危机感。也许是这样才存活了十年。我们大家要一起来想，怎样才能活下去，也许才能存活得久一些。"

在华为内部讲话中，危机是出现频率最高的一个词语。任正非坦言："历史给予华为机会，我们要防微杜渐，居安思危，才能长治久安。如果我们为当前的繁荣、发展所迷惑，看不见各种潜伏的危机，我们就会像在温水中不知大难将至的青蛙一样，最后在水深火热中魂归九天。"华为如今已经成为中国企业界乃至全球企业界的超级巨人。然而，华为从不因此而心生怠慢，反而更加强调危机意识，注重让危机意识植入华为每个员工的心中。

"安而不忘危，存而不忘亡，治而不忘乱。"面对危机，管理者除了要具备足够的危机意识，还需要运用危机管理思维进行有效的管理和控制，全面提高从领导者、管理者到员工的全员危机感知能力，形成居安思危、灵敏感知、积极主动的过硬管理能力，建立全员动态危机管理机制。

★**素养提升**："黑天鹅"和"灰犀牛"事件不只会发生在企业组织中，在其他任何组织中都有可能会发生。党的二十大报告指出，我国发展进入战略机遇和风险挑战并存、不确定难预料因素增多的时期，各种"黑天鹅""灰犀牛"事件随时可能发生。我们只有增强忧患意识，坚持底线思维，才能做到居安思危、未雨绸缪。

二、控制的基本原则

在许多情况下，人们制订了良好的计划，也有了适应的组织，但由于没有把握住控制这一环节，最后还是达不到预期的目的。有效控制，就是以较少的人力、物力和财力使组织的各项活动处于可控状态，也就是说，在实际运行活动过程中，一旦偏差出现则能及时发现并纠正偏差，从而把组织的损失减少到最低限度。一个有效的控制系统应遵循以下原则。

（一）重点与例外相结合原则

控制要突出重点，在控制过程中不可能面面俱到，因此要找出最能体现成果的关键控制因素。比如，有些偏差无关紧要，有些偏差却意义重大。控制工作要着重于计划实施中的例外情况，仅将管理者的精力集中在解决需要注意和应该注意的问题上。在特殊情况下，可将例外与重点结合起来，关注关键点上的例外情况。

（二）适时原则

适时性指控制系统在实施有效控制时，及时提供信息，一旦发生偏差，系统能迅速检测并作出管理上的反应。如果反应过于迟缓，修正措施将毫无价值。如进口产品检验不合格，过了索赔期，对方就不承担责任。时滞现象是反馈控制的一个难以克服的困难。

纠正偏差的最理想方法应是在偏差未发生以前，就注意到偏差产生的可能性，从而采取必要的防范措施。

（三）适度原则

适度控制是指控制系统的作用效果在范围、程度和频度三维空间上要恰到好处，包括范围、程度和频度的各自效果和共同效果两个方面。虽然任何组织都需要控制，但各自的控制系统的大小不同，不管管理者应用怎样的控制，它必须与涉及的工作相适合并且是经济的，同时还要防止过度控制或控制不足。

（四）灵活性原则

它是指控制工作即使在面临计划发生变动、出现了未能预见到的情况或计划失败的情况下，也能发挥作用。控制系统本身应当具有足够的灵活性，以适应各种不同的变化，持续地发挥作用，与计划同步变动，因此不能把控制工作过于死板地同计划拧在一起，以免在整个计划失策或发生突然变动时控制也跟着失控。或者说，控制必须有弹性。比如企业的预算工作、滚动计划、应变计划等都体现了控制的灵活性原则。

（五）经济性原则

控制系统的运行从经济角度看必须是合理的，任何控制系统产生的效益都要与其成本进行比较。在控制设计上要精心选择控制点，降低控制的各种耗费，改进控制方法和手段，防止在无效控制上花费精力和财力，用尽可能少的成本取得所期望的效果。

职场与管理

客户服务质量控制

美国某信用卡卡片分部认识到高质量客户服务非常重要。客户服务不仅影响公司信誉，也和公司利益息息相关。比如，一张信用卡每早到客户手中一天，公司就可以获得33美分的额外销售收入，这样一年下来，公司将有140万美元的净利润。及时地将新办理的和更换的信用卡送到客户手中是提高客户服务质量的一个重要方面，但是这远远不够。

决定对客户服务质量进行控制来反映其重要性的想法，最初是由卡片部门的一个地区副总裁提出的。她认为向管理部门提交的评价客户服务的报告有偏差，因为报告中很少包括有问题但没有抱怨的客户。她相信真正衡量客户服务的标准必须基于且反映持卡人的见解。这就意味着要对公司控制程序进行彻底检查。第一项工作就是要确定客户对公司的期望，同时通过对抱怨信件的分析，指出客户服务的三个重要特点：及时性、准确性和反应灵敏性。持卡者希望准时收到账单，快速处理地址变动，采取行动解决抱怨。

了解了客户的期望，公司质量控制人员开始建立控制客户服务质量的标准。这些标准一方面基于客户所期望的服务的及时性、准确性和反应灵敏性，另一方面反映了公司的竞争性、能力和一些经济因素。

控制工作实施的效果很好。比如，处理信用卡申请的时间由 35 天降到 15 天，更换信用卡从 15 天降到 2 天。这些改进给公司带来的潜在利润是巨大的。例如，办理新卡和更换旧卡节省的时间会给公司带来 1 750 万美元的额外收入。另外，如果用户能及时收到信用卡，他们就不会使用竞争者的卡片。

该质量控制计划除潜在的收入和利益外对公司还有其他的益处，该计划使整个公司都注重客户期望，很多部门都以自己的客户服务记录为骄傲，而且每个雇员都对改进客户服务做出了贡献，员工士气大增。每个员工为客户服务时，都认为自己是公司的一部分，是公司的代表。

信用卡客户服务质量控制计划成功，使公司其他部门纷纷仿效。无疑，它对该公司的贡献是巨大的。

请思考：

1. 该公司对计划进行有效控制的三要素是什么？
2. 为什么该公司将标准设立在经济可行的水平上，而不是最高的水平上？

第三节　控 制 方 法

控制是管理的一个重要职能，那么要对整个组织活动进行全面的控制，并达到预期的控制效果，必须借助各种有效的控制方法。常见的控制方法有以下几种。

一、预算控制

预算控制是组织管理中最基本、最广泛运用的一种控制方法。它是指企业根据预算规定的收入与支出标准检查和监督各个部门的生产经营活动，目的是保证各种活动或各个部门在充分达成既定目标、实现利润的过程中实现对经营资源的合理利用，从而使费用支出受到严格、有效的约束。

预算一般可划分为业务预算、财务预算和专门预算三大类。各类预算还可以进一步细分，不同行业其具体内容有所差别。

（1）业务预算。业务预算是指企业日常发生的各项具有实质性活动的预算，主要包括销售预算、生产预算、直接材料采购预算、直接人工预算、制造费用预算、单位生产成本预算等。

（2）财务预算。财务预算是指企业在计划期内反映有关预计现金收支、经营成果和财务状况的预算，主要包括现金预算、预计收益表、预计资产负债表、预计财务状况变动表等。

（3）专门预算。专门预算是指企业不经常发生的、一次性的预算，如资本支出预算、专项拨款预算。

业务预算、财务预算、专门预算相互联系，构成企业全部计划的数字说明，即全面预算体系。

预算是数字化的计划，它的实质是用统一的货币单位为企业各部门的各项活动编制计划，使得企业在不同时期的活动效果和不同部门的经营绩效具有可比性，从而使管理者识别优势部门和劣势部门，为协调企业活动指明了方向。更重要的是，预算的编制与执行始终是与控制过程联系在一起的，编制预算能使确定目标和拟定标准的计划工作得到改进。同时，由于对预期结果的偏离将更容易被查明和评定，预算也为控制工作中的纠正措施奠定了基础。所以，预算可以帮助管理层做出更好的计划，并为控制提供基础，这正是编制预算的基本目的。

当然，预算只能帮助企业控制那些可以计量的业务活动，而对企业不能计量的对象，如企业文化、组织凝聚力、企业形象等，都不在预算控制的范围内。另外，由于外部环境不断变化，预算也需要适时适度做出调整，避免成为管理者的束缚。

数字化 + 管理

瑞幸咖啡的数字化能力：引领行业未来

在如今快速发展的数字时代，技术和创新的力量正重新定义着各个行业的游戏规则，咖啡行业也不例外。

瑞幸一开始成立就想得很清楚，它要做的不是一家传统咖啡企业，而是数据驱动的企业。因此，在开设门店之前，瑞幸就已经有了一个 300 人团队在做整个数字化基础设施，比如瑞幸 App 和小程序，在它还没开业之前就全部都做完了。而当开第一家门店，做第一杯咖啡，招聘第一个店长、店员时，所有的数据，都开始沉淀在自己的系统上了，从而奠定了瑞幸在行业内的数字化优势。

从组织管理、人才选拔与培养、门店选址、咖啡制作、门店管控到供应链管理等一系列流程，全部通过一套完整的数字化系统去进行有效管理。坚持数字化战略、打造数字化团队，为瑞幸建立了原生数字化的土壤。数据对瑞幸来说不仅是一个增效的工具，还能帮助其发现商机，发现新品，这才做到了一个真正的闭环——这也是数字化为瑞幸打破增长边界、创造无限可能的一条路径。

为满足不同口味的客户需求，瑞幸咖啡巧妙地借助数据分析和先进的 AI 技术，深入了解消费者的购买习惯，口味偏好，甚至预测销售高峰时段，从而为每位顾客提供独特的、量身定制的建议和服务。瑞幸咖啡还通过数字化技术优化了供应链管理，实现了库存的有效管理，提升了效率。

在门店开设方面，瑞幸咖啡借助后台大数据，跟踪和监测各门店的外卖订单量等数据，精准分析潜在用户所在的密集区域，以决定是否在该地区开设新门店。门店的消费场景也变得更加多元化，包括快速自取店、休闲享用咖啡店以及提供送货上门的外卖厨房店。这些开店决策都是经过数据分析得出的最佳选择。

在门店管理运营方面，所有订货、盘点、咖啡制作和员工排班都经过了高度自动化和规范化的数据处理流程。员工熟悉一整套标准操作流程，并在几乎全自动的咖啡机的辅助下，能够确保全国门店的咖啡口感一致。瑞幸的店长能够通过后台大数据实时了解自己的排名、出杯数量、出杯效率以及顾客反馈等一系列情况，并及时做出相应反馈。

未来，数字化将继续主导咖啡行业，而创新将是竞争的关键。各个品牌必须适应市场的变化，不断推陈出新，满足不断演化的消费者需求。瑞幸咖啡已经开始布局全球市场，逐步提升品牌影响力。

数字化思维：瑞幸咖啡的数字化能力，不仅令其成为咖啡行业的领军者，更为传统咖啡业提供了宝贵的启示。相信随着数字化浪潮的持续涌动，咖啡行业将迎来更多的机遇和挑战。只有那些积极创新、拥抱数字化的品牌，才能在这个变革时代中脱颖而出，引领行业未来。

二、标杆控制

标杆控制是以在某一项指标或某一方面实践中竞争力最强的企业或行业中的领先企业或组织内某优秀部门作为基准，将本企业的产品、服务管理措施或相关实践的实际状况与这些基准进行定量化的评价、比较，在此基础上制定、实施改进策略和方法，并持续不断反复进行的一种管理方法。

标杆控制的核心是向业内或业外的最优秀的企业学习。通过学习，企业重新思考和改进经营实践，创造自己的最佳实践，这实际上是模仿创新的过程。

（一）标杆控制的基本要素

（1）标杆管理实施者，即发起和实施标杆管理的组织。

（2）标杆伙伴，也称标杆对象，即被定为"标杆"、被学习借鉴的组织。它包括组织内部的标杆伙伴和组织外部的标杆伙伴。

（3）标杆管理项目，也称标杆管理内容，即存在的不足，通过标杆管理向他人学习借鉴以谋求提高的项目或领域。

（二）标杆控制的步骤

标杆控制很好地体现了现代知识管理中追求竞争优势的特性，在当前知识经济时代具有较广泛的应用和推广。标杆控制的实施过程一般包括 7 个步骤。

1. 确定标杆控制的项目

实施标杆控制的项目一般既是影响企业竞争力的最重要的项目，也是企业的薄弱环节。如一个企业的生产成本高于竞争对手，那么它可以选择成本管理作为标杆控制的项目；一个企业的新产品研制速度低于竞争对手，那么它就可以选择研发能力作为项目。一般来说，项目应在对自己状况进行比较深入、细致研究的基础上确定。

2. 确定标杆控制的对象和对比点

这个对象应当是在同组织、同行业、同部门业绩最佳、效率最高的少数有代表性的对象。例如，标杆控制方法的首创者，美国施乐公司，首先研究它的日本子公司（富士－施乐）、佳能等公司，通过搜集数据证实，美国的价格确实要比日本的高。于是，日本的成本控制水平成为施乐的目标。

3. 组成工作小组，制订工作计划

企业标杆控制活动的组成人员通常由确定标杆项目的负责部门的专业人士参加。例如施乐公司主要业务的管理人员纷纷前往施乐的日本子公司考察并收集信息。

4. 明确改进方向，制定实施方案

对调查所取得的资料进行分类、整理，进行调查对象之间以及调查数据与自己企业的实际情况做比较研究，找出差距，明确差距的原因和形成过程，确定最佳方案。

还以施乐公司为例，所有的施乐员工都在质量培训中至少经历 23 小时的培训，而且有很多员工接受了高级质量技术的培训。一旦一个新的标杆管理项目确定，它都将被公司的员工推广讨论，这样其他人可以在其日常操作中更有效地施行。

5. 实施与监督

将确定的方案付诸实施，并将实施情况不断和最佳做法进行比较，监督偏差的出现并采取有效的纠正措施，努力达到最佳水平，甚至超过标杆对象。

施乐公司发现，购买原料的成本占其制造成本的70%，原料成本细微的下降可以为公司带来大量的利益。公司将其供应商基数从原来的5 000多个削减到目前的420个，不合格零件的比率从10%下降到目前的0.225‰，6/7的质量检查人员重新安排了工作，95%的供应零件根本不需要检查。零件采购时间从39个星期下降到8个星期。购买零件的成本下降了45%。这些目标并不是同时确立的，但是随着标杆管理过程工作进程的推进，它们都顺利实现了。

6. 总结经验

在完成了首次标杆控制活动之后，必须对实施效果进行合理的评判，并及时总结经验，对新的情况、新的发现进行进一步的分析。标杆控制必须是一个调整的过程，必须制定特定的行动计划以及进行结果监控以保证达到预定目标。

7. 进行再标杆循环

针对环境的新变化或新的管理需求，锚定下一次标杆控制的项目和对象。

在对日本同行进行了标杆控制之后，施乐公司并没有停滞不前，它开始了对其他竞争对手、一流企业的标杆管理。1996年，施乐公司是世界上唯一获得所有三个重要的质量管理奖项的公司：日本Deming奖、美国Malcolm Baldrige国家质量奖以及欧洲质量奖。显然，采用标杆控制使施乐公司受益匪浅。

（三）标杆控制的评价

标杆管理是企业通过发现自身不足，确立挑战目标和赶超对象，剖析标杆企业的关键成功要素，通过持续不断地学习借鉴来全面提升企业的竞争力。在标杆管理的控制指标中，不仅要求采用财务指标，还要求采用一些非财务指标。

与其他控制方法一样，标杆控制也存在着不足：

一是标杆控制容易导致企业的竞争战略趋同。标杆控制方法鼓励企业相互学习和模仿，因此在奉行标杆控制的行业中，可能所有的企业都企图通过采取类似行动来改进绩效，模仿可能使得企业之间的效率差距日益缩小，这会导致各个企业在战略上趋向一致，各个企业的产品种类、质量、服务等难以出现差异化，在企业运营效率上升的同时，利润率却在下降。

二是标杆控制容易使企业陷入"标杆管理陷阱"之中。如果标杆控制活动不能使企业跨越与领先企业之间的"技术鸿沟",单纯为赶超先进而继续推行标杆控制,反而会使企业陷入繁杂的"标杆管理陷阱"。例如,IBM 和通用电气公司在复印机刚刚问世时,曾将标杆定位于复印机行业的领先者施乐公司,结果却陷入了无休止的追赶游戏之中,最终不得不退出复印机行业。

任何一家成功的企业,无不经历从学习到超越的过程,无不经历"引进、消化、吸收到再创新"的过程,单纯的模仿只是企业短期发展的一种手段,而持续的创新才是企业获取长期竞争优势的最根本的途径,才是企业可持续发展的动力,企业应鼓励创新,充分营造创新的环境,以便获得长期持续的发展。

三、平衡计分卡

平衡计分卡概念最早是由美国哈佛大学商学院教授罗伯特·卡普兰和他的合作者大卫·诺顿在《哈佛商业评论》杂志上发表的一篇论文中提出的。他们提出,任何单一的绩效指标都难以反映出组织的绩效全貌,必须用一套"平衡的"指标体系来要求组织以使之健康地发展。

专业微课:
时间管理技术

平衡计分卡是从财务、客户、内部流程、学习与成长四个角度,将组织的战略落实为可操作的衡量指标和目标值的一种新型绩效管理体系。平衡计分卡主要是通过图、卡、表来实现战略的规划。

(一)平衡计分卡的四个层面

平衡计分卡是一种革命性的评估和管理体系。平衡计分卡主要从财务、客户、内部流程、学习与成长四个层面来设计企业绩效评价控制指标,如图 8-4 所示。

(1)财务。财务性绩效指标是指一般企业常用于绩效评估的传统指标。财务绩效指标可显示出企业的战略及其实施和执行是否正在为最终经营结果(如利润)的改善作出贡献。

(2)客户。平衡计分卡要求企业将使命和策略诠释为具体的与客户相关的目标和要点。企业应以目标顾客和目标市场为导向,专注于是否满足核心客户的需求,而不是企图满足所有客户的偏好。

(3)内部流程。建立平衡计分卡的顺序,通常是在先制定财务和客户方面的目标与指标后,再制定企业内部流程面的目标与指标,这个顺序使企业能够抓住重点,专心衡量那些与股东和客户目标息息相关的流程。

财务			
为获得财务成功，企业应当在股东面前如何表现？			
	实际	目标	措施
指标1			
指标2			
指标3			

客户			
为实现企业的愿景，企业应该在客户面前如何表现？			
	实际	目标	措施
指标1			
指标2			
指标3			

愿景和战略

内部流程			
为了满足股东和顾客的要求，企业必须擅长哪些业务流程？			
	实际	目标	措施
指标1			
指标2			
指标3			

学习与成长			
为实现企业的愿景，企业应该如何保持变革和改进的能力？			
	实际	目标	措施
指标1			
指标2			
指标3			

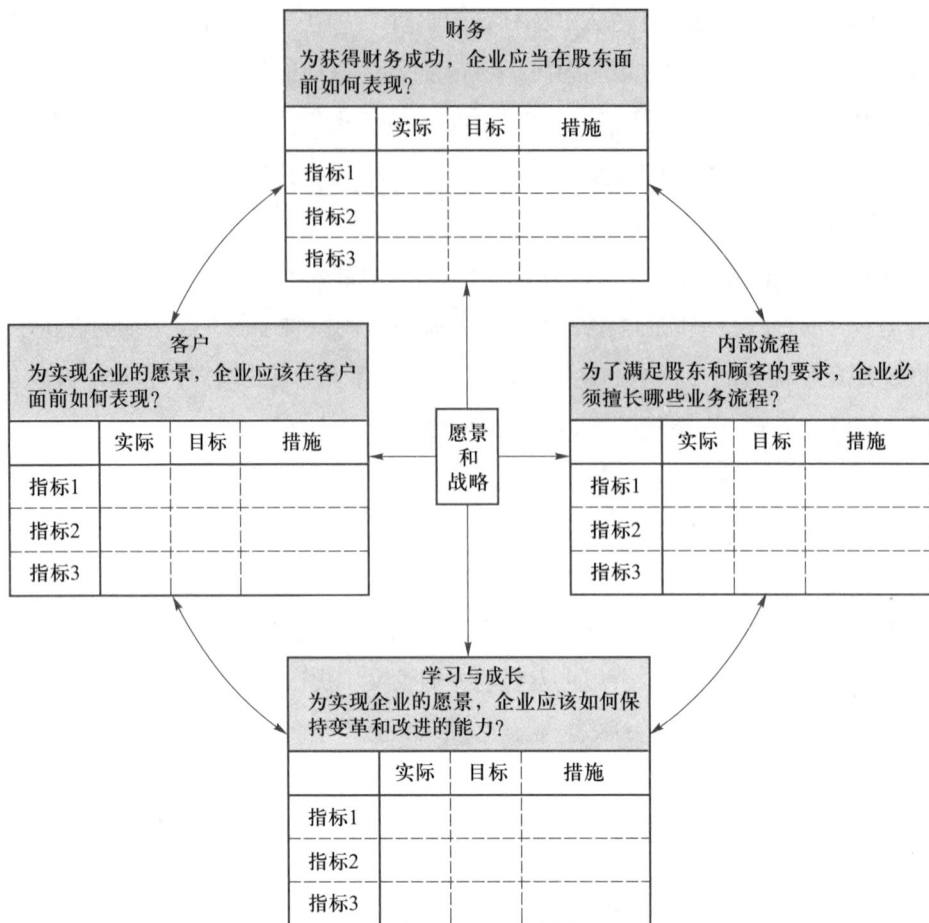

图 8-4　平衡计分卡示意图

（4）学习与成长。学习与成长的目标为其他三个方面的宏大目标提供了基础架构，是上述计分卡三个方面获得卓越成果的动力。

（二）平衡计分卡的特点

平衡计分卡方法因为突破了财务作为唯一指标的衡量工具，所以做到了多个方面的平衡。平衡计分卡与传统评价体系比较，具有如下特点：

（1）平衡计分卡为企业战略管理提供强有力的支持。平衡计分卡的评价内容与相关指标和企业战略目标紧密相连，企业战略的实施可以通过对平衡计分卡的全面管理来完成。

（2）平衡计分卡可以提高企业整体管理效率。平衡计分卡所涉及的四项内容，都是企业未来发展成功的关键要素。平衡计分卡所提供的管理报告，将看似不相关的要素有机地结合在一起，可以大大节约企业管理者的时间，提高企业管理的整体效率，为企业未来的成功发展奠定坚实的基础。

（3）注重团队合作，防止企业管理机能失调。平衡计分卡通过对企业各要素的组合，让管理者能同时考虑企业各职能部门在企业整体中的不同作用与功能。

（4）平衡计分卡可提高激励作用，扩大员工的参与意识。平衡计分卡强调目标管理，鼓励下属创造性地（而非被动地）完成目标，这一方法强调的是激励动力。

（5）平衡计分卡可以使企业信息负担降到最少。平衡计分卡可以使企业管理者仅仅关注少数而又非常关键的相关指标，在保证满足企业管理需要的同时，尽量减少信息负担成本。

四、六西格玛管理

六西格玛管理是 20 世纪 80 年代末首先在美国摩托罗拉公司发展起来的一种新型管理方式。推行六西格玛管理就是通过设计和监控过程，将失误减少到最低限度，从而使企业可以做到质量与效率最高、成本最低、过程的周期最短、利润最大、全方位地使顾客满意。因此，六西格玛管理是一种近乎完美的管理策略。

六西格玛管理的实质是对过程的持续改进。它体现了"只有能够衡量才能够改进"的思想。这一方法论包括两部分内容：一是确立衡量质量的尺度并设定目标；二是构筑实现上述目标的途径。

这种方法引入了一个新的尺度：百万机会缺陷数。DPMO（defect per million opportunity），改进的奋斗目标是：DPMO = 3.4。

实现六西格玛管理目标的"六步法"内容如下：

（1）明确你所提供的产品或服务是什么。

（2）明确你的顾客是谁，他们的需要是什么。

（3）明确为了提供使顾客满意的产品和服务，你需要什么。

（4）明确你的过程。通常要借助流程图将过程的现状描绘出来。

（5）纠正过程中的错误，杜绝做无用功。在上一步对过程的现状充分认识的基础上，分析过程中的错误和冗余，绘制纠错后的理想流程图。

（6）对过程进行测量、分析、改进和控制，确保改进持续进行。

DPMO 的数值与正态分布图上的 σ 值具有对应关系，如图 8-5 所示。

通过周而复始地实施这六个步骤，就可以实现持续改进，逐步实现六西格玛质量水平。六西格玛管理的循环也称 MAIC 循环。MAIC 分别取自英文单词 measure（测量）、analyse（分析）、improve（改进）和 control（控制）的首字母。

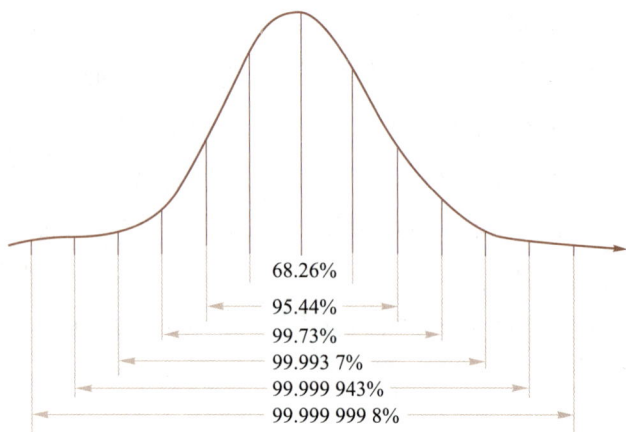

图 8-5 DPMO 的数值与 σ[1] 值的对应关系

知识测试

【判断正误】

1. 控制工作只是上级主管人员或主要是中层主管人员的职责。(　　)

2. 管理中的控制手段可以在行动开始之前进行,也可以在进行之中或结束之后进行。(　　)

3. 一般来说,高层管理人员主要从事例外性的、非程序性和重大的程序性控制活动,而中层和基层管理人员集中从事例行的、程序性的控制活动。(　　)

4. 在平衡计分卡的实施过程当中,会受到文化、环境变化等多种因素的制约和影响。(　　)

5. 前馈控制可以使管理者有机会纠正员工错误的作业方法,从而可以提高他们的工作能力。(　　)

【单项选择】

1. 一个有效的控制系统其控制主体应该是(　　)。

　　A. 各级管理者　　　　　　　　　B. 全体员工

　　C. 监察机关　　　　　　　　　　D. 上级机关

2. 控制的目的在于(　　)。

　　A. 寻找错误　　　　　　　　　　B. 衡量雇员绩效

　　C. 保证实际工作与计划一致　　　D. 使群体步调一致

3. 企业根据对未来时期市场总体供求状况、行业发展态势、用户需求变化、竞

---

① σ 代表西格玛。

争对手情况等，合理预期企业未来发展过程中可能出现的各种情形，并采取相应的控制措施，这就是（　　）。

  A. 前馈控制   B. 现场控制

  C. 反馈控制   D. 间接控制

 4. 外科实习医生在第一次做手术时需要有经验丰富的医生对其进行指导，这是一种（　　）。

  A. 前馈控制   B. 事后控制

  C. 随机控制   D. 现场控制

 5. 市场调研、可行性分析属于（　　）。

  A. 同期控制   B. 纠正性控制

  C. 反馈控制   D. 前馈控制

 6. 标杆控制实施步骤的第一步是（　　）。

  A. 确定工作计划   B. 确定标杆控制的项目

  C. 收集标杆管理的对象   D. 收集资料和调查

 7. 下列不属于反馈控制的是（　　）。

  A. 财务分析   B. 质量分析

  C. 现场监督   D. 职工绩效评定

 8. 能够有效发现计划与计划实施之间差距的管理环节是（　　）。

  A. 领导   B. 组织

  C. 控制   D. 决策

 9. 某单位制定的年终考核指标中有一条"工作要认真负责"，这样的标准不符合控制标准的（　　）要求。

  A. 目的性   B. 多元性

  C. 可检验性   D. 协调一致性

 10. 基层管理者常用的控制方法是（　　）。

  A. 培训   B. 直接监督或巡查

  C. 股票期权   D. 人事调整

【讨论与分析】

 1. 常见的控制方法和类型有哪几种？它们各适合于什么场合？

 2. 控制活动应该遵循哪些原则？

 3. 谈谈你对改进组织绩效的平衡计分卡和六西格玛这两种控制技术的观点和看法。

管理工具

6S 法：让员工做事"有讲究"

6S 法起源于日本，由 5S 法发展而来，被誉为日本经济腾飞的两大法宝之一。在丰田公司倡导推行下，5S 法在提升企业形象、降低成本、安全生产、标准化的推进、创造令人舒适的工作场所等方面的巨大作用逐渐被管理界所认识、认可。我国企业在 5S 现场管理的基础上，增加了安全要素，形成 6S。

6S 法是指对作业现场中的人员、机器、材料、办公环境等生产要素进行有效的管理，对企业每位员工的日常工作行为提出要求，倡导从小事做起，力求使每位员工都养成做事要"讲究"的习惯，从而达到提高整体工作质量的目的。

整理（SEIRI）。将工作现场的所有物品区分为有用品和无用品，保留有用物品，清理无用物品，达到现场无不用之物。目的：改善增加作业空间，防止误用，保持清爽的工作环境。

整顿（SEITON）。把整理后的物品依规定位置摆放，并放置整齐加以标识，也就是"定置管理"。目的：物品摆放目视化，减少寻找物品的时间，提高工作效率。

清扫（SEISO）。将工作场所内看得见与看不见的地方清扫干净，保持工作场所干净，避免灰尘、油污等积压导致问题被蒙蔽，设备不精良。目的：排除故障，发现缺陷及时改进。

清洁（SEIKETSU）。将整理、整顿、清扫进行到底，并且制度化，将良好状态持之以恒地保持，包括生产现场设备、工具、物品干净整齐，没有垃圾、噪音和污染源，生产现场各类人员着装、仪表、仪容整洁，还包括员工精神上的整洁。目的：创造和保持明朗现场，维持上述 3S 推行成果。

素养（SHITSUKE）。每位员工养成良好的作业习惯和行为规范，培养积极主动的精神和企业责任意识。目的：促进良好行为习惯的形成，发扬团队精神，培育良好的企业文化。

安全（SECURITY）。重视成员安全教育，每时每刻都有安全第一观念，防患于未然。目的：强化员工的风险意识和安全意识，建立及维护安全生产的环境，所有的工作应建立在安全的前提下。

6S 法要求全员参与，强调员工的自觉参与，但员工的行为习惯和素养养成不是一朝一夕的，需要在反复教育的过程中不断强化和固化，形成稳定的企业文化。此外，6S 法是一个按整理、整顿、清扫、清洁、素养、安全的顺序依次进行、不断循环的过程，一旦养成，对企业整体的积极作用是巨大的。

【工具运用】你是否对曾经的就餐环境和服务效率有过不满意的体验？你是否目睹过一些杂乱无章的工作现场或生产现场？请你选择其中一家企业，为其设计一套完整的6S方案。

管理实训

● 自我评估训练

你愿意在多大程度上放弃控制？

问题	极为反对				极为赞同
1. 我会更多地授权，如果我授权的工作都能像我希望的那样完成；	1	2	3	4	5
2. 我并不认为会有时间去合适地领导；	1	2	3	4	5
3. 我仔细地检查下属的工作并不让他们察觉，这样在必要时，我可以在他们出现大的问题之前就纠正他们的错误；	1	2	3	4	5
4. 我将我所管理的全部工作都交给下属去完成，我自己一点也不参与，然后我检查结果；	1	2	3	4	5
5. 如果我已经给出过明确的指令，但工作仍然没有做好，我会感到沮丧；	1	2	3	4	5
6. 我认为员工缺乏和我一样的责任心，所以只要是我不参与的工作就不会干好；	1	2	3	4	5
7. 我会更多地授权，除非我认为我会比现任的人做得更好，我会更少地授权，除非我的下属非常有能力；	1	2	3	4	5
8. 如果我授权的话，我的工作就不会那么有意思了，我委让一项任务时，我常常发现最终总是我自己从头干一遍所有的工作；	1	2	3	4	5
9. 我并不认为授权会提高多少工作效率，当我布置一项任务时，我会清楚而又简明地说明应该如何完成这项任务；	1	2	3	4	5
10. 由于下属缺乏必要的经验，我不能一厢情愿地授权，我发现当我授权时，我会失去控制；	1	2	3	4	5
11. 如果我不是一个完美主义者，我会更多地授权；	1	2	3	4	5
12. 我常常加班工作，我会将常规工作交给下属去做，而非常规工作则必须由我亲自做；	1	2	3	4	5
13. 我的上级希望我注意工作中的每一个细节。	1	2	3	4	5

提示：通过上述问题，你会对是否放弃足够的控制而又保持有效性的问题有一个明确的认识。如果你只有有限的工作经验，可根据你所知道的情况和你个人的观念来回答。对每一个问题根据你同意或不同意的程度，在相应的数字上画圈。

● 项目实训

项目内容：了解企业控制过程

实训目的：

1. 促进学生了解企业中控制过程的各个阶段。

2. 增强学生对控制过程三个阶段的相关知识的进一步认识。

3. 培养学生将控制过程的知识应用于实际工作的能力。

实训内容：由任课老师介绍，或者学生自己寻找一家生产某产品的企业，然后对该企业的生产控制过程进行观察，获取相应信息，并运用所学知识分析，得出生产该产品的主要控制过程流程图。

要求：

1. 需收集的主要信息：

（1）该产品的生产标准是什么；

（2）该产品生产标准的制定程序是什么；

（3）该产品纠正偏差的措施有哪些。

2. 现场观察，收集相关信息。

3. 整理所收集的信息。

4. 根据现场所见和手头资料，各组分别讨论所调查企业产品的控制过程的初步划分。

成果及评价：

教师根据学生调查资料的详尽程度、实训时的态度、调查结论和报告总体水平，综合评价学生实训时的表现和成绩。

● 实战实训

航空公司对客舱保养员工的工作十分不满意，他们在航班交替之际把客舱打扫得并不干净，而且按一般规定，他们每天要清洁 50 架次飞机，可他们只收拾了 40 架次。

问题：李敏是保养客舱的管理员，她怎样才能更好地控制这项操作？

☞ 从控制的原则与方法为李敏制定一套客舱保养的控制标准。

参考文献

［1］斯蒂芬·P. 罗宾斯. 管理学［M］. 18 版. 北京：中国人民大学出版社，2021.

［2］周三多，陈传明，等. 管理学——原理与方法［M］. 7 版. 上海：复旦大学出版社，2018.

［3］路宏达. 管理学基础［M］. 5 版. 北京：高等教育出版社，2022.

［4］颜明健. 新时代管理学. 厦门：厦门大学出版社，2022.

［5］洪明洲. 管理：个案、理论、辩证［M］. 北京：经济管理出版社，2016.

［6］邢以群. 管理学［M］. 5 版. 北京：高等教育出版社，2024.

［7］蔡茂生，黄秋文. 管理学基础［M］. 2 版. 广州：广东高等教育出版社，2011.

［8］牛三平. 管理学基础［M］. 2 版. 北京：人民邮电出版社，2015.

［9］彼得·德鲁克. 卓有成效的管理学［M］. 北京：机械工业出版社，2022.

［10］彼得·德鲁克. 管理的实践［M］. 北京：机械工业出版社，2022.

［11］彼得·德鲁克. 21 世纪的管理挑战［M］. 北京：机械工业出版社，2022.

［12］海因茨·韦里克，哈罗德·孔茨. 管理学——全球化视角［M］. 11 版. 北京：经济科学出版社，2004.

［13］加里·德斯勒. 人力资源管理［M］. 14 版. 北京：中国人民大学出版社，2017.

［14］［法］H. 法约尔. 工业管理与一般管理［M］. 北京：中国社会科学出版社，1998.

［15］［美］F. 泰罗. 科学管理原理［M］. 北京：中国社会科学出版社，1994.

主编简介

尤玉钿，广东轻工职业技术学院管理学副教授，管理学博士（在读），国家人力资源管理师，思政名师，思政讲师。研究方向为管理理论与创新。

近三年主持省哲学社科、市哲学社科、省教学课题多项，参与国家社科基金项目、省级项目多项；发表 CSSCI、SSCI（1 区）、中文核心论文多篇；论文获省级奖项 3 项。

主持"管理学基础与实务"在线精品课程、课程思政示范课程，主持省继续教育质量提升工程项目，获省级优秀高等教育研究成果奖获二等奖（成员第一）。

指导学生参加省哲学社科"挑战杯"获省一等奖，指导学生获大学生"攀登计划"资助立项多项，获省信息化教学大赛三等奖，获"优秀教师""受欢迎教师"等称号。

郑重声明

高等教育出版社依法对本书享有专有出版权。任何未经许可的复制、销售行为均违反《中华人民共和国著作权法》，其行为人将承担相应的民事责任和行政责任；构成犯罪的，将被依法追究刑事责任。为了维护市场秩序，保护读者的合法权益，避免读者误用盗版书造成不良后果，我社将配合行政执法部门和司法机关对违法犯罪的单位和个人进行严厉打击。社会各界人士如发现上述侵权行为，希望及时举报，我社将奖励举报有功人员。

反盗版举报电话　（010）58581999　58582371

反盗版举报邮箱　dd@hep.com.cn

通信地址　北京市西城区德外大街 4 号
　　　　　高等教育出版社知识产权与法律事务部

邮政编码　100120

读者意见反馈

为收集对教材的意见建议，进一步完善教材编写并做好服务工作，读者可将对本教材的意见建议通过如下渠道反馈至我社。

咨询电话　400-810-0598

反馈邮箱　gjdzfwb@pub.hep.cn

通信地址　北京市朝阳区惠新东街 4 号富盛大厦 1 座
　　　　　高等教育出版社总编辑办公室

邮政编码　100029

防伪查询说明

用户购书后刮开封底防伪涂层，使用手机微信等软件扫描二维码，会跳转至防伪查询网页，获得所购图书详细信息。

防伪客服电话　（010）58582300

网络增值服务使用说明

授课教师如需获取本书配套教辅资源，请登录"高等教育出版社产品信息检索系统"（xuanshu.hep.com.cn/），搜索本书并下载资源。首次使用本系统的用户，请先注册并进行教师资格认证。

高教社高职经管论坛教师交流及资源服务 QQ 群：101187476